Gilbert Prouteau

GILLES DE RAIS
ou
La gueule du loup

Préface de Henri LABORIT

ÉDITIONS DU ROCHER
Jean-Paul Bertrand
Éditeur

ISBN 2 268 013227

À Henri Laborit

Ce qui a été cru par tous, toujours et partout a toutes les chances d'être faux.

Paul Valéry

L'auteur et l'éditeur expriment leurs remerciements à ceux qui ont contribué à la documentation de cet ouvrage :

Madame Luce Courville
Monsieur Jean-Pierre Giraud, maire de Tiffauges
Maître Jean-Yves Goeau-Brissonnière
Monsieur le Docteur Henri Laborit
Monsieur le Docteur Jean Laurentin
Madame Annie Ollivier
Monsieur le Docteur Jean-Marc Vautrin

La médiathèque de Nantes
Les Archives de la Loire-Atlantique
Les Archives de la Vendée
La Bibliothèque nationale
Le Comité du tourisme des Pays de la Loire.

PRÉFACE

Je refuse généralement d'écrire des préfaces. Un auteur doit être assez orgueilleux et conscient de la valeur de son œuvre pour ne pas demander qu'un quidam vienne en souligner les qualités.

Mais Gilbert Prouteau est écrivain de talent connu et apprécié qui n'a nul besoin de mon aide pour assurer la réussite du présent ouvrage. Quelles peuvent donc être les raisons qui l'ont motivé à me proposer d'écrire cette préface et moi à accepter ? Est-ce, comme il l'a écrit parce que « *notre parentage repose dans le même carré d'antiques pierres tombales au petit cimetière de Nesmy en Vendée* » ? C'est sans doute un lien que celui de nos racines vendéennes, mais je le crois insuffisant pour nous avoir déterminés l'un et l'autre car nous le connaissons depuis longtemps et pourquoi aurait-il été déterminant pour cet ouvrage justement ? Serait-ce parce que Vendéen, il a été révolté par le sort de cet autre Vendéen, Gilles de Rais et qu'il a voulu m'entraîner, Vendéen moi-même, dans sa révolte ? C'est une raison plus vraisemblable. Mais la corde régionaliste peut vibrer sur des notes souvent fort éloignées. D'ailleurs à l'époque de Gilles, la Vendée n'existait pas puisque ce fut le résultat du découpage départemental de la Révolution française.

Il est plus certain que l'un et l'autre, nous avons toujours réagi violemment à l'injustice, au mensonge, à la félonie et surtout aux pouvoirs aveugles quels qu'ils soient. Cette caractéristique que nous avons l'un et l'autre est peut-être elle, le résultat d'un déterminisme culturel régional. L'espace géoclimatique modèle les comportements : ceux des montagnards ne sont pas ceux de l'homme de la plaine et encore moins ceux du marin. Ces sacrés Vendéens protestants, quand la France était catholique, devenus catholiques grâce au Père Montfort, alors que la France devenait laïque, ont été bien souvent contre tout ce qui était pour et pour tout ce qui était contre.

Or le roman noir que vous allez lire, celui d'un maréchal de France, comblé de tous les dons physiques et de l'esprit, ce Gilles de Rais que vous verrez généreux envers les paysans et les pauvres, terriblement artiste et cultivé pour son époque, Gilbert Prouteau, à partir de documents historiques, nous le fait revivre et aimer, et sait éveiller notre tendresse à son égard. Cet homme enfin immensément riche mais qui s'est progressivement ruiné et toujours pour des causes généreuses, ce compagnon privilégié de Jeanne d'Arc, va être emprisonné dans un réseau effroyable, habilement tressé ! La trame principale en fut l'appât déchaîné du gain, de la richesse et du pouvoir. L'artisan diabolique qui organisa tous les éléments d'un procès fait de mensonges et de calomnies, fut Jehan de Malestroit, évêque de Nantes, au nom de l'Inquisition. Il organisa sa mort pour que le duc de Bretagne, son patron, allié des Anglais, et lui-même puissent s'emparer des domaines de Gilles de Rais.

Gilbert Prouteau, à la suite du grand avocat que fut Maurice Garçon, a repris les minutes du procès et en a démonté la diabolique stupidité. Parmi les nombreux prêtres et laïcs qui ont décripté avant lui ces minutes, l'un d'eux presque mon homonyme, Émile Gaborit, s'est laissé prendre au jeu des mensonges, des faits absurdes et des mythologies.

Gilbert Prouteau montre bien comment ce procès, « stalinien » avant l'heure, a abouti à la disparition de la grande figure de Gilles de Rais de nos livres classiques d'histoire et son confinement dans des contes pour enfants où Barbe Bleue devient l'ogre affreux que nous connaissons ou dans des contes pour adultes, où un pédéraste sanguinaire se déchaîne.

Cet ouvrage de Gilbert Prouteau montre excellemment comment s'établissent dans les consciences, ou plutôt les inconscients populaires, les idéologies, les automatismes culturels, l'aveuglement dogmatique et comment leurs facteurs à travers les siècles ont toujours été la recherche de la domination le plus souvent par l'intermédiaire de l'argent. L'histoire de Gilles de Rais fait penser que La Fontaine n'a pas envisagé tous les cas en écrivant « *Suivant que vous serez puissant ou misérable, les jugements de cour vous feront blanc ou noir* ». Gilles était un homme puissant s'il en fût et pourtant il en est mort. Cette histoire tend à montrer qu'entre les puissants eux-mêmes, le goût du pouvoir peut conduire à toutes les falsifications et aux condamnations meurtrières non seulement de l'individu, mais à la mort de sa mémoire même.

Au cours de ces dernières années, je me suis associé à l'effort de réhabilitation de deux prétendus coupables, injustement condamnés. Gilles de Rais sera le troisième. Sous l'impulsion dynamique de Gilbert Prouteau, il est souhaitable que la mémoire de Gilles de Rais soit définitivement réhabilitée et qu'on la sorte du cloaque où elle a été injustement plongée. Une fois de plus, cet effort de réhabilitation ne rencontrera pas l'approbation de tout le monde. Elle dérange les préjugés, les idées bien établies sur l'absence de faits évidents. En Vendée même, je pense que les opinions les plus contradictoires vont voir le jour. Entre le bocage et le marais, les idées politiques ont toujours été radicalement différentes. Je devine que les bocagins voudront conserver la figure horrifiante de leur bocagin de Gilles et que les maraîchins, toujours un peu anarchistes et laïcs, seront d'accord pour rendre le pouvoir de l'Inquisition et l'évêque qui la représentait responsables d'une erreur judiciaire, où harcèlement, intoxication, lavage de cerveau, comme dans les procès « staliniens » ont abouti à l'autocritique de Gilles de Rais et à sa condamnation à mort. Jeanne a été réhabilitée quelques années après son sacrifice. Si la Cour Arbitrale de justice réhabilite Gilles, il aura fallu attendre cinq cents ans pour obtenir ce résultat. Merci Gilbert !

En terminant, il nous faut reconnaître que cette malheureuse terre vendéenne a collectionné à son encontre les falsifications de l'Histoire. Celle de Gilles n'est qu'un « *détail* » (comme dirait l'autre) comparée à celle que l'on transmet officiellement sur la signification socio-politique des guerres de Vendée. On nous a tracé le tableau d'une révolte rétrograde fomentée par les hobereaux et les prêtres de la région. Il faut absolument lire les historiens consciencieux qui ont repris cette histoire et dont l'un des derniers en date est notre ami, à Gilbert et à moi, Michel Ragon. Il faut lire dans la réédition récente de *L'Accent de ma mère*, les importants chapitres très documentés qu'il a consacrés à cet épisode sanglant de notre histoire. On comprendra qu'à l'origine ce fut une révolte paysanne, une jacquerie, déclenchée par le fait que les biens du clergé et de la noblesse, devenus « biens nationaux » devinrent « biens bourgeois », bourgeois seuls capables d'acheter les terres issues de la dépropriation. Ce n'est pas celui qui les cultivait qui en héritait. Il n'y avait pas de bourgeois dans les rangs de l'armée catholique et royale. La parcellisation des domaines va rendre la vie du paysan impossible. Cette révolte purement paysanne à l'origine s'est dressée contre l'inquisition du centralisme étatique et de la Terreur. Cette histoire est trop longue pour faire autre chose ici que de conseiller de retourner à ce sujet aux sources historiques de l'information.

Cependant, dans le cas de Gilles de Rais, l'appétit de puissance et d'appropriation n'aboutit qu'à la mort d'un homme (et de deux de ses compagnons) alors que la première guerre de Vendée, pour des motivations analogues, et grâce en particulier aux colonnes infernales de Turreau, a eu pour conséquence le meurtre de cinq cent mille êtres vivants.

Sait-on qu'au début la devise de la République n'a pas été « Liberté, égalité... fraternité » mais bien « propriété », car c'était bien le but : déposséder et redistribuer, à ceux qui pourraient se les payer, la « propriété » des propriétaires antérieurs.

C'est pourquoi l'histoire de Gilles, que réanime Gilbert Prouteau, s'inscrit dans le cadre général et inchangé, au cours des siècles, de la biologie comportementale de l'homme en situation sociale. Ce n'est pas une raison pour en accepter la rigueur imbécile et pour ne pas dénoncer chaque fois qu'on a accumulé suffisamment de documents valables, les falsifications et la forfaiture.

Henri LABORIT

AVANT-PROPOS

L'OMBRE D'UN DOUTE

Il est certain que les erreurs judiciaires sont nombreuses et que l'Histoire a enregistré des arrêts et des condamnations flétrissant des hommes illustres qui étaient tout à fait innocents.

Marcel Proust

C'était il y a trente ans à Ligugé, fief des Lusignan, dans le manoir de Maurice Garçon. Le plus grand avocat de notre temps. Et aussi un seigneur d'un autre temps : chasseur de mages, orfèvre en surnaturel, explorateur des mystères de la sorcellerie. Et « grand initié aux jeux de connaissance ».

La veste de velours noir à cordelière et liséré, les yeux bruns à paillettes, la mèche barrésienne qui barre le front, la voix qui s'élance et la main qui se tend vers le tribunal de l'Histoire.

Une jonchée de papiers éparse sur la table, feuilles criblées de notes et de ratures, fac-similés du vieux temps, articles découpés, bordereaux jaunis, opuscules à signets.

« C'est le dossier dont je vous ai parlé : Gilles de Rais[1]... Un des dossiers les plus hallucinants de l'Histoire : procédure préfabriquée, pièces falsifiées, témoins subornés. Pas d'avocat. Pas de pièces à conviction. Pas de témoignages directs. Et autocritique du condamné à la lecture du verdict. C'est le rituel d'un procès stalinien cinq siècles avant les purges de Moscou. Mais il faut que je vous dise comment j'ai été amené à me passionner pour cette affaire.

"Les événements ne nous arrivent pas, dit Eddington, nous les rencontrons sur notre route". En 1939, le Congrès national des Avocats tenait ses assises à Nantes. Le dernier jour, le bâtonnier nous a demandé d'organiser un débat sur le procès de Gilles de Rais.

Tous les grands ténors de l'époque étaient là, Campinchi, Moro Giafferi, Tixier-Vignancour, Paul Boncourt... Nous nous sommes séparés en deux camps : l'accusation et la défense. Le talent des uns égalant l'art des autres, le bâtonnier

1. L'orthographe du nom de Gilles varie suivant les historiens : Rais, Rays, Rez, Retz. Tout comme son lieu de naissance : Tiffauges, Champtocé, Machecoul.

nous a renvoyés dos à dos. Bien sûr, il ne s'agissait que d'une joute oratoire. Mais le refus du jury de confirmer le verdict de culpabilité renforçait la thèse du doute. Et le doute, c'est le levain de l'innocence : c'est la règle fondamentale de la justice moderne. Quand j'ai vu foisonner des romans-feuilletons sur Gilles de Rais, je me suis plongé dans le dossier. D'ici deux ou trois ans j'en ferai peut-être un livre. Je peux vous dire que si j'avais à plaider cette cause aujourd'hui, je défie déjà n'importe quel tribunal civil ou pénal d'infliger au maréchal de Rais, six mois de prison avec sursis. »

Il s'était relevé, marchait de la table encombrée à la haute cheminée, effeuillait de ses longues mains patriciennes une liasse de feuilles gothiques :

« Pour saisir les rouages de la machination, il faut revenir à la "donne" comme disent les joueurs de cartes... Et gratter les badigeons de la fable pour retrouver les couleurs de l'Histoire. Et d'abord celles du héros. C'est un prince de l'esprit. Une intelligence à la fois lumineuse et polymorphe. Une mémoire de reliquaire au service d'une intuition de médium. Ce n'est pas seulement un grand stratège, c'est un "artiste". Un enlumineur habile à rehausser la moulure des parchemins. Il coulait des émaux de basse taille qu'il faisait cuire dans les fourneaux de haute fusion qu'il avait inventés. Il avait formé un émailleur, nommé Thomas, qu'il emmenait partout avec lui. Il a écrit dans une langue à la fois savante et lyrique les règles de sa collégiale. Tiffauges a été pendant quinze ans le rendez-vous d'élection des poètes, des savants, des historiens et des troubadours. Ils y étaient reçus somptueusement.

Gilles est comblé de tous les dons : beauté, élégance, charme. Et courage. Un athlète de belle prestance, doté d'une force physique qui fait trembler les plus téméraires. Il parle couramment le latin et il s'essaie à traduire saint Augustin. Il invite à sa table les maîtres des lettres et des sciences pour débattre avec eux des problèmes de philosophie ou de métaphysique. Ajoutons pour terminer cette ébauche que Gilles avait hérité d'une telle fortune que "si elle rassemblait aujourd'hui les mêmes domaines et était alimentée par les mêmes sources, elle serait encore la première de France", écrit un chroniqueur du XIXe siècle. Les restes de cette fortune qui s'effrite sont convoités par Jehan de Malestroit, disciple de Pierre Cauchon, j'entends un prélat breton soudoyé par l'occupant. Malestroit ne peut s'emparer militairement de ses biens, Gilles est trop fort. Ni légalement, Gilles est toujours vivant. Et il a des héritiers. Voilà le postulat de départ. Pourquoi l'Histoire nous a-t-elle transmis cette affaire à travers des miroirs déformants ? Parce que c'est un procès de l'Inquisition. Parce que c'est le clergé qui le prépare, le truque et le dénature à loisir puisqu'il détient à la fois les rouages de l'instruction et les courroies de transmission. À cette époque les sténos sont des moines copistes. Et les documents qui nous sont parvenus émanent d'un procès orienté par Jehan de Malestroit, président du Tribunal Ecclésiastique : N'oubliez pas que Jehan de Malestroit est évêque de Nantes, c'est-à-dire une capitale du duché de Bretagne. Car ce procès est aussi un procès politique. C'est un maréchal de France qui est jugé par le tribunal d'un pays étranger, la Bretagne, lié à un pays ennemi de la France : l'Angleterre. À Nantes comme à Rouen, les magistrats jugent le chef de guerre vainqueur de leurs alliés et tombé à leur merci.

L'Histoire fourmille de procès iniques et d'assassinats légalisés. Vous connaissez les plus notoires, ceux qui sont inscrits dans la mémoire des hommes et quelquefois gravés sur le marbre des monuments : le procès des Templiers sous Philippe le Bel, le procès des Girondins sous la Terreur, le procès de Van der Lubbe – l'incendiaire du Reichstag sous Hitler, les "purges" de Moscou sous Staline.

Un siècle avant Gilles, s'ouvre le procès qui préfigure son propre calvaire, celui de Jacques de Molay et de ses frères où le roi fabriqua lui-même les preuves pour brûler les chevaliers du Temple et s'emparer de leurs biens. À Paris, tout avait été minutieusement agencé par Philippe le Bel. À Nantes, tout a été longuement orchestré par Jehan de Malestroit. D'où cette assemblée de moines bourreaux tient-elle sa légitimité ? Trois siècles plus tôt ils ont été investis d'un pouvoir sans limite. Leur rôle était de justifier le massacre des Albigeois par une parodie de procédure. Quel crime ont donc commis les Albigeois ?

Ils pratiquent une religion différente du catholicisme romain. Mais aussi et surtout ils habitent une province riche, fertile et luxuriante, l'Occitanie. Nous allons trouver au fil des siècles le même mécanisme : rapacité du tyran et justice "aux ordres" pour légaliser les spoliations par le truchement de procès à grand spectacle.

Les prétextes : hérésie, schisme, apostasie, simonie.

Le moyen : Les tribunaux d'inquisition.

Le but : La confiscation des biens des inculpés.

Et n'oublions pas qu'il s'agit d'une époque où le délit d'opinion conduit au bûcher.

Pour avoir osé déclarer que le sabbat des sorcières n'existait que dans l'imagination de gens crédules, le docteur en théologie Guillaume Edeline, professeur à l'Université de Paris, est arrêté et torturé par l'Inquisition. Ivre de coups, le docteur Edeline finira par avouer, dans un demi-coma, qu'il est au service de Satan.

Avec Malestroit nous abordons les zones d'ombre et les passions troubles de l'Église médiévale. Celle des noueurs d'aiguillettes et des possédés de Loudun, celle qui fera dire à Nietzsche : *L'Église a versé du poison à Éros. Il a dégénéré en vice.*

Connaissez-vous le sommet de la perversion sexuelle des tribunaux ecclésiastiques au Moyen Âge, le CONGRÈS ? Non, eh bien le "congrès" représente le paroxysme des tracas et des tourments infligés aux maris impuissants par des moines pervers et "sadiques".

Le "congrès" qui tire son nom du latin *congressio* – accouplement – c'est l'obligation pour l'homme accusé d'impuissance de posséder sa femme devant des témoins assermentés. On retrouve dans cette mascarade l'hypocrisie des clercs, dont le puritanisme de façade masque le culte de la débauche et la secrète dépravation. L'immonde volupté d'assister aux ébats au grand jour d'un couple dysharmonique, l'éveil des appétits salaces de tout homme devant l'acte d'amour. Enfin, la tradition féodale du jugement de Dieu. Voilà les ressorts du "congrès".

On dresse donc un "lit de justice", dans la maison du couple, où se pressent médecins, chapelains, moines et matrones. Et ces hommes et ces femmes vont se repaître de la parade de la honte, jouir des soubresauts de l'avanie. Je ne connais pas d'exemple plus scabreux de la délectation des tribunaux ecclésiastiques devant les déviations sexuelles que ce rendez-vous de l'orgasme sur commande. L'Église, comme l'Histoire, la Révolution, la République, est un vocable polymorphe. "Il ne justifie rien car il contient tout."

Les Évangiles du Christ c'est le soleil de l'âme. Le fanatisme aveugle du clergé, c'est une éclipse de soleil qui va durer des siècles. En fait il y a deux Églises, l'Église de lumière et l'Église de l'ombre. De grandes âmes d'apôtres rayonnent tout au long de l'Histoire. Vincent de Paul et François d'Assise trouvent aujourd'hui leurs héritiers dans l'abbé Pierre et mère Theresa. Sans préjuger de ces dizaines de milliers d'obscurs missionnaires qui ont porté la parole de Dieu à travers le monde, qui ont enseigné les vertus théologales à des tribus d'anthropophages et qui ont souvent péri dans les flammes et les tourments ; comme les jésuites de Dieppe sur les brasiers des Iroquois au XVIIIe siècle. Il y a une autre Église hélas. Celle de Simon de Montfort, celle de Pizarre au Mexique, celle de l'Inquisition. C'est l'Église du Diable. Nous allons la retrouver occupée à attiser le feu sous les pieds de Jeanne et de Gilles. Mais une fois le bûcher éteint, les cendres balayées, les corps évaporés et les biens confisqués, les bourreaux vont murer la tragédie entre le silence et l'oubli.

Avez-vous pensé que, pendant plus de cinq siècles, la France va ignorer l'existence de Gilles de Rais et de Jeanne d'Arc ? Avez-vous pensé que le théâtre romantique va préférer Esmeralda, Marion Delorme et Doña Sol à Jeanne d'Arc ? Jeanne représentait une figure idéale sans égale pour une grande fresque épique de Hugo. Mais il faudra attendre la fin du XIXe siècle pour que Michelet, Bossard et quelques autres fossoyeurs mystiques lèvent les scellés des oubliettes.

En fait, la source de la légende a jailli en 1820. Cet été-là, un chroniqueur nantais du nom de Richer, qui remontait la rivière l'Erdre, aborda dans une presqu'île, une sorte de palais de la Belle au bois dormant, les ruines du manoir de Verrières. En avançant à travers les éboulis où des siècles de sèves avaient fait exploser les murailles, il découvrit sept arbres alignés comme des potences et qui tendaient vers lui leurs bras décharnés.

De retour à Nantes, il fouilla les archives pour rédiger sa chronique. Il découvrit que Verrières avait appartenu à Gilles de Rais. Richer finit par penser que ce fouillis végétal avait surgi comme un monument expiatoire et que Verrières était l'héritage de Barbe-Bleue.

De Verrières à Tiffauges il n'y a qu'une escale d'hirondelle. Et la légende s'envolait des îles de l'Erdre aux rives de la Sèvre. Un demi-siècle plus tard Roger de Mauldes, ancien élève de l'École des Chartes, tombe sur l'article de Richer, et intrigué, commence les premières recherches de documents.

La machine est lancée, elle ne s'arrêtera plus. Gilles va inspirer des centaines d'œuvres de tous ordres : thèses, biographies, romans, poèmes, films et bandes dessinées.

Tout part d'une équivoque : le conte de Perrault, *Barbe-Bleue*.

Il ne subsiste pas chez l'Ogre de Perrault la moindre trace du caractère de Gilles [1]. Mais Huysmans nous explique que les habitants de Pouzauges, de Tiffauges et de Champtocé continuent de désigner les ruines des anciennes forteresses du maréchal de Rais comme "le château de Barbe-Bleue".

Vous connaissez peut-être le film célèbre tiré du livre de Pierre Boulle *Le Pont de la rivière Kwaï ?* L'ouvrage ne fut publié qu'en 1952, avec une finalité précise : attirer les touristes.

Ce qui n'a pas empêché une dizaine de correspondants de guerre, tous apparemment de bonne foi, de décrire dans leurs Mémoires, la destruction du pont de la rivière Kwaï, avec force détails. Or, cette destruction se situe, selon eux, en 1945. *Soit huit ans avant l'apparition du pont imaginaire de Pierre Boulle* ; ce qui nous donne la mesure de la force d'expansion de la fabulation.

Or, la fabulation, quand elle aborde la sexualité, transcende les frontières de l'imagination. À partir des aveux extorqués, les historiographes de Gilles ont fait de la surenchère dans l'hystérie. À se demander si tous ces écrivains, la plupart dotés d'un réel talent de romancier, n'ont pas été victimes d'une hallucination collective ou s'ils ont trouvé un exutoire à la libido que tout homme porte en lui.

Ajoutons que les premiers à décrypter les minutes du procès de Gilles sont, soit des prêtres comme l'abbé Bossard, soit des sacristains laïcs comme Émile Gaborit. Et les chroniqueurs ont occulté la vérité pour lui substituer le mythe de Barbe-Bleue.

Ici la fable prend le relais de l'Histoire... Mais avez-vous pensé au pouvoir d'incarnation de la rumeur, aux formidables racinations de la légende ? J'ouvre le dictionnaire au mot légende. »

Maurice Garçon posa sur la page un index impérieux.

---

1. Perrault a bien évoqué Gilles de Rais, mais dans la préface des *Contes de Ma Mère l'Oye*.

« Je lis “*Légende* : Récit où l’Histoire est déformée par les traditions. Exemple, légende de Barbe-Bleue...” Vous avez bien entendu BARBE-BLEUE...

Je poursuis : “La légende est le plus souvent le produit inconscient de l’imagination des masses populaires”...

Là, comme vous allez voir, il s’agit d’un produit orienté, d’une intoxication minutieusement élaborée. Je vous cite un seul exemple : dans l’armée de Jeanne d’Arc, Gilles monte un cheval barbe, dont la robe a des reflets bleus. Du barbe bleu à Barbe-Bleue, c’est donc Perrault qui assure la mutation. Et la crinière du cheval de Gilles s’épanouit au menton d’Henri VIII avant de refleurir à Tiffauges.

Avec Gilles nous sommes constamment confrontés à des mensonges de feuilletonistes. On peut excuser les écrivains catholiques dont la vocation est l’apologie de l’institution cléricale à travers les modelages de Saint-Sulpice. Mais comment justifier les historiens dits “libres penseurs”. Écoutez Michelet : “On a trouvé dans la tour de Champtocé une ‘pleine tonne’ d’ossements calcinés.” Une pleine tonne d’ossements ! Si je comprends ce que parler veut dire, ça représente au moins cinq cents cadavres... Or, on n’a *jamais* retrouvé un seul ossement d’enfant calciné, ni à Tiffauges, ni à Champtocé, ni à Machecoul, ni ailleurs. » Maurice Garçon hausse les épaules :

« Savez-vous que la *Chanson de Roland* est composée deux siècles après l’escarmouche de Roncevaux où deux douzaines de montagnards navarrois ont fait rouler quelques rochers sur une poignée de chevaucheurs d’arrière-garde. Et par la légende, Roncevaux s’inscrit dans l’Histoire entre les Champs Catalauniques, Azincourt et Poitiers où Charles Martel, grand-père de Charlemagne, a refoulé les Arabes. Du coup, on fait d’une embuscade d’arrière-garde, une bataille épique contre les Maures – qui sont à vingt lieues. Mais allez donc les retirer de Roncevaux aujourd’hui ? Et Roland s’incarne dans l’Histoire lui aussi. Le “neveu de Charlemagne” ? Un mythe ! En dehors des religions, on connaît différentes formes de mythes. Des mythes politiques comme le Tambour Bara, bel adolescent assassiné par des voleurs de chevaux et promu héros de la Révolution. Des mythes poétiques : Merlin et Mélusine. Ils prodiguent leurs enchantements à Vouvent, c’est-à-dire à deux pas de Tiffauges et de Pouzauges où prolifèrent les impalpables survivances du surnaturel.

Ainsi à Tiffauges, au cœur de la Guerre de Vendée, les paysans de Charette refluent sous les assauts des "Mayençais". Leurs femmes étaient restées sur le terre-plein de la forteresse, là où se dressaient naguère la poterne et le pont-levis. Quand elles ont vu leurs hommes s'enfuir et essayer de remonter vers le château en s'agrippant aux roches et aux arbres, elles se sont ruées sur eux à grands coups de bâton, leur ont fait lâcher prise et les ont renvoyés au combat. Comme si l'âme du maréchal de Rais leur avait insufflé le souffle de sa fureur guerrière à travers la poussière des siècles et des moellons. Et les hommes du Pays de Retz que Charette appelait – par contraction – ses *Paydrets*, sont retournés au combat avec les soldats de Lescure et ont chassé l'armée de la République.

Il y a quelques années, un jeune homme est venu de Jersey pour visiter le château de Tiffauges. Il a pris des photos, des notes, des croquis. Il parlait seul en marchant à travers les vestiges. Quand il est reparti, il était persuadé que le sang de Gilles de Rais coulait dans ses veines. À son retour à Jersey, il a assassiné une dizaine d'adolescents et violé une vingtaine de femmes. Quand on l'a arrêté il a confessé aux enquêteurs sa certitude d'être l'héritier de Barbe-Bleue. Et l'on a retrouvé chez lui des masques, des cornues, des épées et des livres de magie.

Ces deux anecdotes ont un commun dénominateur : le fantôme de Gilles. Elles témoignent l'une et l'autre de la fascination intemporelle de la légende. J'ai eu la curiosité d'aller rôder devant les ruines de Tiffauges qui dressent leurs moignons tragiques de brique rose et de granit fané sur le promontoire feuillu, au confluent des deux rivières de Gilles : la Crume et la Sèvre. J'ai erré à travers ce dédale de cours, de tours et de murailles. Éboulis de gravats et poussière de l'Histoire... C'était un matin d'avril prodigue de sève et de rosée, et le lierre qui a investi les pans de la forteresse me parlait le langage des *Mémoires d'outre-tombe* : "j'ai remarqué que les ruines reverdissent avec le printemps"...

En revenant, j'ai rencontré un groupe de touristes endimanchés, agglutiné autour d'un orateur podagre et véhément : "Et voilà la tour où Barbe-Bleue mangeait les petits enfants." Il désignait la tour du Vidame, édifiée cent ans après la mort de Gilles de Rais. Et voilà comment on écrit l'Histoire en mélangeant les dieux et les diables. *Le Diable et le Bon Dieu*, c'est un titre de Sartre. Et c'est le perpétuel affrontement de Gilles : À *Huis clos*.

Le magique et le mystique sont les deux profils de la même monnaie, les deux bras du même torrent. Cette confusion est confortée par l'Église qui édifie ses clochers sur les ruines des temples du soleil pour aider le transfert du culte des idoles à l'adoration de Jésus-Christ. Ainsi le temple de Mercure est consacré à saint Michel, ce qui nous donne, à mi-chemin entre Pouzauges et Tiffauges, Saint-Michel-Mont-Mercure. À Bourgenay on a vu – mais alors vu – la Vierge se laver les pieds dans la fontaine. En partant, Marie a incrusté douze étoiles dans la pierre de source. Elles y sont encore.

Les plus hauts dignitaires de l'Église eux-mêmes sont vulnérables aux superstitions. La dernière hostie du cardinal de Richelieu est une fiente de cheval. Entre le Diable et le Bon Dieu, il est bien difficile de s'y retrouver quand les prêtres et les sorciers se côtoient au chevet d'un possédé pour exorciser le Démon, l'un avec ses talismans, l'autre avec son eau bénite.

Aujourd'hui, il nous est impossible de comprendre l'affaire Gilles de Rais sans l'aborder par la floraison de fables qu'elle engendre. Savez-vous que parmi les témoins du procès, il s'en trouve un qui a vu, de ses yeux vu, un enfant de *six mois* parmi les victimes de Gilles ? Et vagir de plaisir... Et le tribunal a enregistré ce témoignage, et les *témoins* ont juré sur les Évangiles de dire toute la vérité. Vous savez que les testicules prennent leur source dans le mot latin *testus* : témoin. Et pendant des milliers d'années, l'homme a prêté serment solennel en posant la main sur son pénis. Dans son testament François Villon "jure sur son couillon". Les officiers de Bonaparte ont retrouvé au cours de l'expédition d'Égypte des paysans qui prêtaient encore ce serment. La suppression de cette coutume marque la fin des relations symboliques entre l'homme et son sexe. Désormais, il ne prêtera plus serment sur sa verge mais sur la Bible. Il ne dira plus : je promets en dressant son phallus. Il dira : je jure devant Dieu en baissant la tête. Tout ce que l'Église va qualifier de *péché*, n'émane pas de l'enseignement de Jésus de Nazareth ni des commandements dictés sur le Sinaï, mais des vicissitudes sexuelles d'une poignée d'obsédés qui vaticinent au crépuscule de la Rome impériale. Très vite, dans leur doctrine, l'acte d'amour devient un crime : "C'est le crime à classer immédiatement après l'homicide", dira saint Thomas. Et saint François de Salles :

“La volupté est infâme et le péché exécrable.” Alors que tout le message du Christ considère le “péché de nature” comme sans importance, dit Albert Camus, quelques androgynes fanatiques inventent la farce du péché originel, l’ineffable, l’inexpiable *copula carnalis*. Le sexe, c’est la queue du Diable. »

Maurice Garçon s’échauffait, marchait jusqu’à la fenêtre, appuyait son front aux carreaux, scandait sa diatribe d’un geste circulaire du bras, et le récit prenait le ton – et la résonance – d’une plaidoirie.

« Savez-vous que dans ce procès de Nantes on trouve parmi les accusés un diable authentique. Pas un pauvre diable de comédie. Mais un diable qui s’est fait homme. Un diable avec des yeux, des cheveux, des genoux, un sexe et des dents, un diable qui boit, mange, dort, rote et digère. Et ce diable figure dans l’acte d’accusation. Et des témoins l’ont vu, lui ont parlé. Et il n’a pas répondu à la citation à comparaître. On ne peut le condamner que par contumace. Mais Gilles lui, est condamné à mort. Le bourreau lui passe la corde au cou. Le corps se balance au-dessus des bûchers. Justice est faite. Mais voilà que surgissent, comme au Golgotha, les femmes de douleur, qui arrachent aux flammes son corps noirci. Elles le baignent de leurs larmes. Aidées des religieuses, elles le lavent et l’ensevelissent pieusement, escortent à l’église des Carmes la dépouille mortelle de “celui dont un grand repentir a fait un grand saint”, dit Émile Gaborit[1]. Je n’invente rien, lisez vous-même. L’historien, Jean Chartier, affirme qu’elles se sont emparées des ossements de Gilles “en guise de reliques”.

Là nous touchons au sublime. Comment le chœur des vierges a-t-il pu s’approprier les *ossements d’un corps intact ?* À moins de le disséquer ? Comme dit pertinemment Émile Gaborit : “Cela apparaît peu probable parce que le corps n’a pas été détruit.” Dont acte.

Mais écoutez ce morceau de bravoure de Louis de Villiers, un poète de l’époque.

“Estant enchaîné au milieu de ce feu, brûloit et estoit affligé d’une douleur intolérable sans consumer non plus que le Buisson de Moïse et cela venoit qu’il s’estoit fait enchâsser

1. Émile Gaborit fut l’un des premiers décrypteurs des « Minutes du procès de Gilles de Rais. »

dans un bras une partie de la Vraie Croix qui est encore aujourd'hui au Carmes et y a fait plusieurs miracles depuis. Mais aymant mieux mourir qu'endurer davantage l'ardeur de ce feu, demanda un chirurgien et se fit inciser le bras et tirer cette parcelle de la Sainte Croix qui était là dedans et la fit donner aux religieux qui estoient là et après s'estre confessé fût brulé selon son arrest et ses cendres et ossements amassés par de bonnes bénédictines qui étaient pour l'an au prieuré."

Ainsi les cendres de Gilles de Rais – on se demande quelles cendres puisque le corps n'a pas été brûlé – sont sanctifiées par un faux morceau de la Vraie Croix. Commentaire de Gaborit : "Que Gilles si désireux de rencontrer le Diable et en même temps si épouvanté de ce face-à-face fit naguère enchâsser cette relique à son bras, le fait est plausible. Nous l'avons vu (*sic*) s'en servir en guise de bouclier au cours d'une évocation. Mais à l'heure de sa mort, alors qu'il ne craignait plus le Malin, quel intérêt aurait eu pour lui cet enchâssement ?" – On vous le demande.

Mais savez-vous qu'avec la bénédiction de Jehan de Malestroit on va ériger sur les lieux mêmes du supplice, dans la prairie de Bouesse, un monument expiatoire qui rassemble la Sainte Vierge, saint Gilles et saint Laud [1]. Et qui devient très vite un pèlerinage édifiant. On y voit surtout accourir les femmes sur le point d'avoir des enfants. Elles s'en remettent à la Vierge du monument expiatoire, surnommée la Vierge Crée-lait. Puis, à saint Gilles. Ainsi les futures mères sollicitent en faveur d'une naissance heureuse la protection de celui qui avait occis tant de petits enfants. "Le fait est plus attendrissant qu'extraordinaire, car le peuple voit dans Gilles un grand pêcheur devenu un grand intercesseur, c'est une tradition très attendrissante", conclut M. Gaborit. Là on ne sait plus si l'on se trouve dans un asile psychiatrique ou chez Ma Grand-Mère l'Oye. Ainsi, Gilles de Rais a sodomisé des enfants morts pour fournir le lait aux enfants vivants... M. Gaborit, comme la plupart des historiographes de Gilles de Rais, se situe à mi-chemin entre le père Ubu et la Centrale surréaliste, entre la cire de la Chandelle verte et les fantasmes de saint Augustin : "Êtes-vous fou Père, Fils, Esprit."

1. Aimable coïncidence : ce « bronze d'art » va terminer sa carrière dans la maison de campagne de Jehan de Malestroit (aujourd'hui annexe du musée archéologique de Nantes).

À quoi Gilles fait écho en paraphrasant la parabole du Christ : "*Ainsi je vous le déclare, il y aura une grande joie parmi les anges de Dieu pour un seul pêcheur qui fait pénitence.*"

Malestroit qui s'y connaît en hommes, sait depuis la descente aux enfers – je parle de la salle des tortures – que Gilles finira par craquer. Et qu'il lui fera proclamer avant sa mort la vérité du Parti dans une autocritique dictée par le bourreau. *Le Parti, l'autocritique*..., Malestroit a précédé Staline dans l'orchestration de la procédure des faux témoignages et de la mise à mort.

Nous avons tous lu – et tremblé à sa lecture – le roman de Koestler, *Le Zéro et l'Infini*. Le dialogue entre le commissaire Jungletz et le dissident Roubachov est devenu un classique de la littérature contemporaine. Comment ne pas être saisi des identités profondes entre Gilles de Rais et Roubachof, entre le commissaire du peuple et Malestroit ? Le processus de harcèlement, l'intoxication, le lavage de cerveau, la finalité se rejoignent si fort que le procès de Nantes apparaît comme le film-annonce de celui de Moscou. Si je devais résumer l'affaire d'une seule formule, je l'emprunterai à Léon Blum, qui définit le stalinisme : "*la plus macabre mystification de l'Histoire des hommes...*" Macabre mystification... La chronique rapporte qu'en entendant la confession de Gilles de Rais, Messire de Malestroit saisi d'une crispation d'horreur et de pudeur (le mot pudeur appliqué à Malestroit a une résonance d'humour noir), se leva, se dépouilla de son grand manteau et en revêtit le Christ. Ce qui nous amène à l'apostrophe de Georges Clemenceau à la barre du procès Dreyfus : "*Le Christ aussi a été victime d'une erreur judiciaire. Si vous l'avez mis dans le dos des juges, c'est pour qu'ils ne le voient pas.*" À Nantes, le Christ n'était pas dans le dos des juges, mais il n'avait pas attendu le manteau de Malestroit pour se voiler la face.

Cinq siècles se sont écoulés depuis les aveux balbutiants de Gilles, entrecoupés de quintes, de sanglots et d'incantations. Cinq cents ans plus tard, les tribunaux totalitaires, sanglants bâtards de l'Inquisition ont réinventé à leur façon la machine à broyer les hommes, à laminer les volontés et à confesser les faits imaginaires. La sémantique a évolué. *Mea culpa* se prononce désormais autocritique. Mais la technique est identique. Gilles, c'est le pénitent devant le Tout-Puissant, c'est-à-dire Roubachof devant le Parti : *Le Zéro et l'infini*.

Ici le Parti est incarné par l'évêque qui a tout combiné, tout orchestré. Si vous voulez comprendre les mécanismes de la machination, il faut remonter à sa source : Jehan de Malestroit. »

*
**

Trente ans ont passé depuis ce soir d'automne englouti dans les eaux grises des années.

Maurice Garçon était mort sans mener à terme son projet. J'avais oublié Jean V et Jehan de Malestroit. Et c'est alors qu'est venue la rencontre. C'est au cloître roman de Nieul-sur-l'Autize où une troupe d'amateurs jouait la Jeanne d'Arc de Claudel, entre les stalles et les chapiteaux, qu'un dignitaire de la « Région » m'a tiré par le bras.

« Nous préparons un circuit touristique : La route Gilles de Rais : Pouzauges... Tiffauges... Machecoul... Champtocé... Serais-tu partant pour un livre destiné à étayer notre démarche ?

– Il y en a eu déjà deux cents sur Gilles de Rais.

– Je veux dire un livre qui remettrait en cause la légende et qui éclairerait les zones d'ombre du procès.

– Alors il faudrait que je puisse avoir accès aux Minutes de ce procès, aux documents, aux mémoires, aux archives...

– Tu auras tout ce que tu peux souhaiter. »

Et dans la fumée qui montait du bûcher de Jeanne et qui étirait des ombres fantastiques sur les ogives du vieux cloître, j'ai vu apparaître la haute silhouette anguleuse et flexible, se tendre vers moi les mains ardentes et résonner la voix de basse noble de Maurice Garçon : « La clef de la tragédie c'est l'évêque... » Un jour plus tard, je m'attablai à la médiathèque de Nantes devant les « Minutes du procès » et je découvrais la vocation de renégat de Jehan de Malestroit.

I
LA GUEULE DU LOUP

1

LE PRÉDATEUR

S'evêque il est saignant les rues
Qu'il soit le mien je le renie

Villon

Jehan de Malestroit est un prélat de la Renaissance égaré dans le Moyen Âge breton. À la cour des Sforza ou des Borgia il eût revêtu la pourpre ou coiffé la tiare. À Nantes, ce Florentin retors, tortueux et vorace n'a été qu'un Mazarin de duché. À l'image de Mazarin : le goût de l'intrigue, le sens du reniement, les pouvoirs de l'ombre et les tentacules de la rapacité. La foi au service de l'argent.

Fils puîné du seigneur de Château-Giron et de dame Jeanne de Combourg, il a gravi au pas de course les échelons de la hiérarchie : diacre, archidiacre, promu évêque de Saint-Brieuc par le pape d'Avignon. Grâce à cette ascension accélérée, il s'est fait nommer membre de la Commision pour le Fait des Finances. En 1407, membre du Grand Conseil Privé du duc de Bretagne. Enfin conseiller général des Finances de Bretagne, ce qui le conduit au titre qu'il convoite depuis son adolescence : trésorier payeur général. En 1409, à l'issue d'une rencontre secrète avec le duc de Bourgogne, il obtient en échange du ralliement de la Bretagne à la coalition des Princes la belle gratification de vingt mille écus d'or.

Ce cursus honorum nous livre une image tramée du caractère de Jehan de Malestroit : la mitre est son masque. L'or est son dieu. Tout au long de sa vie, il va multiplier les déjugements, les faux serments et les trahisons. Toujours prêt à se donner. Au plus digne ? Non, au plus offrant.

C'est pourquoi il a épousé la cause du roi d'Angleterre, puissant, riche et généreux, face à la misérable Cour de France. Deux ambassades, en 1419 et 1420, l'ont rendu familier de la Cour de Londres où les trente deniers se comptent en sacs d'écus. On ne connaît pas un seul acte de cette vie de spéculateur qui s'inscrive sous le signe du désintéressement et de la générosité. La devise de sa famille semble annoncer la raison sociale de sa carrière : *NON MALE STRIDET DOMIS QUAE NUMERANT NUMAS*. « Il n'est pas désagréable d'entendre le bruit des écus que l'on compte chez soi. »

« Malestroit, dit Arthur de Richemont [1], a toujours tenu au parti anglais par le moyen d'abondantes terres qui lui étaient données en Normandie et des généreuses pensions que lui versait l'Angleterre [2]. »

De haute taille et tout en os : épaules saillantes et front osseux. Long nez recourbé d'échassier. Le sourcil maigre, les lèvres pâles qui s'entrouvrent sur un sourire carnassier. Les mains effilées aux doigts orpailleurs qui se referment chaque soir sur les deniers du jour. Le profil : lame et biseau. Le caractère : bec et ongles.

En vieillissant son visage glabre, cireux, chafouin, est devenu le reflet d'une âme sans entrailles.

Au repos, un regard d'eau dormante filtre sous les lourdes paupières, mais dès les premiers échanges luisent des yeux d'oiseau prédateur : fureteurs, mobiles, à l'affût.

La voix de velours, doucereuse et voilée sait changer d'octave. Onctueuse dans le bénédicité, âpre dans le négoce, sifflante dans la menace. Messire de Malestroit est redouté pour sa virtuosité dialectique et pour son caractère ombrageux. Il ne pratique jamais le pardon des offenses. On ne lui connaît pas d'amis. On ne lui connaît pas d'amour. Il a troqué le sexe pour l'or.

Il émane de lui une force implacable et un courant magnétique. Un pouvoir de persuasion qui touche à l'hypnose et qui va lui permettre d'envoûter le bétail craintif des familles

1. Le connétable Arthur de Richemont commande l'armée française.
2. Malestroit témoignera sa gratitude à sa façon puisqu'il lèguera dans son testament une importante fondation au roi d'Angleterre, Henri VI.

orphelines. Il est secret et bouillonnant comme une eau souterraine. Quand il se départit de ses silences avares, Messire de Malestroit est prodigue de vocables dont il ignore l'emploi : la fidélité, l'honneur, la loyauté, la charité. Tel est l'homme qui a décidé de s'approprier par tous les moyens – même légaux – les domaines de Gilles de Rais.

Pour mener à bien cette entreprise, il dispose d'un allié puissant, son suzerain, le duc de Bretagne. À l'instigation de Malestroit, Jean V a fait venir en grand secret à Nantes deux serviteurs de Gilles. Il leur propose quatre cents écus d'or s'ils réussissent à persuader leur maître de lui céder Champtocé et Ingrandes [1].

Les deux serviteurs entreprennent Gilles :

« Messire, le duc de Bretagne vous propose de vous acheter pour cent mille écus Champtocé et Ingrandes. Loin de vouloir vous dépouiller de ce qui vous reste, il est tout disposé à vous mettre, au contraire, en déduction de cette somme, les biens déjà acquis par lui. Il libérera les cinquante mille écus que vous avez aliénés à son profit sur Bourgneuf, sur Princé, sur La Bénate et autres lieux du Pays de Rais. Bien mieux, il rachète à votre intention l'île de Bouin, les Jamonières que vous avez aliénés à Geoffroy Le Ferron [2]. Bref, il reconstituera votre domaine de Rais dans son intégralité. Et pour Champtocé, il vous laissera le droit de rachat. »

Charles VII dresse l'oreille. Une terre française doit revenir à la Couronne de France. Mais Gilles hésite, taraudé par l'échéance, harcelé par les deux stipendiés.

– Et les cinquante mille écus Messire ? Il va bien falloir les rendre au Duc ?

Gilles se résigne. Et à la tête de vingt hommes – force dérisoire en regard de la puissance de la forteresse – il donne l'assaut et s'empare de Champtocé [3]. Et qui voit-on chevaucher à ses côtés à l'issue de cet assaut ? Quel spectre de Banco galope dans son ombre ? Jehan de Malestroit qui vient justifier par sa présence la commission promise par Jean V.

---

1. Champtocé et Ingrandes sont deux puissantes seigneuries de Gilles de Rais.
2. Homme de paille du duc de Bretagne.
3. Cité par Coetlan *La Scandaleuse Affaire Gilles de Rais*.

Arthur de Richemont envoie Jehan de Malestroit négocier, auprès du duc de Bourgogne, un rapprochement politique avec le Dauphin. Le traître échoue et exhale sa rancœur au connétable : pour la première fois, il ne touche rien.

À dater de cet échec, ses appétits ne connaissent plus de bornes. Il multiplie les agiotages, il accumule les pots de vin. Les prévarications sont si nombreuses, les malversations si voyantes que l'évêque de Nantes se retrouve, en 1426, au banc des accusés pour détournements de fonds.

Mais il a rendu trop de « services », négocié trop de rançons, payé et reçu trop de commissions, partagé trop de cadavres avec son suzerain. Il en sait trop sur le duc de Bretagne qui mesure le danger que lui ferait courir la condamnation de son homme-lige.

Le Duc intervient en force.

Jehan de Malestroit libéré reprend le chemin des affaires. Désormais, ce n'est plus de la cupidité primaire. C'est de la rapacité tentaculaire. Le toujours plus du « Jamais assez ».

Malestroit prône fréquemment pour ses ouailles la vanité des biens de ce monde, la fragilité des trésors temporels, la médiocre estime qu'on doit attacher aux nourritures terrestres. Il est, avant la lettre, l'illustration de l'épigramme de Voltaire : « Les jésuites faisaient commerce de diamants. Il les enfermaient dans les talons de leurs souliers en attestant qu'ils foulaient au pied les richesses. »

Cette vie d'affairiste nourrie de compromis, de marchandages et de concussions ne peut guère se dérouler sans avatars et sans avanies. En 1426, il livre aux Anglais l'accès de la forteresse de Saint-Jean-de-Beuvron[1] et décide de la déroute française. Arthur de Richemont finit par rattraper le félon, le capture au manoir de La Touche près de Nantes. Et là, Jehan de Malestroit va rencontrer pour la première fois un regard brûlant : Gilles de Rais.

Quand Gilles s'empare d'une place forte, il garde les soldats anglais prisonniers dans la perspective d'une rançon. Mais il pend, de sa propre main, les Français enrôlés sous les drapeaux ennemis. Pour lui, une seule peine, la mort. Et sans jugement. Or Jehan de Malestroit incarne aux yeux de Gilles

---

1. En 1442, Guillaume Guisdel accuse formellement Malestroit d'avoir reçu de l'argent des Anglais pour la levée du siège de la place.

l'archetype du « collabo ». Mais il représente pour Arthur de Richemont une trop belle monnaie d'échange pour le livrer à la justice de Gilles qui rengaine son estoc et sa rancœur. Jehan de Malestroit a l'annonce de sa mort dans le regard de Gilles. Il a senti, sinon le vent du boulet, du moins le froid du garrot. La haine qui naît ce jour-là va mûrir en lui pendant quinze ans.

2

MALEMORT

Jehan de Malestroit donne le « coup d'envoi » dans un village lugubre, un lieu-dit des maudits : MALEMORT. Un village dont les corruptions du temps et les distorsions du langage ont fait ce « Saint-Étienne-de-Mer-Morte » qui fleure le Jourdain, Gomorrhe et la Bible.

Gilles de Rais s'est résigné à vendre la seigneurie qui scande en trois syllabes les préludes du drame : MALEMORT.

Une forteresse enracinée sur un éperon rocheux, lourde et lugubre comme un donjon de Burgrave, et dont les archères surveillent à la fois les marches de Bretagne et la lisière du Poitou.

C'est Jean de Craon, grand-père de Gilles, qui l'a édifiée de ses propres mains, voilà un demi-siècle. Et le château a hérité de l'architecture puissante et anguleuse du « Vieux Sire ». Il reflète entre ses tours et ses douves le caractère abrupt et secret de son bâtisseur.

Malemort n'est plus qu'un îlot isolé au cœur des anciennes provinces de Gilles. Malestroit avait racheté pour une bouchée de gruau – quelques milliers d'écus octroyés par les Anglais – la paroisse de Saint-Michel de Sénéché, le château et la terre de Prigny, les domaines de Vue et les bois des Tréaux. L'évêque poursuivait sa politique sournoise de paiements différés et s'obstinait à régler ses dettes par tranches parcimonieuses, échelonnées sur des années. Il savait Gilles aux abois. Il savait aussi que sa raison s'effritait et que les perspectives de sa ruine le balançaient entre des crises de dépression et des colères flamboyantes où il perdait toute mesure. Quand Malestroit décida le duc de Bretagne à racheter Malemort, il lui conseilla une opération « en sous main ». Et pour ne pas éveiller la méfiance de Gilles, de faire négocier le rachat par son trésorier, Geoffroy Le Féron, qui allait se porter acquéreur en son propre nom.

Gilles de Rais a signé sans méfiance cet acte de vente préparé par Malestroit et qui lui octroyait le quart de la valeur réelle de la seigneurie. Mais il est acculé, il n'a plus les moyens de débattre. Alors que Gilles, qui aime ses paysans et qui en est aimé, ne leur impose que des tailles modérées et rarement prélevées, Le Féron, à peine maître du domaine, procède à une écrasante levée d'impôts, sur les conseils avisés de l'évêque.

Une délégation de villageois se présente à Tiffauges à la fin avril et expose ses doléances :

– Messire, nous ne pouvons plus payer dit Guillaume, le doyen. Gilles écoute, l'air absent, comme si souvent depuis ces dernières années. Brusquement il se relève, l'écume aux lèvres.

– Ah ! dit-il, je jure Dieu que vous n'aurez pas longtemps à souffrir des saignées de ce putois !

Pour gouverner Saint-Étienne-de-Mer-Morte, Le Féron a délégué son frère Jean. Un clerc stupide, cupide et borné. Malestroit lui a dessiné son plan de campagne, et Jean Le Féron aborde la citadelle entouré d'une trentaine de cavaliers. Il interpelle grossièrement le capitaine d'armes, lui montre les papiers de cession signés de Gilles et exige son départ immédiat.

– J'en référerai à mon maître...

– Il n'y a plus qu'un maître ici, c'est moi !

Alors conformément aux ordres de l'évêque, les cavaliers se ruent sur les vingt garnisaires du château, les abreuvent d'insultes et les jettent dehors à grands coups de plat d'épée.

La petite troupe reflue vers Tiffauges où le capitaine rapporte au Maréchal les péripéties de l'invasion et de l'humiliation. Gilles écoute en silence, installe ses hommes dans la citadelle et promet de réparer l'outrage.

– Ils s'en souviendront longtemps, dit-il.

C'est lui qui allait s'en souvenir.

Jean Le Féron, que rien ne semblait prédisposer à la cléricature, a été choisi par Messire de Malestroit pour une carrière sacerdotale. Il a reçu la tonsure des mains mêmes de l'évêque. Connaissant le caractère docile, servile et ambitieux de Le Féron, Malestroit n'a pas décidé cette promotion au hasard. Il va en faire une créature à sa dévotion. Et Jean Le Féron a suivi scrupuleusement les instructions de Malestroit pour une provocation en trois phases. Dans un premier temps ajourner le règlement de la cession. Dans un deuxième, molester les hommes de Gilles. Dans un troisième, rançonner les paysans. Les affronts et les défis s'ajoutant aux créances impayées, Gilles n'allait pas manquer de se ruer sur Le Féron. Les doléances de ses métayers et le récit de ses hommes d'armes agirent sur le maréchal de Rais comme un détonateur.

Le 14 mai au soir, il fit seller soixante chevaux, et le 15 mai, par une aurore lustrale et mouillée, à travers les prés émaillés de marguerites et les breuils exubérants d'églantiers, les soixante cavaliers franchirent au grand trot les quatre lieues qui séparent Tiffauges de Malemort. Gilles galopait à leur tête. Les sabots des chevaux écrasaient les fleurs humides de l'aiguail.

Tous les habitants du village étaient rassemblés dans l'église pour cette fête de la Pentecôte. Avant la messe, ils avaient entendu Guillaume Hautreys, intendant du duc de Bretagne, leur intimer l'ordre, au nom de Jean V, de refuser toutes tailles et redevances au sire de Rais.

Gilles fit mettre pied à terre à ses cavaliers dans un de ces petits bois de châtaigniers qu'on appelle un « gîte » dans le bocage, en laissa cinquante en embuscade, la tête encapuchonnée dans des cagoules, disséminés par le maquis de ronces, de morelles et de têtards.

– La messe ne va pas tarder à finir. Nous cueillerons Le Féron à la sortie, dit Sillé.

– Non, je le veux en pleine messe, dit Gilles.

Et suivi d'une dizaine de soldats, de Sillé et de Poulein[1], il longea les murs d'enceinte et s'avança jusqu'à la porte de l'église. À l'intérieur les communiants avaient regagné leurs

1. Sillé et Poulein sont deux Grands Mercenaires au service de Gilles.

bancs, les paupières baissées, les lèvres closes et les mains jointes.

Pour préparer cette fête solennelle de la Pentecôte, les paroisses meublaient de processions, de prières et de reposoirs les sept semaines qui séparent la résurrection du Christ de son Ascension.

Les maisons pavoisaient pour célébrer la montée miraculeuse de Jésus vers les Anges, accrochaient des lilas à leurs portes et des genêts à leurs auvents. Pendant que Gilles gravissait les marches du parvis, le prédicateur terminait son prêche. « Les premiers chrétiens célébraient les Cinquante jours après Pâques pour remercier Dieu de la moisson qu'il allait offrir à son peuple. Et dans ce dimanche béni des moissons du Seigneur, vous devez vous rappeler, mes frères, les Actes des Apôtres. Et Pierre quand il prêchait l'Évangile en Galilée opérait des conversions ce cinquantième jour après Pâques. Vous avez tous suivi hier votre vigile d'abstinence. Aujourd'hui vous devez vous recueillir en pensant à ces langues de feu qui fondaient du ciel sur la terre. Et les apôtres, d'abord effrayés, comprirent que c'était le Saint Esprit qui descendait en eux avec ses ailes de flamme... » La porte s'ouvrait sous une poussée si violente que les fidèles sursautaient comme si les langues de feu allaient monter vers l'abside.

Alors une voix tonna : « Le Féron... »

Ils étaient deux cents, debout derrière les bancs de bois d'œuvre des notables. Des bûcherons, des taillandiers, des charrons et des tailleurs de pierre, des pêcheurs au tramail et des chasseurs de renards, des pâtres et des tonneliers, des aubergistes et des charbonniers, des métayers et des maréchaux ferrants. Avec leurs plus beaux affûtiaux, et leurs femmes en cotillons de fête. Ils avaient jeûné tout le samedi pour mieux se pénétrer du miracle apostolique. Et ils écoutaient la parole inspirée qui tombait de la chaire et s'envolait vers les stalles où les jeunes filles reprenaient à pleine voix :

Et unam sanctam catholicam
Et apostolicam ecclesiam...

Gilles s'avançait dans l'allée centrale, et les femmes épouvantées se signaient à son passage. Il brandissait cette masse d'armes où il avait emmanché une hâche. Les éperons sonnaient sur les dalles. Et la voix résonnait dans la nef.

Jean Le Féron agenouillé à côté de Guillaume Hautreys, se retourna. Il eut à peine le temps de se relever, Gilles marchait sur lui l'arme haute. Avant que le tonsuré ait pu esquisser un geste, la main nerveuse du Maréchal se crispait sur son col : « Ha ! tu as battu mes hommes et tu leur as fait extorsion ! Sors de l'église ou je te tuerai tout mort ! »

Le clerc retomba à genoux. Ce n'était plus pour remercier les apôtres mais pour supplier Gilles de Rais de l'épargner :

– Je vous en conjure, ne me tuez pas...

– Mais on ne vous fera aucun mal, suivez-nous...

Il les suivit soufflant, exsudant, gémissant. Poulein le remorquait sur le parvis. Et tout autour d'eux la foule des fidèles pétrifiés, le prédicateur descendu de sa chaire, les enfants de chœur qui s'égaillaient derrière l'autel, et la débandade des femmes qui avaient relevé leurs jupons et s'enfuyaient en piaillant dans un grand vol de cottes et de sabots.

– Allez marche !

Et la troupe marcha jusqu'au château. Gilles secouait son prisonnier :

– Dis-leur de nous rendre les clefs ou tu es mort...

Et il levait sa hâche et la faisait tournoyer au-dessus de la tête de Le Féron.

Et le tonsuré, d'une voix tremblante, hêlait les soldats de la garnison :

– Laissez entrer le Maréchal... Les cinquante hommes d'armes dissimulés dans le boqueteau avaient rejoint la troupe et entouraient la poterne. Et les villageois terrorisés regardaient s'abaisser le pont-levis et Gilles majestueux et menaçant passa entre les haies de soldats. Il se tourna vers Poulein :

– Jetez-les en prison et mettez-les aux fers !

L'affaire suivait son cours, conformément au plan de l'évêque. Sur ses conseils, le duc de Bretagne exigeait la restitution immédiate de Malemort et la liberté des prisonniers. Il faisait savoir que si la sommation restait sans effet, Gilles serait frappé d'une amende de cinquante mille écus.

Gilles de Rais réagit comme l'espérait Malestroit. Non seulement il refusa de libérer ses otages, mais il fit arrêter Geoffroy Le Féron et Guillaume Hautreys, et lorsque les émissaires de Jean V se présentèrent pour l'amende, ils furent injuriés et rejetés après une âpre séance de bastonnade.

Pour mettre ses prisonniers hors d'atteinte d'une contre-attaque, Gilles les fit transférer à Tiffauges. Mais la violation du Saint Office et les sévices contre Le Féron avaient dressé contre lui tous les gens d'église de la province.

Jehan de Malestroit avait compris que son heure était venue. La trappe creusée, les chiens à l'affût, la bête alertée. Il ne restait plus qu'à la débusquer et à la faire sortir de sa bauge. L'évêque allait sonner le débuché.

3

LA SYMPHONIE PASTORALE

Le soleil incendiait les collines de colza. Des vols de martinets fouettaient la lumière déclinante ; les tourterelles prolongeaient l'Angélus sur les toisons vertes des champs de chènevis.

Au tournant des lacets de la route du Bocage, le couchant végétal était traversé d'ailes, d'appels et de parfums. Les basses branches des rouvres griffaient les vitres de la voiture. Mais Jehan de Malestroit [1] ne voyait ni les cétoines dorées, ni les ramiers cendrés, ni les flammes rousses des écureuils fuser dans les feuillages des châtaigniers, ni les chevreuils qui traversaient la route pour bondir dans les sous-bois. Il n'entendait pas le vent craquer dans les futaies ni les chiens errants aboyer dans les guérets. Au tournant de la route, deux petites filles juchées sur une barge l'arrachaient à son rêve. Il frappa sur la vitre intérieure :

– Arrêtez Ambroise, je veux marcher.

Messire de Malestroit avançait à petits pas sur le talus herbeux qui surplombait le fossé et s'efforçait de maîtriser les pensées tumultueuses qui l'agitaient depuis le départ de Tiffauges. Dans chaque presbytère, les curés et les synodaux lui avaient rapporté les doléances et repris les couplets monotones de l'antienne du malheur. Pour les maisons : les

1. Jehan de Malestroit, évêque de Nantes, ne va pas à Tiffauges en tournée pastorale, mais en *visite épiscopale*... Il a visité les paroisses et s'est attardé dans le Pays de Retz.

toits éclatés sous la tempête, les lézardes du pisé, les crevasses du torchis. Pour les troupeaux : la fièvre charbonneuse et toutes ces brebis emportées par la grande crue de printemps. Et des vélages avortés par la pénurie du fourrage. Pour les hommes, ils n'en pouvaient plus de dîme et de gabelle. Pour les récoltes : la grêle sur le froment, les vignes gelées à la Chandeleur et des épillets si maigres qu'on revenait à la farine de châtaigne. Et puis les humeurs malignes, les mauvais sangs, les douleurs et la disette.

À Tiffauges, Malestroit avait écouté distraitement le dévidoir des gémissements. Tout ça bien sûr, c'était la vieille rengaine coutumière du petit peuple. Mais le pasteur avait la fierté de constater que la foi demeurait intacte malgré les impôts et les famines, que les paysans respectaient les rites et ne manquaient pas les offices.

Et que la procession de la Fête-Dieu avait été une des plus belles et des plus fleuries de ces dernières années.

Il avait laissé s'égrener le rosaire de la misère.

– Et les enfants ?

Il fallait bien en parler des enfants. Il en était encore disparu trois depuis un mois. Sept depuis la Saint-Sylvestre.

– On dit que c'est la Perrine Martin, vous savez Messire, la sorcière qui habite la maison basse de l'autre côté du château !

– La Meffraye ! L'an dernier elle a enlevé deux petits mendiants à Nantes. Elle les a revendus. À qui ? On ne sait pas, à des colporteurs... À des Égyptiens[1].

– Et personne ne s'est plaint ?

– C'étaient des mendiants, Messire, sans parents ni foyer. Personne ne se soucie d'eux.

– Et pour les autres ?

– Des bouches de moins à nourrir. Il y en a qui s'en vont des mois pour gagner leur pain. Et puis qui reviennent. D'autres qui ne reviennent jamais.

– Monsieur l'abbé, vous allez me dresser une liste complète de tous les enfants qui ont disparu dans le pays depuis cinq ans.

L'abbé levait les bras au ciel :

– Cinq ans, Messire !

1. Terme qui désignait au Moyen Âge les tsiganes, les baladins, les bohémiens.

– Oui, et je demanderai la même liste à toutes les paroisses. Et sauf pour les mendiants, vous indiquerez les prénoms des enfants et les noms des familles. Je les verrai moi-même au cours de ma prochaine tournée, dans un mois.

Voilà longtemps que Messire de Malestroit écoute monter vers lui le chœur pitoyable des parents endeuillés, la « complainte lamenteuse ». Voilà dix ans qu'il recueille les confidences et les sanglots des misérables dont les enfants sont partis mendier un soir d'hiver et qui ne sont jamais revenus. Messire de Malestroit connaît bien ce fléau vieux comme la misère et contre quoi personne ne peut rien. Mais à Tiffauges, il a écouté une nouvelle partition de la complainte. Ces odeurs abominables qui montent des souterrains du château, les fourneaux du diable allumés jour et nuit et où le baron de Retz brûle... Que brûle-t-il au juste ? Pourquoi a-t-on fait murer les fenêtres ? Pour que personne ne puisse pénétrer dans la salle des chaudières en dehors de ses magiciens ? Et les villageois s'inquiètent de ces pestilences.

Malestroit a écouté les plaintes, essuyé les larmes devant le lit des enfants vides. Et dans le carrosse qui le ramène à Nantes il a été inondé par sa vérité : Personne – jamais – n'avait fait le rapprochement entre les odeurs nauséeuses des cabinets d'alchimie du château et la disparition d'enfants. Et maintenant... On sait bien que le culte des démons conduit aux pires maléfices.

Mon Dieu comme c'était clair ! Le baron de Retz se livrait à des sacrifices humains dans ses fourneaux.

Messire de Malestroit poursuivit sa marche pensive le long des haies. Des enfants, il en disparaissait vingt mille par an à travers la France. Plus de mille pour la seule Bretagne. De temps en temps, on pendait un voleur d'enfants. Pour l'exemple. Mais les parents des disparus venaient rarement se plaindre.

– Il va falloir susciter, rassembler, coordonner les dépositions. Je verrai ces malheureux, je leur expliquerai. Je les paierai. Il me faudrait une dizaine de plaintes au départ... Le reste coule de source. Quand ils sauront qu'ils peuvent gagner quelques écus en aidant la justice de Dieu...

Il eut un pâle sourire à la pensée d'un long cortège de mères éplorées alignées devant le manoir épiscopal. Il leva la main, héla le cocher et s'engouffra dans la voiture.

Le soir même il écrivait aux curés et aux synodaux :
« Les familles, alertez les familles... »

Ce fût par une aube de juillet qu'il reprit la route du pays de Rais entre les coteaux verts et blonds où s'étageaient les coupoles des éteules de la fraîche fenaison... Des guérets semés de vaches rousses... Des prés de sainfoin envahis de brômes et de pimprenelles... la toison dorée des champs de méteil. Dans son carrosse cahotant sur les chemins ravinés par les pluies d'hiver, Jehan de Malestroit médite son plan de bataille avant de lancer son offensive.

La condamnation pour hérésie ne pouvait entraîner la mort ou le bannissement d'un maréchal de France, lieutenant général de Bretagne.

Un grand seigneur accusé de vol, de viol ou de simonie ne risquait pas de peine infamante en ces termes où Guillaume de Montauban, assassin de Gilles de Bretagne, se retrouvait promu archevêque de Bordeaux par le seul jeu des échanges politiques.

Bien sûr, l'apostasie, la magie, la démonologie... Mais on ne lui retirerait pas ses biens pour autant. Il fallait un dossier nourri de crimes monstrueux, qui frappe si fort les juges et l'imagination populaire que la peine de mort fût assortie de la confiscation des biens. Quelque chose comme le meurtre d'un cardinal, ou une tentative de régicide... Mais le roi de France, encore qu'il se fût opposé à la dilapidation, ne ferait condamner Gilles qu'à des peines vénielles. Il fallait un chef d'inculpation assez fort pour que Guillaume Mérici, le grand inquisiteur, puisse prendre l'affaire en mains. Et mener ce procès en Bretagne pour ne pas exposer les juges aux pressions du Roi. En Bretagne... mais comment ? Tiffauges est en terre française... Il fallait donc contraindre Gilles à quitter Tiffauges et à s'installer à Machecoul.

Doucement, nous sommes pressés. Il reste encore à Gilles une dizaine de seigneuries, des centaines de métairies, des provinces de forêts et de salines.

Un procès hâtif risquerait d'ameuter les héritiers et peut-être la cour de France. Il faut laisser mûrir dans ces cervelles en jachère le grain vénéneux qu'il a semé.

Le 25 juillet, lorsqu'il reprend la route du Pays de Retz dans le carrosse épiscopal, il va cueillir les premiers épis de sa moisson.

L'idée a fait son chemin dans les paroisses, les curés ont écouté les parents confesser leur douleur, et orienté leur rancœur conformément aux vœux de l'évêque : « Le bourreau de vos enfants, c'est le Sire de Rais, qui est un ogre assoiffé de sang. » Et l'idée s'implante dans ces têtes obtuses. Mais il faut leur mâcher la besogne, leur répéter la leçon, et donner une forme juridique à leurs imprécations.

Messire de Malestroit va s'atteler de tout son cœur à cette grande tâche. Et poursuivre dans les banlieues de Nantes la patiente exhortation commencée au Pays de Retz. Il va prêcher dans les chaumières, trouver les mots qui réconfortent, les promesses qui rassurent, la Droite du Seigneur et le châtiment du coupable. Après avoir béni les familles à Saint-Vincent, Sainte-Croix, Saint-Denis et Saint-Similien, il a regagné son manoir et sa table de travail, il a couvert quatre feuillets de sa cursive à boucles nerveuses et jambages serrés. Il a rogné, taillé, peaufiné. À l'aube du 28 juillet, la lettre pastorale est prête à prendre son vol.

À tous ceux qui ces présentes lettres verront, Jean, par la permission divine et la grâce du Saint-Siège Apostolique Évêque de Nantes, Salut en Nostre Seigneur ! Ajoutez foi à ces présentes, par lesquelles savoir vous faisons que Nous, visitant la paroisse Saint-Marie de Nantes, en laquelle est souvent demeurant et paroissien de ladite Église, Gilles de Rais, sous-écrit, en la maison appelée de La Suze ; et visitant d'autres églises paroissiales nommées ci-dessous, la rumeur publique et fréquente, les clameurs et déclarations de bonnes et discrètes personnes : Agathe, femme de Denis le Mignon et veuve de feu Regnaut Donète, de ladite paroisse de Notre-Dame ; Jeanne, veuve de Grimbelet de Lis, de Saint-Denis ; Jean Guibert et sa femme, de Saint-Vincent ; Marthe, veuve de feu Eonet Kerguen, de Sainte-Croix de Nantes ; Jeanne, femme de Jean d'Arel, de Saint-Similien près Nantes ; et Théophane, femme d'Eonet le charpentier, de Saint-Clément hors les murs de Nantes, tous paroissiens desdites Églises, avec les témoins sinodaux desdites églises et autres prudents et discrets hommes et personnes.

Nous, visitant lesdites Églises, ainsi qu'à notre office appartient, les ayant fait examiner et diligemment comparer, et, par leurs dépositions, entre autres choses, nous assurant que, par noble homme Gilles de Rais, chevalier seigneur et baron dudit lieu, notre sujet et justiciable, et certains de ses complices, plusieurs innocents avaient été égorgés, tués, et inhumainement massacrés, et que les susdits avaient avec eux luxurié contre nature, commis le vice de sodomie, souvent fait et fait faire les horribles invocations aux démons, et avec eux pactisé, et perpétré autres crimes énormes en notre juridiction, comme en plusieurs autres lieux d'icelle : avons recueilli de nos commissaires et procureurs que ledit Gilles de Rais avait commis et perpétré les crimes ci-devant et autres débauches en notre diocèse. De quoi ayant publiquement de bonnes et fortes accusations, et afin que personne ne puisse douter, Nous avons fait mettre notre sceau à ces présentes lettres.

Donné à Nantes, le 29e jour du mois de juillet, l'an du seigneur 1440. Signé au bas du mandement dudit seigneur, Évêque de Nantes : J. PETIT [1].

Cette première lettre savamment élaborée ne constitue pas – juridiquement – un acte d'accusation. Elle tresse un collier de doléances, forge un réseau de présomptions, jette l'alarme et véhicule les premiers ferments.

Suprême habileté de Malestroit, sa lettre n'est pas rendue publique. Elle est diffusée avec parcimonie à ceux qui peuvent distiller le venin. Ce message pastoral n'a que des destinataires sélectionnés : « À tous ceux qui liront cette lettre. » Ce n'est pas une circulaire diocésaine, c'est une bulle empoisonnée qui a pour mission d'éveiller le doute et de semer la méfiance. Les « présentes lettres » sont dans un premier temps une épure qui donne une forme écrite à la rumeur. Une ébauche moderato cantabile du grand air de Basile : Calomniez, calomniez, il en reste toujours quelque chose. Elles vont cheminer tout l'été comme une mèche de feu souterraine qui court vers le détonateur.

1. Archives de la Loire-Atlantique (médiathèque de Nantes).

4

LA GUEULE DU LOUP

Le duc de Bretagne a alerté son frère, Arthur de Richemont, pour lui demander de marcher sur Tiffauges. Le connétable ne témoigne pas grand enthousiasme à l'idée d'affronter son ancien compagnon d'armes. Jean V lève ses scrupules en lui octroyant la baronnie de Bourgneuf-en-Retz, un des derniers fiefs de Gilles.

Richemont avance par petites étapes vers Tiffauges, mais fait secrètement avertir le maréchal de Rais de son arrivée.

Gilles, peu soucieux d'affronter l'armée française, abandonne ses prisonniers, quitte Tiffauges et s'installe à Machecoul. Richemont investit le château et libère Le Féron.

La manœuvre orchestrée par Malestroit porte ses fruits, Gilles ne réside plus à Tiffauges en France, mais à Machecoul en Bretagne. *Le voilà devenu justiciable de l'évêque*.

Inquiet de cette armée en marche vers sa forteresse, inquiet des chaudes rumeurs qui commencent à embraser les villages et à s'enflammer sous le manteau des cheminées, assailli par d'obscurs pressentiments, le Maréchal veut montrer que son crédit et son prestige sont intacts. Après avoir fait consulter les astres par Prelati, il va rendre visite à Jean V, dans sa résidence d'été à Josselin.

Josselin, la haute forteresse de Beaumanoir, à la fois massive et déliée, dresse ses tours et ses remparts entre la rivière et le canal. Entre l'Oust qui serpente sous les joncs et les vergnes des collines crayeuses du Mesnez et la voie d'eau somnolente qui coule immobile de Nantes à Brest.

Il faisait si chaud que les hommes d'armes avaient quitté leurs bottes et leurs cottes pour patauger dans l'eau verte, sous les arches du pont.

À son arrivée, Gilles fit déployer ses orgues sur les rives de l'Oust et les petits chanteurs saluèrent Jean V d'un festival de grégorien.

Et Gilles fait une entrée tonitruante, hérault en tête, trompettes sonnantes et bannières déployées. Le Duc l'embrasse, feint la surprise et la joie, et à l'issue des effusions et des civilités, Gilles aborde le problème de l'amende : « Cinquante mille écus, Messire, c'est plus que je ne pourrai fournir. »

Jean V élargit son sourire matois de maître fourbe. Lui, bien sûr, il est prêt à toutes les remises, mais il y a son Conseil et il ne peut pas passer outre. On en reparlera à l'automne. Gilles peut compter, comme toujours, sur son indéfectible amitié...

Après déjeuner, le Duc emmène Gilles à la lande de Mi-Voie, et les deux seigneurs se recueillent devant la pyramide votive qui commémore le Combat des Trente.

– Un combat digne des temps d'Homère, dit le Duc. Trente chevaliers français partisans de Charles de Blois et emmenés par Beaumanoir donnèrent l'assaut à trente Anglais commandés par Benborough. Il les ont taillés en pièces...

– En vérité, reprend Jean V, patelin et flagorneur, ce combat m'apparaît comme un présage.

– Vraiment ? dit Gilles.

– Beaumanoir était alors le châtelain de Josselin, et c'est la première victoire des Français sur les Anglais. Aujourd'hui c'est pour Josselin un événement historique que cette visite du vainqueur de Patay chez celui qui lui a ouvert la voie... Moi je montre seulement la Mi-Voie sourit le Duc...

Et il entraîne Gilles vers les libations et les godailles.

– Je suis décidé à ne plus rien vendre, ni châteaux, ni fiefs, ni salines, dit Gilles pendant le dîner. Je vais relancer mes débiteurs. Du roi de France à l'évêque de Nantes (il n'ose pas dire en passant par vous mon bien-aimé cousin) et je vais assainir mes finances.

Jean V approuve chaleureusement. Gilles ne sait pas qu'il n'a plus rien à vendre, que tout est pesé, compté, divisé, en prévision de sa mort prochaine.

Après trois jours passés à festoyer, Gilles ne se résoud pas à quitter son bien-aimé cousin, et le suit dans sa maison de

Vannes où le dimanche s'écoule entre les chevauchées, les vêpres et les ripailles.

Le lendemain matin, le Maréchal rassemble sa troupe, ses cavaliers, ses orgues et ses chanteurs, et les conduit vers la mer au long des pinèdes et des lagunes qui s'étirent de Vannes à Bourgneuf. À Pornic, il fait arrrêter le cortège et les orgues de la psallette mêlent leurs accords aux orgues océanes sur les grandes terrasses circulaires de la baie, entre la forêt et la marée. Gilles félicite sa chorale : « C'est l'hommage de la créature à la Création... Le chant de la mer et le chant de Dieu. » Et le soleil creuse des brèches de lumière sur les hauts versants de jaspe sombre qui vont mourir au pied des chanteurs dans les mousses baveuses du jusant.

À Bouin, Gilles galope sur le sable mouillé de la marée montante. À Bourgneuf, il retrouve sa cellule familière, son refuge pour la prière et le recueillement. Une cabine monacale étroite et chaulée. Le lit de bois d'œuvre et le Christ barbelé. Les piliers, la nef et les ogives des Frères mineurs.

Le soir, il va rêver devant la mer. Comment pourrait-il penser que c'est son dernier tête-à-tête avec l'océan ?

Avant son départ, il annonce au prieur de l'abbaye qu'il va prendre à l'automne son bâton de pèlerin et qu'il marchera jusqu'à Jérusalem pour prier sur le tombeau du Christ.

Il suit la route du retour par le chemin des écoliers, La Mothe, Palluau, Montaigu. Il rentre à Machecoul le 8 septembre.

Tandis que Gilles prépare son pèlerinage, Malestroit l'a relayé à Josselin. Et il élabore avec le Duc les grandes lignes du procès qui va leur permettre de s'approprier la totalité des biens du Maréchal (qui représentent encore une fortune considérable).

L'évêque rentre à Nantes et rassemble patiemment les éléments de sa deuxième lettre pastorale. Cette fois, c'est un acte d'accusation précis et implacable contre le baron de Retz : sodomie, simonie, alchimie, hérésie, meurtres et tortures.

Jehan de Malestroit met une dernière main à cette lettre qu'il a tissée et démaillée tout au long de l'été. Dans cette tapisserie de l'Apocalypse, tous les termes ont été pesés et réfléchis. L'épître est terminée le 28 août. Jean Petit frappe du sceau de l'évêché les circulaires qui vont être acheminées par différents messagers aux évêques de Bretagne, aux paroissiens, aux synodaux, aux officials. Et, bien sûr, à Jean V.

Jean, par la grâce de Dieu et du Saint-Siège apostolique, Évêque de Nantes, à tous et chacun les Recteurs des Églises paroissiales et leurs lieutenants, aux Chapelains, Curés et non curés, clercs, notaires et tabellions publics, en notre cité et diocèse de Nantes constitués, et à chacun d'eux en particulier, salut en notre Seigneur, et à notre mandement obéissez fermement. Savoir vous faisons que, dernièrement, en notre cité et diocèse de Nantes, et surtout dans les Églises paroissiales de Notre-Dame, Saint-Denis, Saint-Nicolas, Saint-Vincent et Sainte-Croix de Nantes, Saint-Similien près Nantes et Saint-Clément hors-les-murs de Nantes, et Saint-Cirice de Rais, en notre dit diocèse, en les visitant, selon qu'y sommes tenus par nostre office pastoral, tant par les témoins synodaux bons et discrets desdites Églises que plusieurs autres dignes de foi et prudhommes, plusieurs fois, dans lesdites églises paroissiales, de fortes et fréquentes plaintes nous ont été faites, et aussi la rumeur publique souvent répétée, et les clameurs et dénonciations précédentes desdits témoins synodaux et autres dépositions aux registres desdites visites insérées et rédigées par nos notaires et scribes. Vous mandons et faisons connaître que noble homme, le seigneur Gilles de Rais, Baron dudit lieu en notre dit diocèse, plusieurs enfants innocents a tués, égorgés et massacrés, et qu'avec eux a commis l'abominable et exécrable péché de sodomie et contre nature, en diverses et inusitées manières, lesdites horreurs non expliquées, et cependant qui seront déclarées en temps et lieux opportun ; les horribles invocations au démon plusieurs fois et souvent exercées, auxdits démons sacrifié et offert, et avec eux conclu pacte et autres crimes et délit d'hérésie, méchamment perpétrés et offensant la Majesté divine et à la subversion et atténuation de la foi et pernicieux exemple à plusieurs. Nous, ne voulant que tel crime et aussi tel mal de l'hérésie, qui s'étend comme un chancre si on ne l'extirpe subitement, puissent s'étendre, et voulant y apporter avec célérité le remède convenable : Vous et chacun de vous, par la teneur de ces présentes, requérons et mandons que l'un pour l'autre ne s'excusent, et que citiez péremptoirement par devant nous ou notre official de Nantes, au jour après la fête de l'Exaltation Sainte-Croix, le 19e jour du mois de septembre, ledit noble Seigneur Gilles de Rais, chevalier, notre sujet et justiciable en cette partie, que nous, par la teneur de ces présentes, citons, et le promoteur aux causes de notre Cour de Nantes, pour en la cause répondre ainsi qu'il est de droit ; et, ce fait, nos présentes lettres rendre par vous ou l'un de vous dûment exécutées.

Donné le mardi 13e jour dudit mois de septembre 1440, ainsi signé du mandement dudit seigneur Évêque : Jean GINOLE.

Le 15 septembre, à la tombée du jour, Étienne Corillaut, dit Poitou, prenait le frais sur le chemin de ronde du château de Machecoul[1]. Il aperçut dévalant la colline qui surplombe la Sèvre, une troupe de cavaliers précédée d'un hérault qui portait une bannière déployée. Il descendit les escaliers quatre à quatre.

– Monsieur le Maréchal, une compagnie de soldats de Bretagne se dirige vers le château.

Gilles ouvrit la lucarne et se pencha. L'officier parlementait déjà avec les sentinelles.

– Relevez la herse, cria Gilles, laissez-les entrer.

Le chef de la troupe mit pied à terre et cria :

– Je suis le capitaine Jean Labbé et j'ai avec moi maître Robin Guillemez qui va vous lire la citation à comparaître adressée par Messire de Malestroit, évêque de Nantes.

Guillaume Robin Guillemez, un petit homme gris, chauve, étriqué, leva son museau de musaraigne vers les créneaux où le soleil couchant rutilait sur les armures. Il entama sa citation d'une voix craintive en ponctuant sa lecture de coups d'œil inquiets vers les arbalètes à l'affût entre les archères. Jean Labbé avançait pour le relayer :

– Nous Jean Labbé, capitaine d'armes à Clisson et Messire Jean V, duc de Bretagne et Robin Guillemez, notaire, agissant au nom de Messire de Malestroit, évêque de Nantes, enjoignons à Gilles, seigneur de Laval et de Tiffauges, Pouzauges, Machecoul et autres lieux, maréchal de France et lieutenant général de Bretagne d'avoir à nous donner sur l'heure accès en son château et à se constituer prisonnier entre nos mains pour répondre devant les juridictions religieuses et civiles.

Le maréchal de Rais, jusque-là resté debout dans l'embrasure, immobile et les bras croisés, leva la main. D'instinct les cavaliers bretons haussèrent leur bouclier devant leurs casques. Sur le chemin de ronde, les soldats de Gilles attendaient l'ordre de tirer. L'orage grondait sur les coteaux de Torfou. Un vol de hérons gris traversait le ciel, les secondes qui passaient étaient chargées de foudre. Et Gilles demeurait le bras levé comme s'il hésitait. Et dans ce silence de tonnerre on entendait tonner la voix du capitaine :

1. Poitou est, avec Henriet, le maître-jacques de Gilles : factotum, fourrier, fournier, écuyer, chauffe-cires, valet d'armes et sicaire, c'est l'homme à tout faire.

– Moi, Jean Labbé, je vous somme au nom de Messire le duc de Bretagne de vous présenter à moi afin que je me saisisse de votre personne...

Gilles abaissa le bras et dit à Prelati :

– Je voulais me faire moine, et c'est Labbé qui vient m'enrôler...

Il fit ouvrir les portes et donna l'ordre à ses officiers incrédules d'autoriser la fouille du château.

Les sergents d'armes firent irruption sous les voûtes et dans les salles où ils ne trouvèrent rien que les fumets tenaces des fourneaux éteints qui imprégnaient les murs, cette odeur entêtante et funèbre des anciennes combustions de mercure, de salpêtre et d'aloès. Labbé arrêta tour à tour Henriet et Poitou, Prelati et Blanchet. Et dans l'ombre mûrissante, le cortège s'élança vers Nantes. Gilles, impassible, galopait en tête, entouré de ses gardes, comme s'il avait conduit une dernière fois des cavaliers bretons à l'assaut des forteresses anglaises. Il n'allait pas desserrer les dents pendant le trajet.

– J'ai ordre de vous conduire à la Tour Neuve, Messire.

Jean Labbé rejoignit Malestroit et Jean V au manoir épiscopal.

– Alors, qu'a-t-il dit ? demanda le Duc.

– Rien.

– Il n'a pas résisté ?

– Non. Il m'a suivi docilement.

– Ce n'est pas pensable, dit l'Évêque.

– Qu'est-ce que ça cache, dit le Duc.

– Vous avez fouillé le château ?

– Oui, Messire.

– Et qu'avez-vous trouvé ?

– Rien.

Labbé s'inclina pour prendre congé.

– Un instant, capitaine, dit Malestroit.

– Messire ?

– Vous veillerez à ce qu'on ne lui donne à boire que de l'eau. De grandes cruches d'eau, jamais de vin.

– Bien, Messire.

Jean V s'étonna :

– C'est dur, vraiment dur pour un grand buveur comme lui, il risque d'être...

– Précisément, coupa Malestroit, quand on retire à un ivrogne sa ration d'alcool, cette abstinence suscite un amollissement du caractère. Les têtes les plus dures deviennent au bout de quelque temps de la pâte à modeler. Et tout me porte à penser que cette pénitence portera très vite ses fruits.

– Vous n'avez vraiment rien oublié...

– Messire, je m'efforce d'aider la Justice, dit Malestroit en souriant.

Le Duc lui rendit son sourire.

*
**

C'était une chambre haute et claire, à larges fenêtres, habillée d'une ancienne tapisserie murale, meublée pour recevoir un prince de passage. Une tenture pastorale recouvrait le mur du fond. Une cathèdre sculptée, deux fauteuils et une table de marquetterie où s'alignaient des livres d'heures et des parchemins enluminés.

Un grand feu de cosses riait dans la cheminée à tablier de granit et la fumée déroulait ses volutes des étages du vaisselier aux blanches moulures du plafond.

Un lit armorié aux montants recourbés en col de cygne était accoté à la cloison, surmonté d'un christ de bois peint.

Deux tapis nattés, des hanaps et des chandeliers sur la nappe brodée de la console.

Gilles fit le tour de son étroit royaume, ouvrit la fenêtre, vida un gobelet d'eau fraîche et revêtit l'habit blanc des carmes. Puis il s'abîma dans la prière.

Du 14 au 19 septembre, Gilles a tourné en rond dans sa cellule. Malestroit l'a laissé mijoter, sevré de liqueurs et d'hypocras. Il a su par les geôliers qu'après avoir hurlé des injures à son adresse et martelé ses murs, Gilles a marché de long en large, parlé seul à voix haute et s'est enfermé dans un silence compact. Chaque fois qu'un sergent ou un garde est entré dans sa chambre, il a réclamé à boire. En vain.

Ce soir du 18 septembre, Gilles repose, étendu sur son divan, les mains nouées derrière la nuque. Il était parti très loin de l'automne de la Tour Neuve, il chevauchait le printemps de Meung.

Pour la première fois, il était prisonnier de la solitude. Non plus cette solitude errante et buissonnière de naguère qui s'endormait sur les fougères après avoir dérivé sur la Sèvre ou maraudé dans les taillis. Aujourd'hui, c'était une chape noire et lancinante, une nasse où il se débattait en aveugle.

Pour s'en évader, il remonta les berges de la Crume aux vagabondages de l'aube, entre les traquets pour les renards et les coupoles odorantes des meules. Son rêve était haché par les marteaux, les maillets, les palans et les appels du chantier de la cathédrale, à deux cents toises de sa fenêtre.

Il sursauta. Le capitaine de la Tour Neuve entrait dans la chambre encadré par deux sergents de la prévôté. C'était un géant frisé à la voix caverneuse, aux pommettes de brique, au torse pansu.

– Messire, on vous attend devant la Cour.

– Revenez dans dix minutes, je m'habille.

Il ajusta sa coiffure et passa à sa ceinture sa dague à poignée d'or. Il suivit les gardes dans le dédale obscur des couloirs et des escaliers, des voûtes et des corridors qui menaient à la salle d'audience.

La foule guettait l'arrivée de l'accusé, et un murmure d'étonnement courut les rangs pressés. Sous le pourpoint de soie grège cordé d'or et bouclé par la ceinture rouge vermillon, Gilles de Rais était entièrement vêtu de blanc. Blanc de cygne et de céruse. Et l'hermine ceignait ses poignets. Il coiffait le chaperon évasé à bourrelet réservé aux feudataires de Bretagne. Il portait la tunique blanche des Templiers. Présage ? Il se leva, ses cheveux sombres, sa barbe sombre, ses bras tendus, émergeant de ce suaire de lin blanc firent de lui, l'éclair d'un instant, un mirage de Galilée. Mais cette robe liliale, cette blancheur lustrale exprimaient d'entrée : je suis blanc comme neige.

En rentrant, il avait rencontré le regard de Malestroit. Robe blanche et manteau incarnat. Autour de la table, les membres du tribunal. Et en contrebas, une longue table de noyer où s'agitaient les copistes, les scribes, les greffiers.

Maître Robin Guillemez procède à la lecture de son exploit[1] :

> Moi, Guillaume Robin Guillemez, clerc du diocèse de Nantes, notaire public, les lettres ci-devant insérées contre le seigneur Gilles, chevalier, baron de Rais, en cesdites lettres principale-

1. Extrait des « Minutes du procès » (médiathèque de Nantes).

> ment nommé par moi en propre, l'année susdite, le 14e jour du mois de septembre, exécution dûment faite selon et en la forme et manière qu'il m'était mandé, lequel jour après la fête de l'Exaltation de Sainte-Croix sont comparus personnellement en jugement devant Révérend Père en Dieu l'Évêque de Nantes, en la grande salle de la Tour Neuve du Château de Nantes, à rendre droit pour tribunal, siégeant honorable homme Me Guillaume Chapeillon, promoteur aux causes de ladite cour, lesdites lettres de citation dessus insérées l'une comme l'autre et l'exécution faite reproduite, d'une part, et ledit Seigneur Gilles, chevalier et baron, accusé, d'autre part.

Pendant toute la durée de la lecture, Gilles garde le silence. Il promène un regard panoramique et dédaigneux sur le tribunal, dévisage ses juges un à un. La plupart d'entre eux baissent le nez, ce sont ses débiteurs ou ses obligés.

Lui, après un coup d'œil distrait sur l'assistance, hoche le menton pour approuver, lève la main pour contester, puis se mure dans une méditation lointaine.

Le promoteur, maître Chapeillon, un courtaud sanguin, bajoues de suif et moustaches de Celte, lit l'acte d'accusation. Il n'est pas question de meurtre ou de sodomie, mais d'hérésie doctrinale. Gilles se lève et coupe :

– Cette accusation est infamante et sans fondement. Je reconnais la justice de l'évêque de Nantes ou celle de tout autre ecclésiastique. Je me fais fort de me purger de ces accusations.

Messire de Malestroit se lève pour annoncer la date de la prochaine audience : le 28 septembre. Le Maréchal comparaîtra devant le frère Jean Blouyn, évêque de l'Inquisition. Gilles approuve et hausse les épaules. Le capitaine de la Tour Neuve le ramène à sa chambre où il va préparer sa défense. Il mange de grand appétit et s'endormira suite à sa prière après avoir vainement réclamé un broc de claré à son gardien.

5

PÉCHÉS DE JEUNESSE

Sur l'intervention de Pierre de Lhospital on a livré à la Tour Neuve à Tiffauges des manuscrits, des costumes, un écritoire et des images pieuses. Le Maréchal a passé sa journée à aménager sa chambre et à essayer chapeaux, ceintures et parures pour la prochaine audience. Entre les psautiers, les chausses, les chaneils et les poulaines, Gilles a découvert un miroir. Un miroir qui s'était brisé pendant le transport et dont on avait rafistolé les morceaux en les collant sur un rond laineux. Les bris et les losanges étaient séparés par des îlots de feutres.

Il se pencha sur cette mosaïque lézardée, éclairée en contre-jour par le rougeoiement de la braise et que lui renvoyait un visage découpé en ombres et en facettes. Comme le miroir magique de la vieille sorcière de Machecoul où se croisaient les images mouvantes du passé et de l'avenir.

Dans la pénombre, le verre éclaté brillait comme des yeux de bête de nuit. Il prenait l'éclat du feu dur et de l'eau sèche des alchimistes. Gilles y voyait une rivière laquée de noir d'où des chevaux s'envolaient. Des murs où le lierre enlaçait les siècles. Un ciel ourlé d'îles floconneuses où un enfant chevauchait les oies sauvages. Les mirages se formaient et se décomposaient comme ces figures éphémères qui s'inscrivent dans les brandons ou qui se diluent dans les distorsions du mercure.

Des images d'automne enfouies aux replis de la mémoire, des reflets de vols de migrateurs dans le ciel des douves, des battements d'ailes qui traversent lentement les eaux mortes.

Et les jeunes neiges de décembre, leur vol erratique de plumes blanches. Des duvets de fleurs fugaces posées comme des papillons sur l'eau sourde de l'étang qui les diluait dans sa moire.

Gilles quittait le miroir et s'asseyait à sa table, la tête enfouie entre ses paumes.

Trois ans plus tôt, un soir qu'il racontait à Prelati la croisade de la Loire du printemps de 1429, François lui avait dit :

– C'est une merveilleuse histoire, Messire, pourquoi ne l'écrivez-vous pas ?

– Mais je ne sais pas écrire.

– Mais vous composez des versets ?

– Ce n'est pas le même registre.

– Vous avez tant de choses à raconter. Vous seul...

Et comme Gilles ébauchait un sourire sceptique :

– Vous savez, Messire, il suffit le plus souvent d'un choc : un amour, un malheur, un deuil... l'exil. Regardez Ovide et Dante, La *Divine Comédie – L'Enfer – Le Purgatoire – Le Paradis* – sont enfants de l'exil. Et Guillaume de Machaut exilé en Bohème. Et Christine de Pisan[1] qui se languit à Venise. Donc l'exil... Et mieux encore la prison. Votre grand Charles d'Orléans connaît à la fois l'exil et la prison qui sont les pourvoyeurs de son génie. Vingt-cinq ans dans une geôle anglaise... Sans sa plume, il aurait péri de douleur et d'ennui. Imaginez-le en liberté, il aurait galvaudé sa vie entre les armes, les faucons et les alcôves. La prison lui a amené une double évasion dans l'espace et dans le temps. *À l'intérieur de lui.* Moi, si j'étais prisonnier, j'écrirais un Traité de Magie... Et vous, l'an dernier, vous avez écrit de votre main un Traité de l'Art d'évoquer les Démons. Et j'ai été frappé par le pouvoir d'évocation de votre écriture. Vous avez hérité d'un don de conteur. Vous avez le devoir de le mettre au service de l'Histoire et de relater la Campagne de 1429.

– J'y penserai, dit Gilles en riant, quand je serai prisonnier ou exilé.

Et ils avaient vidé les fiasques d'hypocras.

Ce dialogue oublié se ranimait en lui tandis qu'il marchait

1. Christine de Pisan a publié, en 1430, le *Ditier de Jeanne d'Arc* que Gilles a dévoré.

de long en large à travers sa chambre en frappant l'un contre l'autre ses poings impuissants, qu'il se consumait entre la colère et l'ennui. Des versets pour la psallette, c'était facile... « Une double évasion à l'intérieur... » Il revint vers le miroir. Un château s'y découpait massif et mystérieux, morcelé par les collures du raccommodage. Gilles quittait le miroir et s'asseyait à sa table, la tête entre ses paumes. En se relevant, il taillait distraitement la plume d'oie, affinait le bec et rognait les remiges, et puis il la trempait machinalement dans l'encrier. Des voix éteintes résonnaient dans sa mémoire. Il commença d'écrire lentement en répétant à voix haute :

19 septembre 1440

C'est Jean de Craon, mon grand-père, le « Vieux Sire » qui m'a tenu sur les fonts baptismaux, langé dans le chrémeau jauni des Laval pendant que le chapelain psalmodie : « Gilles, je te baptise, au nom du Père, du Fils et du Saint-Esprit... Parrain et marraine, je vous enjoins, ainsi que le père et la mère, que cet enfant jusqu'à l'âge de 7 ans, soit préservé de l'eau, du feu, du pied des chevaux et de la dent des chiens. »

Dans sa litanie des fléaux dont il faut me préserver, l'officiant a oublié l'évêque de Nantes.

Du plus loin que je me souvienne, j'entends la voix de gorge de Guillemette ma nourrice, la première voix humaine à mon oreille. Le premier sourire, la première chaleur, les seules lèvres de femme qui se soient jamais posées sur mon ventre et sur mes yeux entre ma naissance et mon mariage.

Mon plus lointain souvenir tient dans une baignoire... Maman m'a fait don d'une cuve de bois cerclée de barres de cuivre. Le matin, les servantes l'emplissent avec de grands baquets d'eau tiède remontés des étuves, et je barbote en éclaboussant les murs. Avant de descendre rôder à la cuisine autour des fourneaux.

Déjà envoûté par les odeurs violentes. J'aime les fumets tenaces qui mêlent la tripe et le chou, le lait aigre et le sang battu, la couenne grillée et la venaison.

À l'éveil, quand le silence est déchiré par les trompettes, rompu par le galop du premier cheval de l'aurore, j'ouvre ma fenêtre et je respire cette odeur mouillée de lin roui, de vasière, de chenevotte et de feuilles mortes qui s'exhale du sommeil des douves éventées par les palmes des platanes.

*Un enfant ne regarde pas un paysage, il le reflète. Il ne distingue pas un aulne d'un peuplier, un frêne d'un vergne. Il dit l'*arbre, *et ce fut mon premier mot. Et la forêt mon premier refuge. Le clair-obscur des sous-bois, la lumière adorable des primevères, les terreurs exquises, les parfums de mousse et de bourgeons de la solitude.*

Plus tard, bien plus tard, j'ai appris avec mon précepteur l'histoire du château construit par les légions romaines Messala commandait la garnison, et il y a amené Tibulle.

*Et mon précepteur m'a initié aux cadences savantes des élégies. Et il m'affirmait avec une belle assurance que l'*Ode à Messala *avait été composée lors d'un séjour du poète à Tiffauges.*

Les noms des lieux-dits ont frappé très tôt mon imagination d'enfant. La Chaussée – Les Gâtines – Les Ouches. Et plus tard Le Puy au Feu, Le Purgatoire et Le Pic de l'Enfer.

Mes premières errances étaient aiguillées par la curiosité. Mais j'ai haussé très vite le vagabondage à l'exploration. D'abord au moulin de l'arrière-bief qu'on appelait La Moulinette, et qui fournissait la farine au château.

J'abordais le portage abrité derrière la Pierrière. On avait aménagé une petite plage où je pataugeais dans les clapotis. C'était le Port des Barques où je regardais les rameurs débarquer les sacs de sel ou de froment, les muids d'huile ou de vin. Ce Port des Barques, c'était mon rivage d'envol pour de merveilleux départs vers la Loire ou la mer.

J'étais toujours seul. Personne ne se souciait de moi. Le rempart était enraciné dans l'escarpement du rocher, protégé par des douves profondes et le mur de la herse. À partir du deuxième donjon, le grand escalier de granit conduisait à la poterne. De cette poterne, j'épiais les gardes avant de me glisser dans le fossé pour sortir du château. Alors je conduisais, le long du mur d'enceinte, une cohorte imaginaire dont j'étais le chef. L'accès de la « Salle du Sire », comme disait Guillemette, m'était interdit. Quand je parvenais à m'y glisser, j'étais happé par les voussures du plafond qui reposaient sur des nervures étayées par des culs-de-lampe. Il me suffit de fermer les yeux pour m'accrocher aux consoles du chemin de ronde, pour coller mon front aux étroites meurtrières creusées en entonnoir dans l'épaisseur des murailles.

C'est cette aile du château dont j'avais fait mon domaine parce que je ne rencontrais jamais grand monde au bord des douves. Derrière le vivier, où je traquais des carpes centenaires, s'élevait la chapelle dédiée à saint Vincent, capitale de mon royaume solitaire. Là, je restais les yeux rivés à la grande arcade ogivale qui sépare l'abside et la nef, avant de plonger dans les travées de la crypte et l'orifice des puits funéraires qui figuraient pour moi l'entrée des enfers, le couchant du Soleil des Morts.

Ce que je revois ce soir, c'est un petit garçon aux chausses souillées, au surcot visqueux, à genoux sur les dalles, le front sur le banc et qui prie de tout son cœur Dieu, la Vierge et les Anges. Tout ce qui survit en nous de pur et de sacré quand se sont évaporées la poussière des jours et l'écume des nuits, c'est ce murmure candide et fervent des prières enfantines.

La Baillère était une vaste enceinte hérissée de remparts crénelés avec quatre tours prolongées par des courtines monumentales. Du haut de la porte bailleresse s'étendait mon décor d'aventure. La Crume, ses écumes laiteuses et ses îlots de corail noir où se dressaient les morfils verts des joncs et les corolles frisées des iris. Sous la falaise abrupte des tours, les chaînes grinçantes du pont-levis... L'image qui domine ma mémoire d'enfant, ce sont ces douves où je pouvais vendanger les nuages à l'envers.

... J'ai 7 ans et j'ai fabriqué un radeau de rondins pour traverser les bras d'eau dormante. Je croise Maman avant le souper. Elle me semonce souvent, s'enquiert quelquefois, ne m'embrasse jamais. Heureusement mon père... lui m'a enseigné la pêche et la chasse, m'a fabriqué un arc avec une tige d'osier et des pennes pointues taillées dans le châtaignier. Il m'a expliqué l'art de faire tourner des moulins à aube avec des palettes de coudrier. Il m'appelle le soir, quand il rentre de la chasse, me donne des pigeons morts dont le sang noir poisse les remiges bleues. Et à la tombée du jour, j'escorte des chevreuils ou des biches qui brinqueballent, les pattes liées, la tête en bas sur les épaules des valets. Pourquoi Maman ne s'intéresse-t-elle pas à moi ? Mon père ne répond pas. Il hausse les épaules comme pour dire qu'elle ne s'intéresse pas à lui non plus.

J'ai 9 ans. Mon petit frère René a 4 ans. Il est beau, frêle, bouclé, capricieux. Ma mère va souvent dans sa chambre, l'astique et l'habille. Moi, mon seul amour c'est l'orgue et la prière. Je commence à apprendre le latin avec l'abbé de Fontenay[1]*. Lui est bon, patient, il sait tout. Il m'apprend à dessiner et me prête des couleurs.*

La mémoire est un philtre d'embaumeur, un gel magique qui met les visages et les paysages en hibernation. Pourquoi colore-t-elle ce soir le Hourd du Nord avec son banc de pierre grise collé au mur feuillu sous les machicoulis ? Avec mon père, on se postait à chaque extrémité du chemin de ronde à quinze toises d'écart, et là, le dos appuyé au mur, chacun pouvait parler à voix basse et entendre distinctement le chuchotis de l'autre, comme si nous étions séparés par la grille d'un confessionnal.

Gilles repousse le parchemin, lève les yeux vers la fenêtre criblée par les frêlons blancs de l'averse qui ruisselle sur les appentis.

... Chaque enfant a été amoureux d'une rivière. Le premier ruisseau traversé à gué, pieds nus, un matin d'été, la première nasse sur les chevrins, la première écrevisse sous les pierres de source. Et cette rivière continue de chanter dans la mémoire enchantée.

Moi, c'était la Crume[1]*, épée liquide entre les peupliers ; ses caillots bleus et les écumes en fleurs. Ses églogues de nénuphars et de sureaux, ses margelles chevelues où la loutre et la martre chauffaient leurs rêves au soleil. Ses lavoirs de verdure sous le tambour des lessives, ses bulles mystérieuses qui venaient éclore comme des baisers sans lèvres à fleur d'eau morte dans le doucin des berges. Ce doucin qui a donné son nom à La Doucinière au seuil des gorges du Hucheloup.*

La Crume surgit en moi comme une rivière souterraine jaillie entre les herbes vives. À Orléans, Jeanne aussi entendait chanter la Meuse avant de s'endormir.

À Compiègne elle m'a dit : « Je n'entends plus ma rivière... »

Et moi, si souvent j'ai collé mon oreille à ma mémoire sans entendre les flûtes et les pipeaux de la Crume.

Ce soir elle entre en crue, je l'entends bouillonner et je vois s'avancer des ombres sur ses rives. La plupart du temps on ne

---

1. Gilles finira par se fâcher avec M. de Fontenay. Il le retiendra même en prison pendant quelque temps, vingt ans plus tard.
2. La Crume est un petit affluent de la Sèvre. Gilles enfant hante la Crume. Gilles adolescent préfère la Sèvre.

distingue pas le visage des morts. Leurs contours sont vagues, leur regard noyé, leur visage flottant. Aujourd'hui je vois *se dresser Amaury de Craon dans le soleil de juillet qui danse sur les eaux.*

Amaury, le centaure ailé, qui volait par-dessus les haies sur son bai à crinière rase dans les bois de Champtocé. Je me cachais dans les fourrés pour le regarder galoper. Et je pensais : un jour je serai comme lui. Il riait toujours en me voyant. Il me soulevait de terre et il me disait par jeu :

– Chevalier quand partons-nous pour la Terre Sainte ?

Un jour il est parti pour la guerre, loin vers les brumes du Nord.

Gilles s'est arrêté, mordillant sa plume d'oie. Il entend battre le cœur du silence.

... *Un jour il est parti, il n'est jamais revenu. Il avait 20 ans...*

Gilles repose sa plume et rêve.

L'oncle Amaury, ses longs cheveux de fille, ses yeux d'eau verte, ses épaules de bûcheron, son rire d'enfant, la gloire et le soleil de Champtocé... L'oncle Amaury qui va hurler toute la nuit d'Azincourt, percé de part en part et perdant son sang, sans pouvoir arracher la flèche qui le cloue à la terre.

Gilles y pensera longtemps, chaque soir, avant de s'endormir, dans le petit lit de la chambre obscure, entre son daguet et ses arcs, ses nasses et ses livres.

Pourquoi cette grande marée déferle-t-elle ce soir sur les plages du passé ? Pourquoi la complainte de la rivière, le rire d'Amaury, le crin bleu des poulains ? La petite chambre peinte de chaux, de peur et d'ombre, dont le vent de galerne faisait claquer les volets.

Le premier sang caillé sur le pelage roussi des bêtes mortes, la lune la tête en bas ballottée dans les ressacs, les neiges roses du couchant sur les coteaux de Tiffauges. Ce petit garçon qui est mon plus proche ancêtre, qu'ai-je de commun avec lui, aujourd'hui que son présent est devenu mon passé, puisque ses jeux et ses larmes sont engloutis dans le néant des jours révolus ? Pourquoi s'agite-t-il en moi – comme les morts que j'aimais – pour la première fois depuis si longtemps ? Que m'a-t-il légué, qu'ai-je gardé de son héritage ? Ce goût de la lutte et de la chasse. Et sa foi lumineuse, ces éclairs tombés du ciel qui lui ployaient la nuque sur un prie-Dieu pendant des heures. Une illumination intérieure que prolongeait la musique des Anges dans la chapelle.

Le dimanche après l'office, mon père m'appelait dans son cabinet pour m'initier aux gloires de notre parentage. Pour célébrer les vertus du connétable Olivier de Clisson. Pour apprendre à révérer l'oncle Bertrand du Guesclin, le grand homme de la famille dont mon père ne se lassait pas de conter les exploits.

J'ai bien entendu vingt fois le récit de sa mort devant les murs de Châteauneuf-de-Randon qu'il assiégeait, et dont le gouverneur est venu déposer les clefs de la ville sur son cercueil avant de s'agenouiller.

Ma mère ne me parlait jamais en tête à tête. Quand elle me faisait appeler, je la trouvais affairée entre ses robes et ses parures, entourée de servantes et d'habilleuses, poudrée, pomponnée, lointaine. Elle avait l'air d'une reine en exil, échappée d'une dynastie révolue. Sur ses cheveux haut frisés, le hennin prenait des airs de pschent. Notre bref dialogue était toujours le même, émaillé de quelques truismes : la propreté, la sagesse, la religion, les études, et se terminait toujours par la même phrase : « Va dormir, mon petit Gilles, les invités arrivent... » Maman ne m'embrassait que sur les cheveux. Pour ne pas troubler l'ordre de ses fards et de sa coiffure. Réfugié dans ma chambre, j'entendais résonner les bottes et s'égrener le rire des châtelaines.

Mon précepteur, Michel de Fontenay, m'a enseigné le grec et le latin, m'a initié à la musique. C'était un prêtre savant et patient. Il m'a appris le dessin et l'enluminure, les premières vocalises à l'harmonium. Il ne m'a jamais rien appris sur les relations humaines. Il était soigné, précieux, raffiné, attentif à mes progrès et soucieux de mes révoltes.

Un jour, nous traduisions Ovide, l'abbé de Fontenay a interrompu sa lecture des Métamorphoses, *et il est allé ouvrir la fenêtre. Il s'est penché, je le revois encore, les cheveux lisses, les lunettes de fer et ce regard de myope gris et voilé.*

Il a refermé la fenêtre et s'est adossé au mur. Blafard.

– Nous descendons, Messire.

– Mais, je n'ai pas fini de recopier...

Sans un mot il m'a pris par la main et nous avons dévalé l'escalier. Dans la cour, une haie d'hommes d'armes et d'écuyers s'était formée sur le passage d'un cortège. Ce cortège suivait une civière portée par deux piqueurs et deux valets de chien. Une civière dont les montants étaient des fûts de châtaigniers fraîchement coupés, et la litière une brassée de feuillards. Mon père cahotait sur ce matelas végétal. Autour de nous, les chasseurs rameutaient les chiens. Et, en avançant, j'ai vu que la civière laissait un pointillé de lunules rouges sur le gravier de la cour.

M. de Fontenay me pressait la main.

L'instant s'est figé dans ma mémoire. Ce soir encore, j'entends comme si j'avais l'oreille collée à un coquillage où chante la rumeur de l'océan du passé, j'entends le hennissement fou d'un cheval cabré qui renifle la mort, je vois tourbillonner un vol de plumes soufflées par le vent et, à l'angle de la poterne, un essaim sauvage en quête d'abeillage. Des odeurs de forge et de feux d'écobuage traversent la cour.

La plupart du temps, un instant est meublé de bruits, d'odeurs et de visages que nous ne remarquons pas parce qu'il est un maillon fugace de la chaîne du temps. Ici le temps s'est arrêté pour moi. Les hommes et les chevaux traversaient la cour et brusquement la cour, les arbres, le château, tout a chaviré : mon père allait mourir.

J'entends les sanglots des femmes devant le lit où l'on a étendu le corps. Et le piqueur qui explique à voix basse comment M. de Laval a planté son épieu dans le cœur de la bête morte qui retombait sur lui. Le sang noir du sanglier, caillé sur l'épaule de mon père.

On avait fermé les auvents, allumé les candélabres, et les flammes jetaient des ombres tremblées sur le visage cireux.

Et je suis là, au bord du lit, devant lui, il a posé sa main sur la mienne et ses larmes coulent sur sa barbe. Et il répète mon nom comme une prière : Gilles, Gilles, Gilles... Et puis il s'est évanoui. Et Monsieur de Fontenay m'a tiré par le bras et j'ai erré entre les escaliers et les corridors. Je suis allé frapper à la porte de ma mère. Personne n'a répondu. En remontant, j'ai croisé mon grand-père qui m'a regardé, l'air absent. La chambre s'était emplie de mires, de soutanes et de servantes porteuses de baquets d'eau rougie.

Je me suis calé contre le mur, auprès de la porte, et j'ai entendu un grand cri étouffé. La religieuse est sortie – toute blanche – et elle m'a pris la main :

– Il faudra beaucoup prier mon petit Gilles.

Et je suis allé m'agenouiller dans la chapelle et là, ma prière s'est arrêtée parce que j'ai brusquement compris que j'aimais mon père et que je ne le reverrais plus. Et que je ne lui avais jamais dit. Il ne m'en avait jamais donné l'occasion.

À l'église, Maman me tient la main, perdue dans ses voiles. Des voiles qui voguent déjà vers d'autres rives.

Le lendemain matin, mon grand-père me guettait dans l'escalier :

– Il n'y aura pas de leçon d'escrime aujourd'hui.

Il m'a emmené dans sa chambre.

– Maintenant c'est moi qui vais m'occuper de toi. C'est toi qui remplace mon fils. Nous ne nous quitterons plus.

Je pensais que cette grande peine allait me rapprocher de Maman, qu'elle m'ouvrirait enfin sa porte et son cœur. Mais elle s'est barricadée dans sa chambre et quand je demandais aux servantes, elles me disaient qu'elle restait prostrée dans son chagrin, qu'elle ne voulait voir personne.

Puis, un matin, elle m'est apparue, pimpante, fringante, en toilette de voyage. Elle m'a embrassé sur les cheveux comme d'habitude :

– Sois sage, mon petit Gilles, occupe-toi de ton frère. Tu es un homme à présent...

Et debout sur le chemin de ronde j'ai vu cahoter la voiture sur les ornières avant de disparaître entre les ormes de l'allée.

Maman n'est jamais revenue[1].

Pourquoi ce reflux, ces visages, ces images qui s'imposent à moi, brusquement libérées des oubliettes de la mémoire ? Parce que, pour la première fois depuis si longtemps, je suis en tête à tête avec moi-même, comme aux soirs de l'enfance.

Il a reposé sa plume. Il commence à marcher à travers la chambre. Il parle pour lui seul, à voix basse.

Si j'écris, c'est pour essayer d'exorciser les souvenirs, et non pas pour ouvrir mon cœur à cette meute de frocards et d'histrions, de terreux et de tire-laine. Vingt chiens couchants rameutés pour juger de mon hérésie. Hérétique, moi...

Que peuvent-ils comprendre à mon âme, ceux-là dont la foi

1. Marie de Craon va épouser très vite Charles d'Estouteville.

est comme un confit de porc dans un bocal ? Aussi morne que leur regard, aussi machinale que leur métier. Misérables ribauds qui prétendent me condamner au nom de leur morale de valets. Que peuvent-ils comprendre aux spirites et aux astrologues ? Qu'ont-ils jamais vu au-delà du visible ? Que savent-ils que la Quintessence ?

Ont-ils jamais pensé aux complicités de la chair et des astres ? Et ils se prêtent à cette parodie parce que Malestroit, qui me doit tant, guigne encore quelques fiefs, quelques landes et quelques forêts... Et il m'a déjà tant pris. Si seulement je l'avais pendu à Saint-Jean-de-Beuvron... Ah ! Richemont... Je n'ai rien à leur avouer, ni à lui, ni à sa canaille assermentée.

Il regardait les feuillets épars sur la table.

S'ils lisaient ces confidences, que pourraient-ils en retirer ce troupeau de pourceaux déjà repu et qui vient lapper l'écuelle de l'évêque ?... Que pourraient-ils comprendre à ce petit garçon sauvage et solitaire. Lui seul peut me juger. Pas eux.

Gilles ramassa ses feuilles, les tendit à la flamme et les regarda se consumer lentement entre les convulsions et les grésillements, les donjons, les bois et les chevaux de son enfance. Si proche et si lointaine... Et pour la première fois depuis bien longtemps, il s'endormit paisiblement. Le lendemain matin, il écrivait une longue lettre à messire Pierre de Lhospital.

6

GRAND-PÈRE

La Tour Neuve, 20 septembre 1440

À Messire Pierre de Lhospital
Président du Tribunal séculier

Messire,

Cette nuit, il m'est survenu une aventure immobile dont rien ne laissait prévoir l'irruption.

Un enfant est entré dans ma chambre en traversant les murailles de ma cellule et en fracassant les cloisons de ma mémoire. Un enfant de 10 ans, malheureux et beau, chimérique et tourmenté. Il est entré à cette heure aromatique et trouble où il rêvait naguère planté devant l'eau atone des fossés pour y regarder les licornes de la lune brouter les lentisques et les aquatiles. Cet enfant, c'était moi.

La complicité du silence et de la solitude, ce mélange de colère et de nostalgie qui bouillonnent en moi, lui avaient ouvert la porte. En fait, il avait répondu à un appel, je l'avais sollicité à mon insu. Et son silence disait : qu'as-tu fait de nous ? Il m'a regardé longtemps. Si longtemps que pour apaiser ce fantôme j'ai écrit quelques pages de son histoire. La nôtre.

Son regard ranimait pour moi des rires et des larmes, des voix éteintes et des rivages révolus. En écrivant, je le voyais courir et je l'entendais chanter comme s'il m'avait pris par la main pour une escapade en forêt. Sa présence guidait ma plume et je m'essoufflais à la suivre tant elle bondissait sur le papier. Quand j'ai levé la tête, il avait disparu.

J'ai séché cette encre fraîche des années mortes et j'ai tremblé qu'un regard étranger ne se posât sur les secrets de mes bonheurs enfantins, sur les calices de mes bouquets fanés. Alors, j'ai brûlé ces pages. Mais, en les regardant se tordre dans le feu, je pensais à l'adolescent ombrageux qui allait suivre le sillage de cet enfant, et puis au jeune homme voué à l'apprentissage de la mort, et dont les souvenirs pourraient vous aider à connaître et à juger l'homme qu'il est devenu.

Un jour, à Nantes, vous m'avez parlé – je me souviens des mots que vous prononciez – d'une « enquête sur la personne » qui permet au juge de fouiller dans le passé, de détecter les ressorts des actes et les racines des mobiles.

Ma vie a été déterminée – comme tant d'autres – par ma race et mon milieu, par mon éducation et mon entourage, par des influences et des lectures, par des exemples reçus et des regards croisés.

Qui dira jamais l'importance des rencontres ? Les rencontres sont les jalons de la fatalité.

Bref, j'ai décidé de vous livrer quelques pages pour faciliter votre « enquête sur ma personne », quand j'ai appris que vous alliez présider le Tribunal Séculier. Vous savez que j'ai revendiqué le droit de me présenter devant les juges de mon « hérésie doctrinale ».

Aujourd'hui, j'estime cette comparution infamante et dérisoire. Mais j'aurai aussi à comparaître devant vous.

Rappelez-vous, nous nous sommes parlé à diverses reprises. À Nantes, à Rennes, à Vitré, à Redon. Vous m'avez toujours témoigné estime et déférence. Mais vous ne connaissez guère de moi que l'armure et les armoiries, le cheval et le baudrier ; je souhaite que vous puissiez juger l'être au-delà du paraître. C'est pourquoi je vais meubler les jours qui me séparent de l'audience en écrivant, non pas l'histoire de ma vie, mais quelques épisodes majeurs où convergent les erreurs et les hasards, les élans et les malheurs qui m'ont fait ce que je suis. Ces pages représentent une confidence privée et non pas une pièce d'audience. C'est un réflexe de pudeur qui m'a fait brûler mes souvenirs d'enfance, et aussi la crainte de les voir profanés dans des mains étrangères. Je n'écris ces pages qu'à votre intention, aux seules fins de vous renseigner et de vous édifier. Je vous demande instamment de les garder strictement par devers vous et de les détruire après lecture. Je vais m'efforcer de maîtriser mon écriture et de filtrer ma mémoire. Je ne veux relater dans ce message que les faits essentiels, ceux qui vous permettront de me connaître au-delà des apparences, puisque vous ne m'avez croisé qu'à travers l'appareil et l'apparat, les fêtes et les offices, les chasses ou les réceptions. En outre, je vous demande de ne chercher dans ce mémento, ni ordonnancement, ni structure logique, ni chronologique. Ni souci de justification. Ce ne sont que des notations éparses qui seront pour moi défoulement et exutoire. Et pour vous éclairage et démystification.

Je ne peux guère aborder l'histoire de mon adolescence sans évoquer la mémoire de mon grand-père Jean de Craon, que toute la maison appelait le « Vieux Sire ». Je lui dois le meilleur et le pire. Le meilleur à son insu. Le pire à son exemple. La tutelle de mon grand-père a nourri ma jeunesse de sophismes et de maléfices. Il s'est substitué au tuteur désigné par mon père pour annexer mon enfance et ma fortune. Et pour chasser le fantôme d'Amaury.

Grand-père était très vieux. Plus de 50 ans. Sous une couronne de crins blancs et luisants, comme passés à l'eau de neige, un front bombé de bouclier, un nez en étrave gonflé par des réseaux de veines bleues, un œil d'insecte, un œil à facettes à l'affût sous les paupières boucanées et qui luisait la nuit comme un regard de loup. Il était tanné, couturé, basané comme un retour de croisade. Mon grand-père aurait pu être notaire, empereur, spadassin, bateleur, brigand, troubadour, usurier ou pirate. En fait, il était tout cela. Pas à la fois, mais tour à tour.

Il pouvait naviguer à vue en cachant son pavillon, fausser les comptes, inventer des contes, attaquer un château-fort, prêter sur gages, enlever des femmes, piller des fortunes et des forteresses, capter des héritages, égorger quatre routiers d'affilée. Séduire, irriter, conquérir. Je n'en finirais pas de parler de lui tant l'empreinte de ce tyran charmeur, sournois et avaricieux a modelé mon destin. Il m'a tout appris sans rien m'enseigner. Il me disait qu'il y a deux sortes d'hommes, ceux qui font ce qu'ils veulent et ceux qui font ce que veulent les autres. Il me disait que les relations humaines ressemblent aux échanges amoureux : promesse de mariage pour assurer sa conquête avant de répudier son serment. Il me disait aussi que les scrupules sont les fossoyeurs de la réussite.

J'ai connu des ruffians qui ne pouvaient jamais aborder une femme sans mesurer de l'œil et des sens le potentiel de volupté qu'elle pouvait receler. Grand-père, lui, n'a jamais rencontré un homme ou une femme, un paysan ou un banquier, un seigneur ou un marchand sans jauger dès l'abord ce qu'il pouvait en tirer. Son évaluation était le premier pas vers la conquête ou la captation. J'ai compris à son contact que l'argent comme la langue d'Ésope a double vocation : tout embellir ou tout corrompre. Grand-père m'a révélé le rôle invisible du Cheval de Troie dans toutes les batailles. Je n'ai jamais engagé une guerre sans procéder au recrutement des espions. Ce n'étaient pas des combattants à notre solde dans les rangs ennemis. C'était cette piétaille – marchands, ribaudes, chapelains, porteurs – la faune qui rôde autour de toutes les armées en campagne. Visages interchangeables, traîne-coton, et tire-laine, gueux à l'affût des écus. Ceux que mon grand-père appelait « L'Œil de l'ombre ». Ceux qui vous livrent la nuit les secrets du jour à venir. Le sort d'un combat est souvent lié à leur quête et à leur enquête.

Donc, grand-père professait une morale lucide et cynique. Il me disait que la pitié est une faiblesse qui suffit à fausser une vie. Et que la loyauté est une forme de trahison envers sa propre cause. Que la parole donnée n'a pas plus d'importance qu'un écrit : ce sont des conventions qu'il faut oublier sitôt consenties. Que la vie, à l'image de la guerre, est un jeu où le vainqueur est le plus avisé. Pour lui, le reniement était la clef des échanges humains.

Grand-père, indifférent à mon éducation, étranger à mes études, éloigné de mes peines et de mes plaisirs, n'exigeait de moi qu'une seule assiduité : la leçon d'escrime. Il avait choisi lui-même mon prévôt et il aimait surgir à l'improviste dans la salle d'armes à l'heure de la leçon. Ce maître d'armes était un colosse mal équarri : voix de tonnerre et trogne de coupe-jarret. Il avait la manie de redoubler chaque commandement, il me cornait aux oreilles : « Tierce, Quarte, Tierce, Quarte... La main en prime, Messire la main en prime. Allez la fente, je dis allez la fente. Le genou gauche plié, le torse souple, regardez-moi, on recommence, je dis on recommence. Dans les lignes hautes Quarte et Sixte. Allez. » Alors Grand-père surgissait à l'improviste, cérémonieusement salué de l'épée par son maître. Il saisissait le braquemart dans la main du bretteur, faisait vibrer la pointe comme une corde de harpe et se campait face à moi : « Allez, en garde ! » Et je voyais ses yeux s'injecter : « Marchez, rompez, marchez, rompez. Feinte ! Parade ! Riposte ! La main en quarte. Allez, reprends la garde. En mouvement, attention je feinte. Parade, touché, tu es mort. » Il se retournait en riant vers le maître. « Il ne sait pas encore prévoir l'intention d'en face. Apprenez-lui à ne jamais quitter des yeux la lame de l'ennemi. Il doit voir la botte au départ. Et non à l'arrivée. La clef d'une bataille c'est d'abord la devination de l'autre. »

Et tourné vers moi : « Pas mal quand même pour 13 ans. Dans trois ans il ne craindra personne. »

Et il me quittait en riant avec une tape sur l'épaule. « Travaille, petit ! »

Voilà bien longtemps que Guillemette a refermé son corsage et livré à d'autres lèvres avides ses mamelles énormes comme des potirons blancs. Elle reviendra deux fois. Pour me voir grandir abreuvé de son lait généreux.

... Voilà deux ans que Maman est partie sur la chaussée pavée d'ornières. Elle ne reviendra jamais.

Grand-père m'a appelé à sa table.

– Il faut penser à l'avenir, tu as 13 ans maintenant, te voilà en âge de te marier. Je t'ai trouvé une fiancée.

Je ne savais pas ce que ça voulait dire ! fiancée... j'ai répété le mot qui chantait comme une gamme de clavecin. Fiancée...

– Oui, c'est ta future femme... Vous vous marierez cet hiver. Plus tard vous aurez des enfants.

– Comment s'appelle-t-elle ?

– Jeanne Paynel.

– Jeanne, c'est joli, quel âge a-t-elle ?

– Quatre ans. Mais elle va grandir...

J'ai haussé les épaules et je suis sorti sans répondre.

Je suis allé prendre mon arc et je me suis posté à l'affût de la passée du soir.

Quatre ans...

Au repas de fiançailles, j'ai vu s'avancer cette poupée gracile et blonde aux longues tresses, remorquée par sa mère en velours de gala. Tout au long du déjeuner, la petite tousse, et la toux tourne en quintes. Elle étouffe. Fragile et déjà fripée. Je l'ai regardée partir sur la même chaussée qu'a empruntée la voiture de Maman voilà deux ans. Je savais que je ne la reverrai jamais. Elle est morte quelques semaines plus tard. Il y avait deux mois que le corps reposait dans le caveau du cimetière de Bricquebec, quand un messager est venu avertir mon grand-père. Lui ne m'a rien dit. Et nous n'avons pas porté le deuil de l'enfant phtisique aux yeux humides[1]*. À la fin de l'été, Grand-père m'appelle devant la cheminée du Perthuis où flambe un tronc de chêne rouge. Et d'entrée il a parlé d'une autre fiancée. Il m'a tendu un médaillon où était serti un visage enfantin, charbonné sous une mousse de cheveux clairs.*

– Elle est jolie, dit le Vieux Sire. Elle s'appelle Béatrice de Rohan.

J'ai examiné le front étroit, le profil flou, les cheveux bouffant.

– On ne voit pas le regard...

Jean de Craon m'a frappé sur l'épaule, et avec son grand rire de cheval :

– Ce n'est pas avec les yeux qu'on fait des enfants...

– Quel âge a-t-elle ?

– Treize ans. On pourrait vous marier l'été prochain.

Je tourne et retourne le médaillon entre mes mains, et je le rends à mon grand-père. Sans un mot.

L'été suivant, nous avons rejoint Béatrice à Vannes pour signer avec sa mère le contrat de mariage. Une longue rousse osseuse et pensive. Annelures, éphélides et dents gâtées.

– Embrassez-vous !

Béatrice me plante un baiser furtif sur la joue.

– À bientôt !

J'ai regardé disparaître la voiture le long de la rocade du bord de mer. Je savais déjà qu'elle ne reviendrait jamais. Deux mois plus tard, elle est morte. Grand-père s'est rembruni quand je lui ai dit :

– Deux fois en un an, je leur porte malheur... Il ne faut plus penser à ça...

Mes les ombres des deux petites filles pèsent d'un poids de guêpe morte dans les pensées du Vieux Sire. Un an passe, nouveau médaillon, nouveau profil au fusain.

– C'est trop réduit, on ne voit pas grand-chose.

– Elle s'appelle Catherine de Thouars.

– Elle est malade ?

– Mais non, qu'est-ce que tu vas chercher là ? Elle est très

---

1. Avant la mort de Jeanne Paynel, Jean de Craon s'était vu notifier l'interdiction du mariage par le Parlement de Paris.

solide celle-là. Et très belle. Et plus riche que les deux autres. Il oublie de me dire – il est encore trop tôt – que les immenses domaines de la famille sont mitoyens des nôtres. Et il oublie de préciser que Catherine de Thouars est ma cousine lointaine, et que le mariage est formellement interdit par l'Église.

Catherine est vraiment belle. Rose et blanche, des cheveux de méteil frisés, des yeux de jade. Ronde et lisse, flexible et tendre. Elle roucoule comme une tourterelle quand elle voit arriver au château de Thouars des mannes de soieries et des coffrets de bijoux, les premiers cadeaux adressés en mon nom par Jean de Craon.

Le 22 novembre 1420, j'avais tout juste 16 ans. Grand-père m'a expliqué sans me regarder, les mains au dos devant la cheminée, que nous allions enlever Catherine. Je ne pouvais pas imaginer que cet enlèvement était le prélude au Roman de Renart dont il avait aménagé les battues et les terriers, préparé les intrigues et les répliques.

Nous chevauchions dans une pénombre humide. Le brouillard s'était emparé de la nuit, suspendait entre le ciel et la terre sa chape molle et visqueuse. Nous avancions lentement à travers une nébuleuse de vapeurs diffuses et d'éponges liquides. La garnison surprise n'a offert aucune résistance. Catherine non plus. Elle s'est jointe à notre colonne d'ombres. Dame blanche entre les bras noirs de la forêt. Je l'ai prise en croupe et elle m'a enserré les épaules tout au long de la chevauchée nuptiale. Grand-père ne m'a raconté qu'un an plus tard les péripéties et les affrontements suscités par son entreprise. L'Église ne tolérait pas les mariages consanguins. Le roi Robert le Pieux, le propre fils d'Hugues Capet, avait été excommunié, cinq siècles plus tôt par le pape Gerbert, pour avoir épousé sa cousine Berthe de Bourgogne. Quand grand-père a reçu la menace d'excommunication de Messire Hardouin de Bueil, évêque d'Angers, il l'a lue et relue avant de la brûler...

Le soir même, il convoquait M. de Buhant pour lui annoncer qu'il l'envoyait à Rome :

– Voilà la lettre que vous remettrez au pape, et voilà ce que vous allez lui dire. Et voilà ce que vous allez lui offrir. Écoutez-moi bien.

M. de Buhant écoutait et n'en croyait pas ses oreilles. Catherine et moi, cousins « renés de germains », ça il le savait. Mais il découvrait que nous avions été élevés ensemble. Insépa-

rables. On s'adorait depuis l'enfance. (En fait, je n'avais jamais vu Catherine et j'ignorais son existence.)

– Voilà deux enfants, poursuivait Grand-père, qui ne se sont jamais quittés. Qui ont commencé à s'aimer à la fleur de l'enfance, et qui se sont fiancés sans le dire à personne. À 8 ans. Comme les rois de France.

Et il s'attendrissait au fil du récit en détaillant ces scènes imaginaires des amours enfantines. Gilles et Catherine traquaient la nielle dans les blés, l'anguille dans la Sèvre, les œufs de mésange dans les frênes. Nous nous aimions tant que nous étions passés sans nous en apercevoir des tendresses innocentes aux faiblesses de la chair.

Alors, aujourd'hui, il s'agissait de réparer l'irréparable : Catherine était enceinte de trois mois, que pouvait-on faire ? Briser deux cœurs ? Et sacrifier trois vies ? Bien sûr les pécheurs s'étaient repentis. Profondément... Ils disaient chaque jour leur acte de contrition dans la chapelle. La jeune fille pleurait. Et ils parlaient de mourir ensemble. Qu'allons-nous faire de ces enfants ? Il faut s'en remettre à l'indulgence du Pape.

M. de Buhant au cours de son long voyage avait eu le temps d'accommoder en bouquet les fleurs de l'idylle. Il débita sa fable avec tant de conviction que le Saint Père finit par gober lui aussi les œufs de mésange. Il demanda à réfléchir sur un problème aussi grave, et sa réflexion fut accélérée quand son trésorier vint lui révéler le chiffre de la donation que Jean de Craon venait de lui faire remettre.

Cet élan vers les pauvres infléchit la méditation du Pontife, sa décision reflétait l'empreinte de Byzance sur Rome. À tout péché miséricorde. On allait pardonner aux pécheurs. Mais il fallait respecter les formes. Dans un premier temps on allait procéder à un divorce discret. À garder secret par les familles. Après, tout redevenait possible.

Messire Hardouin de Bueil, évêque d'Angers, n'en crut pas ses yeux en recevant le message du Pape. Sa conscience se révolta. Il ne deviendra compréhensif qu'après la dotation somptuaire que lui fit passer Jean de Craon. Il s'agissait bien sûr d'un trésor destiné aux œuvres personnelles du prélat.

Au seuil du printemps on a prononcé le divorce, dans un couvent solitaire et glacé. Et, le 14 juin 1422, on nous a mariés en grande pompe. On ne parlait plus d'enfant. Mais de grossesse maligne miraculeusement résorbée par la bénédiction du Pape.

Mon grand-père pendait les paysans par les pieds au-dessus d'un brasier et balançait lui-même doucement leurs têtes au-dessus des flammes. Jusqu'à ce qu'ils aient révélé le tronc d'arbre creux, l'excavation du puits ou la pierre scellée de leur fournil où ils avaient enfoui leur trésor. Il n'a jamais eu a en occire un seul. Ils ont préféré parler. Il a investi leur argent en achetant les consciences des clercs, des barons ou des suzerains. Il m'expliquait que la corruption était un placement à terme. Et il a pu molester, agresser, emprisonner, trucider sans jamais être inquiété, parce que les juges, les évêques, les intendants, les sénéchaux préféraient ouvrir leur bourse et fermer les yeux.

Pour le Vieux Sire, l'argent devait s'engranger comme le foin des prairies, et ses meules dorées montaient jusqu'aux voûtes du château. Pour lui l'argent était un but. Pour moi, il allait devenir un moyen.

À 20 ans, j'avais fini par assimiler les rouages de sa politique. J'ai choisi les voies opposées. J'ai rassemblé les paysans pour les informer que je renonçais à lever les impôts. Et tout ce que Jean de Craon avait gagné, amassé, entassé à longueur de ruses ou de violences, de menaces ou de spéculations, j'allai le prodiguer sans autre raison que ma volonté de revanche sur ce Roi Ladre.

Tous ceux qui m'ont si fort reproché de dépenser sans compter n'ont jamais mesuré que c'était un « règlement de comptes ».

Quand j'ai commencé à vendre les seigneuries, les forêts et les domaines qu'il m'avait annexés, ma rebellion contre mon grand-père était le premier mobile de ma prodigalité. Et quand je suis parti seul pour la guerre, c'était pour lui prouver à lui qui n'avait pratiqué qu'enlèvements et coupe-gorge, que je savais attaquer un ennemi de front.

Le premier capitaine anglais que j'ai tué de ma main s'appelait Blackburn, gouverneur du château du Lude. C'était un géant barbu, taillé en force, avec des bras démesurés.

J'ai apposé mon échelle sur le rempart ouest du château et j'ai grimpé la tête rentrée dans les épaules, selon la progression alternée que m'avait apprise mon maître d'armes : Prise du barreau du bras droit et poussée de la jambe gauche. Et inversement.

Les flèches ricochaient sur mon haubert et sur mon armure. En émergeant sur le chemin de ronde, j'ai estourbi deux goddons qui cherchaient à me repousser du pied. Et déjà je voyais mes compagnons se hisser à travers les meneaux et les créneaux. Le carnage a commencé. Sans pause et sans merci.

Au bout d'une heure, je me suis retrouvé seul face à Blackburn. Comme aux temps d'Homère et de Mérovée. L'un de nous deux allait mourir. À moi les leçons de Champtocé, les bottes, les feintes, les parades et l'œil rivé sur la pointe d'en face pour devancer l'intention. Je m'étais forgé une arme sur mesure, une hâche de guerre emmanchée sur ma jusarme. Les soldats faisaient cercle autour de nous.

Blackburn reculait en enjambant des cadavres. Il reculait jusqu'à être acculé au mur du donjon. La sueur ruisselait, de ses pommettes de cuivre à sa barbe frisée. Je voyais luire dans ses yeux roux le reflet de la petite flamme qui brûlait dans les miens : la mort. Je lui ai fendu la tête en deux. Sa cervelle a éclaboussé mes bottes. Je me suis retourné, l'épée haute vers mes hommes qui m'applaudissaient.

Et j'ai brusquement pris conscience de ma métamorphose. Jusqu'à ce jour je n'étais qu'un chef de bande. À dater de la bataille du Lude j'étais devenu un chef de guerre. Et c'est là que j'ai transposé la moralité brodée par Ovide pour les jeux de l'amour : le jeu de la vie et de la mort n'est qu'une question de moment.

Il raya la dernière phrase, repoussa son parchemin et souligna : « ... le jeu de la vie et de la mort n'est qu'une question de moment. »

7

JEANNE

Il marcha jusqu'à la fenêtre, regarda les derniers brûlots du couchant s'engloutir dans la mer des nuages. Dans le ciel liquide et constellé, il voyait refleurir l'été mouillé de Touraine, douze ans plus tôt.

Il caracolait sur son barbe à crinière bleue, coulé dans sa capelle d'acier et sa cotte de fer. L'arrivée à Chinon après la lente traversée des campagnes agenouillées sous l'Angélus...

Et les paysans qui sortaient sur le pas des chaumines aux murs de torchis ou de tuffeau pour saluer le cortège qu'ouvrait le cavalier solitaire en robe de brocard lamée d'or, Rays-le-Hérault, précédant deux cents cavaliers du Maine et de l'Anjou, avec leur blonde escorte de pages et d'écuyers. Derrière lui cahotaient les chars bâchés où les grandes orgues de la chapelle, emmitouflées de laine, étaient arrimées aux attelles par des chaînes et des cordes.

Et puis les petits garçons de la psallette, dans leurs robes fauves qui entonnaient le *Veni Creator* en traversant les villages.

Trente chariots tirés par des chevaux de trait fermaient le convoi, trente chariots gorgés de vin, d'huile, de viande et de froment. Et des bêtes entières, moutons, sangliers ou chevreuils. Le cortège s'étirait entre les haies fleuries et les maisons basses.

Il referma la fenêtre. La Trémoille était debout devant l'âtre, le dos au feu[1]. Il se retourna d'une pièce :

– Ah mon beau cousin... Et Georges empoigna Gilles par les épaules, le palpa, le tritura, le jaugea, éclata de son rire en cascade qui ressemblait à un gloussement de volaille :

– Le portrait de ce pauvre Guy. Le regard des Craon... « L'œil qui fait ployer », disait ton grand-père... Il paraît que tu te bats comme un lion... Tu vas en avoir besoin. Demain je t'amènes au Roi, tu verras...

Il lui avait pris le bras, et à mi-voix :

– Ici, c'est le Roi qui règne. Un peu. Et c'est moi qui gouverne. Beaucoup... J'ai écarté les intrigants, les incapables. Richemont, il n'est pas sûr. La Fayette, il n'est pas mûr. Je les ai renvoyés dans leurs campagnes...

Il s'arrêta, le regarda, lui remit la main sur l'épaule comme pour l'adouber :

– Tu as peut-être un grand rôle à jouer. À demain...

Puis La Trémoille avait dicté lui-même à Gilles le serment d'allégeance : « Je m'engage avec Georges, Seigneur de La Trémoille, à le servir de toute ma puissance jusqu'à mort et vie et contre tous seigneurs et autres sans nulle exception. »

C'est Gilles qui a complété le serment pour éviter toute équivoque « dans la bonne grâce et amitié du Roi ».

Le fantôme de Georges s'est évanoui. Gilles se rapprocha de la table et but à la régalade une grande lampée d'eau

---

1. Georges de La Trémoille, seigneur de Talmont, Mareuil et autres seigneuries, chef d'une antique et noble famille de « Vendéens d'avant la Vendée ». C'est son ami Arthur de Richemont qui l'a introduit auprès de Charles VII, après l'exécution hâtive des sires de Jiac et de Beaulieu. La Trémoille avait prêté la main à Richemont pour occire ce dernier dont il épouse la veuve. En 1426, La Trémoille devient le favori, c'est-à-dire qu'il cumule les fonctions de Premier ministre, de Grand Chambellan et de Maire du palais. Il renverra très vite dans ses terres Arthur de Richemont, coupable d'avoir aidé sa fortune. Pour succéder à Richemont, il fallait un allié solide et puissant. Un guerrier fortuné capable d'exercer le commandement de l'armée et d'aider son approvisionnement. La Trémoille choisit Gilles de Rais car il croit le tenir à sa merci.

Il ne sait pas encore qu'il tient un fauve en lisière. Il ne peut pas deviner que le soudard déférent va se révéler le premier stratège de France. La Trémoille va le combler de dons : « À Messire Gilles de Rais conseiller et chambellan du Roi notre sire et Maréchal de France il sera baillé la somme de vingt mille écus... » etc.

Quand La Trémoille tombe en disgrâce, Gilles s'est déjà éloigné des intrigues de la Cour.

fraîche. La seule boisson qui lui fut permise. L'amitié du Roi... qu'en restait-il aujourd'hui pour lui ? Il le laissait croupir dans sa prison. Où donc est le temps où Charles emplissait lui-même les gobelets de son vin de Chinon « La Baronnie » ? Quand il reposa la cruche, le Dauphin était assis face à lui avec Marie. Et ils dévoraient leur maigre festin, carcasses de poulet et queues de morue. Autour d'eux, tout était morne, la salle, le souper, les visages. Gilles les dévisageait en s'inclinant devant le Roi.

Quand grand-père disait : LE ROI, je croyais toujours voir s'avancer un géant chamarré. Et là, devant moi, ce gnôme fluet aux paupières ridées qui me jetait un regard torve en grignotant son aile de chapon. Son pourpoint était à son image : fané, passé, terne. On y avait ajusté des manches neuves. Ses mains blanches et crochues, des mains de vieille femme, tristes et blafardes pendant au bout de ces manches. Des mains d'habilleuse de mort.

Charles reposait son pilon dans le plat d'étain. Il était extraordinairement laid. Avec un nez en tubercule, une chair triste, le cheveu rêche et des yeux vairons. Quand il se releva, Gilles fut surpris des jambes de gringalet, grêles sous les grègues noires, les cuisses étroites d'échassier, les genoux d'hydropique. Le Roi regardait en biais – par en dessous –, disait La Trémoille, ébauchait un sourire qui se figeait en grimace.

C'est le lendemain que j'ai vu s'avancer aux côtés du Roi cette étrange fille habillée en garçon et qui le dépassait d'une tête. Puissante et déliée, le col haut, des épaules d'homme. Un visage pur et plein, encore mal dégagé du modelé de l'enfance. Un accoutrement hybride, moitié page, moitié paysan, des braies couleur de sauge et une sacque couleur pruine. Sous un chaperon de laine tressée, une foison de cheveux noirs coupés en sébille, à la façon des valets. Elle a levé les yeux, des yeux pers qui regardaient au-delà de moi. Un regard de lumière verte où filtraient des rayons magnétiques.

– Gentil Dauphin, est-ce là le Sire de Rais ?

– Oui, dit le Roi.

Elle m'a encore regardé, puis elle a souri.

Ce fut notre premier échange. Deux jours plus tard, j'apprenais qu'à la demande de Jeanne, le Roi m'assignait une mission de confiance : j'étais promu à la garde de la Pucelle. Dès lors je ne l'ai plus quittée d'une poulaine ni d'un étrier.

Si je devais évoquer Jeanne d'un seul mot, je choisirais pour elle le vocable le plus exigeant de notre langage : la pureté.

Mais il m'est difficile de rendre sensible avec des mots le trouble enchantement qui s'est emparé de moi à son approche. « Envoûtement » est trop fort. Trop païen. Trop équivoque aussi.

Il émanait d'elle un « charme » au sens magique du latin – carmen *–, qui attirait et retenait comme une pierre d'aimant. Et cette exubérance animale des formes – cheveux, épaules, poitrail, encolure. Et cette exhalaison de sucs, de sève, d'eau vive et de force drue.*

Jeanne la fée, à l'écoute des étoiles.

Jeanne la folle à la ruée du sang frais : « JE SUIS CHEF DE GUERRE ET EN QUELQUE LIEU QUE J'ATTAQUE VOS GENS, COMBAT À MORT... AU CORPS À CORPS »

Ces accents de guerre homérique, lancés par cette Minerve casquée de fer et nimbée de soleil, stupéfiaient les Anglais. Avant elle, la campagne de France n'était qu'une longue suite d'escarmouches et d'embuscades, de coupe-gorge et de coups de mains. Avec Jeanne ce fut la Guerre Sainte. Le fifre et le tambour prolongeaient pour l'armée les appels de Catherine et de Marguerite : Fille de France, va, va, va...

Au départ, j'étais mal à l'aise, partagé entre le doute et la foi. Cette gardeuse de broutures brusquement élevée à la tête d'une maison militaire, qui se retirait sous sa tente pour prier à genoux sur la terre battue et qui ressortait en faisant sonner les éperons d'or offerts par le Roi. Une douceur d'agnelle et des colères de torrent... Son premier accès m'a fait penser à la fureur sacrée du Christ chassant du fouet les Marchands du Temple. Elle poursuivait avec des bordées d'injures, et l'épée à la main, des catins dépoitraillées, ces troupeaux de gotons qui se vautraient dans nos cantonnements.

Elle avait installé dans le camp une chapelle portative surmontée d'une grande toile peinte où le vent faisait gondoler le Christ sur sa croix. La cloche de l'Angélus appelait à la messe cette horde vagabonde de rustres en rut et de ribaudes en chaleur. Ils entraient, la tête découverte et les mains jointes, ils écoutaient la parole inspirée de Jeanne qui passait des Plaies du Christ aux saignée des goddons.

Quand elle m'a demandé conseil, je lui ai répondu sans trop y croire qu'elle devait continuer à cultiver le repentir de ces marchandes d'amour à deux sols et leur imposer les sacrements du mariage avec les soldats. On en a compté cinquante-trois. Peut-être ont-ils fait d'heureux ménages ? Je les ai vu écouter leur messe nuptiale, la bouche bée et les yeux contrits. Et leurs lèvres bestiales remuaient des orémus. Et ils se confessaient, ils communiaient, et en sortant ils s'agenouillaient devant le Christ ventolier. À eux tous ils devaient compter trois mille cadavres. On n'aurait pas pu recenser les viols et les rapines.

Et je regardais Jeanne. Jeanne aux yeux de vitrail. Jeanne à la voix de psaume et au verbe de prophète. Et ces fauves hirsutes qui venaient lui brouter dans la main comme naguère ses moutons à Domrémy... Jeanne sur son estrade, dressée dans son armure, déesse tendre et barbare, les bras ouverts et les cheveux au vent. Jeanne qui troquait le rosaire pour l'épée. Jeanne qui portait un étendard où le Bon Dieu a cheval sur les nuages, respirait les fleurs de lys que lui tendaient deux anges à genoux dans l'éther. Et sous cet étendard brandi au grand galop des charges épiques, Jeanne qui tuait au nom du Christ.

Jeanne est venue deux jours sur nos terres, mais elle n'est jamais venue chez moi. Elle a séjourné à La Caillère, dans le vieux manoir du XIIe siècle, construit par l'ancien châtelain Pierre Cailleau. Elle voyageait avec dame Jeanne Pibalet, la femme de Jehan Rabusteau, l'ancien juge-président de Fontenay qui lui avait donné l'hospitalité dans son hôtel de la Rose à Poitiers, quand elle y fut conduite à la demande des gens de Cour pour y subir l'examen des matrones[1]. J'ai rendu visite à

---

1. Pour son examen par les matrones à Poitiers, Jeanne est logée à l'hôtel de la Rose, chez Jehan Rabusteau, juge-président de Fontenay. Comme Jeanne est très éprouvée à l'issue de cet examen, dame Jeanne Pibalet, épouse de Rabusteau emmène Jeanne dans leur manoir de La Caillère. La Pucelle y passera deux jours avant de rejoindre Chinon. C'est dans son sillage que la fine fleur de la « noblesse vendéenne » rejoint l'armée.

Citons l'abbé Barrault :

« Chabot-Perceval, seigneur de la Turmelière... Il combattit sous la bannière de Jeanne d'Arc et assista à Reims au sacre de Charles VII avant d'être promu capitaine du château-fort.
Jean de Harpedanne, Seigneur de Belleville, Pierre Bastard de la Chataigneraie, Jean et Louis de Rochecouhart, tués à la journée des Harengs, Joachim Rouault, seigneur de Bois-Ménard, près Pouzauges, puis Maréchal de France, son frère Abel et son autre frère Jean, Louis d'Amboise Prince de Talmont, André de Vivonne, commandeur de Champgillon, Guillaume d'Argenton, Miles de Thouars, seigneur de Pouzauges, Guillaume Yver de Fontenay, tué devant Orléans à côté de La Pucelle, le 5 mars 1429. C'était le plus riche

Jeanne à La Caillère, mais la dame Pibalet interdit qu'elle vînt à Tiffauges. Le président Rabusteau avait donné des ordres très stricts sur ce voyage : la Pucelle ne devait pas quitter son château.

C'est là que, pour la première fois, Jeanne m'a parlé de son enfance avec des inflexions nostalgiques de princesse en exil. Mais nous sommes tous des exilés de notre enfance. Cette pastourelle travestie en page portait en elle les signes de feu des astres en voyage, ceux qui tombent les nuits d'août dans les mains des bergers. Elle parlait le langage de la terre et entendait les voix du paradis. Jeanne petite cardeuse de suint, fileuse de rêves et meneuse d'assauts... C'est à La Caillère que j'ai découvert au-delà des églogues et des bergeries de la Meuse, ce mélange de sainte et d'enchanteresse, de guerrière et d'astrologue qui nous venait d'un autre rivage et n'allait pas s'attarder sur le nôtre.

Un état d'âme est un état de corps. Mais un état de corps peut être un état de grâce. Ainsi dans ce Jardin de la Grâce du printemps de Touraine, quand Jeanne et moi nous poussions nos chevaux écumants le long du fleuve patriarche pour une croisade provinciale sous un ciel héréditaire. Jeanne voulait investir la Beauce que je savais infestée d'Anglais. J'ai fini par l'en dissuader. Et nous avons fait passer l'armée par la Sologne. Le dimanche, huitième jour de Mai, jour de l'Apparition de saint Michel Jeanne m'a dit, tandis que les Anglais fuyaient en panique :

– « Mon doux Sire et si brave et si bon compagnon, je vous dois plus qu'à tout autre d'avoir réussi dans cette entreprise qui est la première qu'il me reste à mener à bien pour remplir au gré de Dieu et des Saints la mission qu'ils m'ont confiée. Je le manderai de ma bouche à notre gentil Dauphin pour qu'il nous en marque remerciements[1]*. »*

Cette Touraine de printemps où les peupliers dressent au long des berges leurs fuseaux vert tendre émigrés de Toscane, elle

---

bourgeois de la Grand Rue. Il avait suivi à la guerre Thibaut Chabot, seigneur de Grissay, mort avant lui, le 11 février, au début du siège, avec son compagnon d'armes Amaury de Machecoul, seigneur de Velluire et de Brillac. »

1. Dans Jean Chartier, *Chronique de La Pucelle*, XVe siècle.

mêle les odeurs limoneuses aux effluves végétaux, la promesse des pollens aux paresses solaires des îles de sable blond. Un bouillonnement dans les veines, une langueur dans les sens... Les blés montaient à l'assaut du soleil et nous marchions à l'assaut d'un ennemi insaisissable. Nous avons mis trois jours à comprendre que les goddons s'étaient fondus aux moissons de Beaugency, couchés entre les sillons et les épillets.

Nous étions surexcités par cette quête de l'invisible. Tellement que nous laissions à chaque gîte d'étape un sillage de viols, de pillages et d'incendies. Jeanne a dû faire pendre quelques coquins, archers écossais ou routiers de La Hire, qui balançaient au bout des branches leur langue violette entre les feuilles de jade.

Le soir de juin poudrait la Beauce. Les écharpes d'indigo du couchant sur le fleuve, les taches de sang des coquelicots dans les luzernes et l'orgue de Dieu sur le dimanche des seigles.

Nous avions chevauché toute la journée. Jeanne était fourbue. Elle a rejeté ses bottes au bord d'un ruisseau et dénoué ses aiguillettes pour baigner ses jambes lisses et lasses. Elle avait retiré ses chausses, et je voyais pour la première fois ses longues jambes blanches, troussées jusqu'aux cuisses, barboter dans les cressonnières bleues entre les paillettes d'argent du courant. Elle poussait des cris de petite fille. Quand elle est remontée sur la berge, j'ai essuyé ses pieds et ses genoux. Et ma main tremblait.

– Je suis fatiguée, dit Jeanne, je vais dormir.

Derrière nous houlait un arpent de froment. Nous y sommes entrés et elle s'est étendue entre deux sillons, la tête enfouie sur son bras replié, et je ne voyais plus que les mèches folles qui brodaient sa nuque.

J'ai accroché son cheval et le mien au tronc d'un têtard.

L'air du soir vibrait d'amours, d'insectes et de cris d'oiseaux. Et des chants lointains de notre troupe postée à l'orée du sentier qui se jetait dans un gué de la Loire.

Je m'étais allongé sous un chêne et je me suis assoupi sur les fougères au bord de la haie, l'oreille collée à la terre. Et la terre transmet le bruit des pas... Et ce sont des pas qui m'ont réveillé. Je me suis redressé et j'ai vu à quinze toises de moi les hauberts des goddons qui entouraient le champ de blé.

J'ai mesuré d'un coup l'imminence du danger. Alors, j'ai rampé jusqu'au têtard, j'ai bondi sur mon cheval, j'ai levé l'oriflamme et j'ai hurlé des commandements, comme si j'avais sonné la charge pour trois compagnies. Les goddons ont battu en retraite. Ils me croyaient deux cents.

Jeanne éveillée par le bruit se dressait dans la pénombre claire et je voyais luire ses cheveux et ses épaules entre les épis.

Elle criait à pleine voix :

– Ohé La Hire, Xaintrailles. À moi !

Moi seul ai répondu et j'ai lancé mon cheval dans la marée des grands blés[1]*. Quand je me suis approché de Jeanne – Jeanne qui n'avait jamais peur – j'ai vu son menton trembler. Et pour la seule et unique fois de ma vie, je l'ai prise entre mes bras et elle a pleuré doucement contre mon épaule.*

La grâce de l'instant avait une saveur d'éternité.

Nous sommes revenus entre les sillons. À l'orée du champ, nous marchions sur de jeunes morts étendus face contre terre. Une lune rousse, une lune de préhistoire roulait au-dessus de nos têtes entre les nuages, éclairait cette scène où se côtoyaient, comme depuis toujours, la vie, la mort, la peur, l'amour...

Déjà notre troupe alertée revenait vers nous, au pas de charge. Jeanne a repris son cheval et sa bannière et nous avons chevauché de nuit le long du fleuve. Sans un mot.

Il ne suffit pas d'entendre le même langage. Il faut savoir parler les mêmes silences...

Orléans. Les fossés gorgés de cadavres anglais, roussis ou braisés sous un déluge d'eaux bouillantes, de graisses fondues, d'huiles en flamme et de cendres vives...

Cette entrée dans les remparts d'où montaient vers nous les hosannas de la Nativité... C'était le 28 avril, et toute une ville chantait Noël pour célébrer sa renaissance à la liberté. « Un grand concours de peuple portant nombre de torches et faisant telle joie comme s'ils avaient vu Dieu descendre parmi eux. »

Orléans, pignons et appentis, éventaires et colombages, Orléans ville martyr devenait Cité radieuse. Et dans les ruelles étroites au pavé raboteux, des femmes agenouillées tendaient leurs nourrissons vers la Pucelle.

Autour de nous ruisselait, éparse et invisible, aigre et tonique, cette musique des cornemuses d'Écosse où dansent des cascades,

---

1. Épisode relaté par l'abbé Barrault, Chronique du XVe siècle, René d'Anjou, Le Soleil (mai 1907).

des biches et des genévriers. Et devant nous flottait la bannière blanche de Jeanne où les noms de Marie et de Jésus sont brodés en lettres d'or.

Une flèche anglaise est venue se ficher dans son épaule. Elle ne voulait pas se soigner. J'ai dénudé cette épaule, j'ai retiré la flèche et j'ai appliqué un cataplasme d'huile, de lard fondu et d'herbes aromatiques. Et j'ai embrassé sa plaie saignante. Le seul baiser qu'elle m'ait jamais consenti...

Et nous avons repris le combat avec cette armée de mercenaires, horde de païens au départ de Blois, escadron de Croisés à l'arrivée à Orléans. J'ai vu des rosaires géants accrochés au collier des chevaux. Nos brigands continuaient à communier chaque matin dans les prairies riveraines et bêlaient en chœur l'Angélus et le Veni Creator. Et les moines noirs aux têtes rases ouvraient la marche en chantant des cantiques, et les chênes vénérables étendaient sur nos épaules leurs bras feuillus de christs végétaux.

Le lendemain de notre arrivée à Reims, nous sommes partis tous les quatre de grand matin, Boussac, Graville, Culan et moi, armés de pied en cap, la visière haute et la bannière déployée.

Le prieur de Saint-Rémi était un long chanoine décharné, à pommettes de Hun et à cheveux de givre. Son accueil fut fraternel et solennel. Nous avons mis genou à terre devant l'huile sainte. Elle était enfermée dans une petite fiole de verre à bouchon sculpté, elle-même enchâssée dans un ramier ciselé d'or. L'oiseau dont le bec et les pattes étaient de corail rose, était posé sur un grand plat vermeil, serti de pierreries. Il figurait une colombe descendue du ciel qui avait remis l'huile sainte à saint Rémi pour oindre Clovis dix siècles plus tôt.

Le prieur a passé à son cou la chaîne de la Sainte Ampoule, enfourché un cheval immaculé à pelage d'hermine, et il a galopé avec nous jusqu'à la cathédrale. L'archevêque nous attendait avec son long cortège, blanc, pourpre et doré qui chantait le Te Deum. Je l'ai accompagné avec la Sainte Ampoule jusqu'au maître autel : la cérémonie a duré cinq heures. Quand Charles eut revêtu les insignes de la royauté, le duc d'Alençon l'a adoubé, et il a reçu les onctions de l'archevêque :

– Je te sacre avec cette huile sanctifiée, au nom du Père, du Fils et du Saint-Esprit...

Alors Jeanne a éclaté en sanglots, elle est tombée à genoux et elle a crié :

– Noble prince, maintenant est accomplie la volonté de Dieu qui m'avait commandé de lever le siège d'Orléans, de vous amener dans cette cité de Reims pour y recevoir les saintes onctions du sacre qui montrent que vous êtes le vrai roi et celui auquel doit appartenir le royaume de France[1].

Ensuite, comme vous le savez, ce fut la tragédie de Compiègne. Je ne me pardonnerai jamais mon absence à ce guet-apens. J'aurais peut-être empêché Jeanne d'être livrée à Jean de Luxembourg.

Vous n'imaginez pas l'influxion[2] *de Jeanne. Au château de Beaulieu où Jean de Luxembourg l'avait enfermée, un soir, elle a empoigné ses deux geôliers, des routiers de combat dans la force de l'âge. Elle les a maîtrisés et enfermés dans son cachot qu'elle a refermé à clef. Et elle est descendue dans la cour du château, a avisé un chantier, saisi deux solives longues et pesantes, les a chargées sur ses épaules et a traversé tranquillement le pont-levis devant les soldats, les solives dissimulant son visage. Mais elle avait eu pitié de ses geôliers. Elle ne les avait assommés qu'à moitié. Revenus à eux, ils ont alerté la garnison. Et les gardes ont couru derrière ce charpentier inconnu qui prenait la campagne avec ses lambourdes sur ses épaules.*

Jeanne a été reprise par les soldats. Et Jean de Luxembourg l'a transférée de Beaulieu dans une forteresse inaccessible, à Beaumanoir. Là, on l'a isolée au sommet du donjon, et je ne sais pas comment elle a appris que Pierre Cauchon arrivait à Beaumanoir pour négocier sa rançon.

Le soir même, pendant la promenade sur le chemin de ronde, elle a faussé compagnie à ses gardes et elle a sauté. De dix toises de haut.

Elle a déboulé contre la muraille, heurtant des aspérités, et elle a fini par atterrir dans une fondrière herbue de terre molle. Les soldats ont appelé la garde qui est venue ramasser Jeanne. Elle n'était qu'évanouie, souffrait de quelques éraflures et de quelques contusions. On l'a rentrée, pansée, soignée. Ce fut son dernier élan. Je veux dire élan physique. Après il n'y a plus eu que les élans de l'âme et les anges du feu.

---

1. *Chronique de la Pucelle.*
2. L'emploi d'influxion pour influx est d'usage médiéval.

Gilles plia son parchemin et tendit l'oreille. L'abbatiale sonnait l'agonie pour un mort de la nuit. La cloche roulait ses battements funèbres qui tombaient des clochers, des nuages, du temps passé, du front mort des années, et se prolongeaient dans de longs silences palpitants.

Puis le bourdon reprenait sa litanie, et le vent cueillait ce bouquet de sons mouillés qui s'effeuillaient sur les toits. Et dans le glas qui s'essoufflait, la musique de mort se fondait à la rumeur du fleuve. Il reprit sa plume, de sa lente et lourde écriture bouclée.

Ce silence battu de cloches résonne en moi comme les cloches des abbayes normandes dans les nuits polaires de Louviers, quand les rafales du vent de neige me tiraient de mon sommeil vertical dans les ormes gelés. Des arbres maigres comme des loups. Ce glas qui se dissout dans les eaux me ramène dix ans en arrière, à l'aube du malheur. Avant d'aborder cette déchirante aventure, je voudrais vous confier les signes d'une sorte de tellurisme qui me vient de mon enfance.

À force de partager la respiration des prairies et la pulpe des triolets, les odeurs du trèfle incarnat et la véraison des raisins, les charrois des aoûtages et les rouilles mouillées de l'équinoxe, j'ai fini par acquérir un sens végétal des saisons. Je vis dans mes veines l'éveil des sources et la chute des feuilles. Chez nous, en novembre, pour évoquer la léthargie de la glèbe, nos paysans disent : la terre ne porte plus. Et moi, en ce mois de novembre 1430, la terre ne me portait plus parce qu'elle se dérobait sous moi. Je venais d'apprendre une menace qui me pétrifiait la moelle : les chefs de guerre anglais avaient décidé de noyer Jeanne dans la Seine de peur d'un assaut français. Alors je suis parti pour Chinon me jeter aux pieds du roi. J'ai retrouvé l'œil glauque, le crâne rasé, les rhizomes des narines et la voix de crécelle. J'ai dû forcer la grappe de courtisans agglutinés pour me jeter à ses genoux.

– Sire, le procès de Jeanne est instruit par Pierre Cauchon évêque de Beauvais. Ce renégat relève de l'archevêque de Reims, Regnault de Chartres. À lui d'exiger de Cauchon qu'il renonce à ce procès...

Le roi m'a regardé sans me voir.

– Oui, il faudrait en parler à Regnault.

– Sire, je vous en prie, je vous en conjure, il faut délivrer Jeanne. J'ai armé trois cents cavaliers, et je vais rejoindre La

Hire à Louviers. Mais sans l'armée royale nous ne pourrons rien...

Charles avait levé sur moi son regard d'oiseau de nuit, esquissé ce sourire qui ne s'épanouissait jamais :

– Nous ne pouvons plus rien pour elle, dit-il.

Et son geste résigné du bras marquait la fin de l'entretien.

J'ai rallié mes deux compagnies de vétérans et je suis parti pour Louviers. Pourquoi Louviers ?[1] *La forteresse est à quelques lieues de Rouen. Et de là je pouvais infiltrer mes espions et lancer mes patrouilles.*

Et c'est en chevauchant les collines du Perche que l'idée m'est venue. J'ai dit à mon écuyer Michel Machefer : – Louviers sera un camp de base pour les coups de mains. On ne peut pas affronter l'armée anglaise. Mais je sais déjà par un de mes épieurs que le prince Henri d'Angleterre réside à Rouen. C'est un gamin fougueux, intrépide, téméraire, et qui se risque souvent dans de longues escapades en dehors de la ville avec une maigre escorte de cavaliers. Si nous pouvons nous emparer de lui, nous négocierons sa liberté contre celle de Jeanne. Les Anglais n'ont pas les moyens de refuser.

Louviers n'était plus qu'un monceau d'éboulis, les goddons avaient mis le feu à la ville avant de l'évacuer. La Hire et ses Gascons campaient dans des maisons éventrées. Le gros La Hire avec son ventre d'évêque, ses méplats de brique, sa crinière grise de cheval de trait. Et sa prière de ruffian qui avait fait le tour des armées : « Dieu je te prie de faire aujourd'hui pour La Hire, ce que La Hire ferait pour toi, si j'étais Dieu et que tu fusses La Hire... »

J'ai traversé les ruines entre les fenêtres aveugles, les moellons émiettés, les solives calcinées. J'ai établi un campement de fortune, j'ai fait rafistoler quelques toits et balayé les graviers. Et dans les nuits de cet hiver de l'an de disgrâce 1431, j'ai commencé l'affût du plus gros gibier que j'aie jamais traqué. Le brouet gelait dans les écuelles, les larmes gelaient sur les joues, le vin se pétrifiait dans les brocs, le froid collait les mitaines à la peau dans les bosquets vitrifiés couleur de céruse. J'avais revêtu un bourgeron blanc pour me confondre avec le paysage.

Rouen était là, à deux portées d'arbalète.

---

1. *Cf* Lettre de Gilles de Rais en annexe.

Mais le prince Henri ne se risquait plus sur les chemins pailletés de verglas de la campagne normande. Alors je me suis résigné à envoyer une patrouille guidée par un de mes espions. Ils ont pénétré de nuit dans la ville. Le lendemain soir, l'espion seul nous a rejoint à Louviers. Il m'a dit que tous mes hommes avaient été pris et trucidés le matin. Et qu'il y avait dix à vingt mille Anglais à Rouen. Sans compter les traîtres bourguignons.

Je n'oublierai jamais ces nuits blanches entre le plumage neigeux des sapins et le sol verruqueux, hérissé, lapidifié. Face à moi les murs, les remparts et les tourelles de la Cité. Je voyais passer des cavaliers et des fourgons anglais. Mais le Prince n'est jamais plus sorti.

J'ai attendu des mois. Jusqu'à l'éclosion du printemps.

Au givre des bouleaux succéda la neige rose des pommiers. Le premier matin de juin, tandis que je secouais les lilas comme naguère à Tiffauges pour faire pleuvoir les hannetons, j'ai vu courir dans les pacages de boutons d'or un paysan qui levait les yeux au ciel et parlait tout seul. Il jetait des mots informes, mêlés de sanglots, aux oiseaux, au vent, aux luzernes. Quand je me suis approché il est tombé à genoux en se signant. J'ai mis pied à terre. Je ne comprenais rien à ce bredouillage.

– N'aie pas peur, qu'est-ce que tu dis ?

Il a levé sur moi sa face camuse. Il était vert, lisse et érodé comme un caillou de torrent. Il a tendu les mains vers la ville. Jeanne... Jeanne... Ils ont brûlé Jeanne.

Ce feu rallumait dans mes veines toutes les glaces de l'hiver. Ils avaient brûlé Jeanne.

Tandis que le paysan courait vers son hameau en poursuivant ses gémissements, je suis resté des heures, pétrifié et muet, le visage inondé. J'ai toujours eu le double don du silence et des larmes. Je suis revenu au pas vers Louviers. Je suis reparti le soir même. Cette vie avait-elle un sens ?

J'ai été maître de tout. Sauf de moi.

J'ai pu gouverner des provinces, des escadrons et des batailles. J'ai pu maîtriser l'armée anglaise. Je n'ai jamais pu maîtriser mes impulsions.

Comme je n'ai jamais conjurer mes nostalgies ni dresser des digues durables contre mes marées intérieures.

Depuis les nuits d'affût entre les forêts gelées de Normandie, si lentement passées à écouter le grand silence blanc, jusqu'à ce matin de marguerites où le vent chantait dans les frondaisons et les oisillons dans leurs nids, et où un paysan courait parmi les blés adolescents en psalmodiant le nom de Jeanne, j'avais toujours été hanté par un espoir délirant. L'accoutumance au miracle me faisait croire que Jeanne, une fois encore...

Après, j'ai entamé cette longue errance et subi cette vacuité mélancolique que j'essayais de combler en guerroyant. Mais Jeanne continuait de battre en moi comme un autre cœur.

Les chevauchées, les coups de main et les corps à corps ne m'arrachaient pas son image parce que c'était encore la vie des camps, des embuscades et des assauts. Sans elle. C'est-à-dire sans but. Cette vie de rapières et de rapines avait perdu sa saveur. Elle jetait une lumière noire sur les actes et sur les êtres. Je voyais toujours un noyé au-delà du nageur, un squelette sous l'armure, j'entendais tinter des glas dans les mâtines du vent.

J'ai cherché à débusquer ces serpents lovés dans mes rêves, et finalement j'ai pensé à reconstituer la merveilleuse aventure. À remettre Jeanne en lumière dans l'oublieuse mémoire du Roi, du peuple et des Grands. Dans un premier temps, j'avais pensé à Chinon, mais je savais que j'allais me heurter à l'indifférence de Charles VII. Il ne voulait plus qu'on lui parlât de Jeanne. Il lui devait trop...

Jeanne dort sous une aube de grès rose dans ce jardin de Touraine où se pressent autour d'elle les hommes de guerre et les dieux des armes. Elle rêve étendue entre les palmes, les haies et les parfums du Jardin de la France. Elle ne sait pas encore qu'il lui reste moins de mille matins à rêver.

Et moi je m'éveille entre les fleurs de l'aiguail, les présages verts des salamandres et l'éventail éventé des sainfoins.

Je la vois, je l'entends.

... Gentils orléanais, j'ai reçu le mandat de délivrer la ville...

... Anglais, au nom de Dieu, allez-vous-en...

... Enfants, tout est nôtre...

La voix de Jeanne n'a pas cessé de me parler. Comme si sainte Catherine lui avait délégué ses célestres murmures. Mais j'étais le seul à l'entendre.

Alors il fallait que la France tout entière...

Après avoir longtemps cherché, j'ai eu cette idée folle de recomposer une fresque épique à sa gloire : Le Mystère d'Orléans[1]. *Je me suis investi trois ans dans cette entreprise démesurée. Comme je m'étais investi cinq mois dans mes patrouilles de la Délivrance à Louviers.*

À Orléans, j'ai été le mécène et le promoteur, l'animateur et le conseiller, le décorateur et le régisseur. Pendant trois ans, j'ai accéléré la vente de mes châteaux et de mes forêts pour donner à cette représentation un faste, un élan, un éclat sans équivalence dans l'histoire du théâtre. Elle allait me coûter huit cent mille écus d'or.

Cinq cents acteurs. Cent vingt tableaux, trois cents figurants. Et la ville en liesse qui se retrouvait rajeunie de cinq années en revivant les grandes heures du siège.

J'ai fait transporter en chariot les grandes orgues de Tiffauges avec les chanteurs de la psallette. J'ai travaillé au dialogue rimé pour qu'on m'entende donner la réplique à Jeanne. Et j'ai fait redire au roi de France ce qu'il avait dit devant moi à la Pucelle :

« Et pour conduire vos gens
Aurez le Maréchal de Rais. »

Et ma réponse reprenait notre dialogue de Chinon adapté aux rimes tierces :

« Dame, que vous plaît-il de faire ?
Nous sommes au plus près de Blois.
Si vous y voulez point retraire
Et reposer deux jours ou trois,
Pour savoir où sont les Anglais
Aussi pour rafraîchir vos gens ?
Ou si vous aymez mieulx aingois
Allez droit jusques à Orléans. »

Jeanne avait souri :

– Mon beau Seigneur, allons à Blois. Ce qui devenait pour les besoins de la prosodie :

« Messire je suis bien contente
Qu'à Blois doncques vous alliez. »

J'ai choisi moi-même l'actrice qui devait figurer Jeanne. Haute et belle, les épaules puissantes, les cheveux coupés en

1. Le manuscrit du *Mystère d'Orléans* est déposé à la Bibliothèque du Vatican.

page et la flamme chantante du regard. Et les Noël, Noël ! montaient vers la fausse Jeanne comme naguère vers la vraie, et l'actrice levait son oriflamme vers le ciel...

Le plancher de la scène était le pavé de la rue. Les coulisses les cours de la ville, le ciel de lit la Grande Ourse dont les clous d'or se balançaient au fond du fleuve.

Et pendant un an, chaque soir, j'ai suivi cette foule en écoutant chanter dans ma mémoire les répliques d'autrefois, les mêmes mots, les mêmes élans :

> *« Dame voyez la compaignie*
> *Qui en est prête à la bataille. »*

Liesse et chansons, rondes et luminaires, délire et feux de joie.

Le bonheur, l'extase de la ville en folie qui voyait s'animer chaque jour, sous ses yeux, l'Album de ses Très Riches Heures.

J'ai vécu plus de trois cents jours cette frénésie des refrains et des danses, le jeu mouvant des lumières et des ombres, les feux follets des flambeaux à travers les venelles de la nuit. Les cinq cents acteurs traversaient les rues et les places pour changer de décor, suivis par le peuple.

Gilles reposa sa plume. La voix de Jeanne remontait à lui du fond des nuits à travers les murailles et les années, la voix de Jeanne qui lui apportait encore fleurs et métal, musique et galop, parfums et promesses, qu'il entendait à travers les répliques de l'actrice :

> « Je vous rends cent mille mercis
> Qu'il vous plaît cet honneur m'offrir. »

C'est lui qui enchaîna à mi-voix :

> « Pour vous servir à chère lye
> En quelque lieu que allez faire... »

Et les derniers vers, recopiés comme une lettre d'amour :

> « Je suis prêt de par mon âme
> À aller où elle voudra. »

Je vous le dis en toute humilité Messire : vous chercheriez en vain dans le Grand Livre des Amours célèbres *une page aussi riche de ferveur et de fidélité, de faste et de passions, d'enchantements et de sortilèges. J'ai ressuscité Jeanne. D'abord pour moi. Et puis pour le ressouvenir des hommes. Et comme en toute entreprise humaine vient se mêler la parodie à la tragédie, ce fut le roi de France qui inaugura le spectacle.*

– C'est très beau, dit-il, une très belle fête. Mais pourquoi chantent-ils Noël, Noël ?

– Parce que c'est la Nativité de votre règne.

Le Roi n'est jamais revenu.

Messire, voilà beau temps que j'ai quitté le service du roi. Je ne veux plus me consacrer qu'au service de Dieu. C'est dans cette perspective que ce soir j'ai écrit au roi. Je vous donne copie de mon projet de lettre. Cette volonté n'est pas conséquente à mon procès. C'est un vœu qui mûrit en moi depuis de longues années, et j'ose espérer que le Roi va l'exaucer.

Je ne conçois pas d'autre fin à ma vie d'entrer dans la gloire de Dieu.

Mon très cher,
très honoré
et très redouté Sire,

Vous avez entendu comment Votre très indigne et très misérable sujet et serviteur, moi Gilles de Laval, Sire de Rays et autres lieux, suis présentement retenu à la Tour Neuve de Nantes, pour y être jugé.

Depuis que je languis en captivité, dans l'attente de votre honorée justice, il m'est venu un incomparable repentir des vilains faits[1] que je suis tout prêt à reconnaître et à expier comme il conviendra.

Sur ce, je vous prie, Monsieur mon cousin, que vous me donniez licence de me retirer en un couvent pour y mener bonne et exemplaire vie.

Il ne m'importe du couvent que vous m'octroierez pour demeure, mais j'entends que tous mes biens, meubles et immeubles, rentes et acquêts, terres, châteaux, champs, privilèges, et cætera, soient distribués entre les mains des pauvres, qui sont les propres membres de Jésus-Christ sur la terre[2].

Les cloches lointaines se répondaient dans le couchant. Les cloches du couvent où il allait finir ses jours entre la prière et le repentir.

---

1. *Les vilains faits* évoqués par Gilles sont la magie, la démonolâtrie, l'invocation des esprits malins.
2. Archives de la Loire-Atlantique (médiathèque de Nantes).

II

LES NUITS DE LA TOUR NEUVE

De belle taille, de bonnes manières, d'un esprit cultivé, d'une âme ardente et généreuse, il avait tout pour être un des personnages les plus considérables de son temps.

Henri Chapoy,
Les Compagnons de Jeanne d'Arc

Les historiens le représentent comme un des hommes les plus instruits de son temps. Ils s'accordent à voir en lui une des plus belles intelligences du siècle.

Eugène Bossard,
Gilles de Rais, maréchal de France, dit Barbe-Bleue

On a trop souvent présenté Gilles comme un frustre – soudard colérique, éthylique et vicieux. Or, cet humaniste est doté d'une culture peu commune pour son temps, il parle élégamment français et latin, il a des rudiments de grec et d'anglais. Il possède dès sa jeunesse une bibliothèque importante, j'en extrais quatre titres édifiants :

La Cité de Dieu *de saint Augustin,* Faits et dits mémorables *de Valère Maxime, traduit par Simon de Hesdin.*

Le Livre de la propriété des choses, *traduit par Jean Corbechon.*

Les Métamorphoses *d'Ovide.*

Mais Gilles est encore plus passionné de musique que de lecture. Il chante avec ses choristes, compose des versets, il écoute durant des heures les orgues de la chapelle lui infuser cette extase mystique où coule (le mot est de Georges Braque) : « le perpétuel et son bruit de source ».

Raymond Belin,
Le Jardin d'Odile
Thomassont,
Paris 1907

Salut à toi pourpre qui se retrousse
Comme une lèvre à l'aube d'un grand cri

Aragon

Ce 28 septembre, l'évêque Jehan de Malestroit et l'inquisiteur Jean Blouyn, président la Commission, pour conforter par leur auguste présence les juges et les témoins.

L'évêque a choisi pour cette première audience un décor mieux adapté aux effusions et aux doléances qu'une salle d'audience ; la chapelle du manoir épiscopal. C'est sur son ordre que l'huissier y fait entrer les dix témoins dans une seule fournée. Des témoins triés sur le volet, soigneusement endoctrinés et qui vont mêler les sanglots aux imprécations.

Le chœur des pleureuses prélude aux trois coups du lever du rideau.

L'accusé n'a pas été convié à ce prologue. Sa présence risquerait de troubler les témoins.

On passe très vite du pathos des gémissements à la condamnation des esprits du mal. Pourquoi cet alliage du lamento et du maléfice ? Pour créer la confusion dans les esprits et aiguiller le procès sur les voies de la Providence.

MERCREDI 28 SEPTEMBRE 1440
COMPARUTION DES PREMIERS TÉMOINS
GILLES DE RAIS N'EST PAS PRÉSENT [1]

Au nom du Seigneur, amen.

Le mercredi 28 septembre 1440, la 10e année du pontificat de très saint-père en Dieu, monseigneur Eugène, par la divine Providence pape, quatrième du nom, et durant le concile général de Bâle, devant le révérend père en Dieu, le seigneur Jean de

1. Extrait des « Minutes du procès ». Archives de la Loire-Atlantique (médiathèque de Nantes).

Malestroit, par la grâce de Dieu et du Saint-Siège apostolique, évêque de Nantes, et devant religieux homme, frère Jean Blouyn, de l'ordre des Frères Prêcheurs, bachelier en la sainte écriture, vicaire de religieux homme, frère Guillaume Merici, de l'ordre susdit des Frères Prêcheurs, professeur de théologie, inquisiteur de l'hérésie au royaume de France, délégué par l'autorité apostolique, et par ce même frère Guillaume, spécialement institué inquisiteur pour la ville et le diocèse de Nantes, pour lors étant en la chapelle du manoir épiscopal de Nantes, et en la présence de nous, Jean Delaunay, Jean Petit, Nicolas Géraud et Guillaume Lesné, notaires publics et scribes devant les mêmes en la cause et les causes de cet ordre, devant écrire fidèlement pour ces mêmes seigneurs évêque et vicaire de l'inquisiteur susdit sur toutes et chacune des choses qui adviendraient en lesdites causes, et ensuite députés et commis à ce rédiger en forme publique, selon qu'ils nous députèrent et ont député chacun de nous, et en présence des témoins ci-dessous inscrits, se sont présentées personnellement les personnes nommées ci-dessous qui, auxdits seigneurs évêque et vicaire de l'inquisiteur susdit, ont exposé, s'en plaignant avec larmes et douleur, la perte de leurs fils et neveux et autres, assurant que lesdits fils, neveux et autres avaient été traîtreusement pris et ensuite inhumainement égorgés et massacrés par ledit Gilles de Rais et par certains de ses complices, fauteurs, suivants et familiers ; que les mêmes avaient abusé d'eux, honteusement et contre nature et qu'ils avaient, avec eux, méchamment commis le péché de sodomie ; qu'ils avaient plusieurs fois invoqué les malins esprits, auxquels ils ont plusieurs fois rendu hommage ; qu'ils avaient perpétré plusieurs autres crimes et délits, énormes et inusités, concernant la juridiction ecclésiastique ; lesquels plaignants supplièrent humblement lesdits révérends seigneur évêque de Nantes et frère Jean Blouyn, vicaire de l'inquisiteur susdit, de daigner là-dessus pourvoir rapidement de remède de droit et opportun :

Agathe, femme de Denis de Lemion, paroissien de Notre-Dame-de-Nantes, s'est plainte que Colin, son neveu, fils de Guillaume Avril, âgé d'environ vingt ans, qui était de petite taille et de figure blanche, comme elle l'affirme, ayant sur l'une de ses oreilles certain signe semblable à une petite oreille, alla un matin du mois d'août 1439, ou vers ce temps, dans la maison dite de La Suze, située à Nantes, assez près de l'église Notre-Dame. Laquelle maison était alors au sire de Rais. Et depuis, elle ne vit plus ledit Colin et n'eut plus de ses nouvelles, jusqu'au jour où une certaine Perrine Martin, dite La Meffraye, fut arrêtée et emprisonnée par la cour séculière de Nantes. Après l'arrestation de laquelle, elle entendit dire par plusieurs, et c'était la rumeur publique, que nombre d'enfants et de jeunes gens avaient été pris et tués par ledit sire de Rais. Elle ne sait dans quel but.

Item, la veuve de feu Regnaud Donete, paroissienne de Notre-Dame-de-Nantes, s'est plainte également que Jean, son fils, fréquentait ladite maison de La Suze, et depuis le jour de la Nativité de Saint-Jean-Baptiste de 1438, elle n'entendit plus de ses nouvelles, jusqu'à ce que Perrine Martin, dite La Meffraye, arrêtée et emprisonnée comme il est dit ci-dessus, confessât qu'il avait été livré audit sire de Rais et à ses gens.

Jeanne, femme de Guibelet Delit, paroissien de Saint-Denis-de-Nantes, s'est plainte semblablement que Guillaume, son fils, fréquentait ladite maison de La Suze et qu'il y était allé durant la première semaine de carême dernier. Et elle entendit Maître Jean Briand dire qu'il l'avait vu dans ladite maison pendant sept ou huit jours consécutifs, et qu'ensuite il ne le vit plus ; bien plus il soupçonnait qu'il avait disparu dans ladite maison.

Jeanne, femme de Jean Darel, paroissien de Saint-Similien, près de Nantes, s'est plainte, que le jour de la fête des Saints Pierre et Paul dernière, alors qu'elle s'en retournait chez elle, venant de Notre-Dame-de-Nantes, à l'heure des vêpres, étant suivie d'un sien fils, âgé de sept à huit ans, et qu'elle arrivait aux environs de Saint-Saturnin, de Nantes, elle se retourna pensant qu'il l'avait suivie jusque-là et qu'elle était toujours en sa compagnie, mais alors elle ne le vit plus et elle ne l'a jamais revu depuis.

Lesquelles plaintes ayant été portées à la connaissance desdits seigneurs Jean, révérend père en Dieu, évêque de Nantes, et frère Jean Blouyn, vicaire dudit inquisiteur, les mêmes seigneurs évêque et vicaire avertis, voulant que ces méfaits ne demeurent pas impunis, ont péremptoirement décrété et mandé à tous les clercs de citer ledit seigneur Gilles de Rais, le samedi 8 octobre, pour répondre ainsi que de droit audit seigneur évêque de Nantes et audit frère Jean Blouyn, vicaire de l'inquisiteur susdit, et pour ce qu'il aurait à objecter pour sa défense en la cause de foi, ainsi qu'au promoteur par eux institué en la cause et en les causes de cet ordre.

Fait le 28 septembre de l'année dudit pontificat et du concile susdits.

Présentes les vénérables et circonspectes personnes, Jacques de Pencoëtdic, docteur en l'un et l'autre droit, official de Nantes, et Jean Blanchet, bachelier en droit, clerc du diocèse de Nantes, ainsi que plusieurs autres témoins à ce appelés et expressément requis.

29 septembre 1440

À Messire Pierre de Lhospital
Président du Tribunal séculier

Messire,

J'ai donc écrit au Roi pour l'informer que je désirais terminer mes jours dans un cloître. Je lui ai fait part de ma décision de faire don de la totalité de mes biens et des œuvres pieuses dont je lui remettrai ultérieurement la liste.

Je vous remercie de m'avoir fait porter le livre de saint Augustin : que j'avais commencé à traduire et enluminer de mes mains dans ma jeunesse. Cet ouvrage qui a été une révélation de mon adolescence est aujourd'hui un précieux réconfort dans la traversée de cette épreuve.

Par ailleurs, je vous serai très reconnaissant de me faire communiquer les minutes de l'audience qui s'est tenue hier en mon absence.

Je souhaite que le compte rendu me soit remis dans ma cellule pour que je puisse l'examiner à tête reposée. N'étant point pourvu de défenseur, il est conforme à mon droit de disposer des documents qui me permettront de pourvoir à ma défense.

Je vous remercie par avance Messire de bien vouloir accéder à ma supplique.

Gilles de Rais

Le ciel de septembre pavoisait la fenêtre, scintillant et découpé comme une carte d'astrologue. Gilles retrouvait dans le dais d'ambre et d'or le ciel de Tiffauges, lui aussi sillonné d'étoiles filantes et déchiré d'éclairs de chaleur, quand il traduisait saint Augustin dans sa chambre d'enfant, entre les sanglots des orfraies et les appels des sentinelles qui jalonnaient le silence de la nuit.

Il feuilleta le livre, s'attarda sur un passage familier et lut à haute voix :

– *Sicut nihil aliud dicitur coelum coeli, quam coeli coelorum. Nam coelum Deus vocavit firmamentum super quod sunt aquae...*

La page s'envolait de la table, remontait le dévidoir des

années. Des essaims de dactyles et de spondées, de supins et d'ablatifs, voletaient à travers la pièce.

La voix feutrée de M. de Fontenay égrenait le rosaire du Psalmiste :

– *Et quae-inquit-quae super caelos sunt, laudent nomen Domine...*

Que-les-eaux-supérieures-aux-cieux-glorifient-le-nom-du-Seigneur.

J'ai dit : les eaux supérieures aux cieux. Encore une fois vous avez traduit trop vite, Messire : « les eaux-des-cieux ».

Les guêpes des déclinaisons bourdonnaient dans sa tête. Il répondit machinalement, comme vingt ans plus tôt. Et c'était l'écolier qui répondait à travers l'homme : « En effet Dieu a appelé Ciel le firmament qui s'étend au-dessus des eaux. »

La mélodie des eaux célestes déverse en lui ses courants et ses clapotis.

– *Et aquae super coelos*, Messire... Nous reprenons au début : *quam coeli coelorum*, ces eaux qui glorifient le nom du Seigneur...

Et la magie de l'incantation ramenait vivante et présente cette heure latine libérée du temps qui flottait dans les limbes de naguère : ... *laudent nomen Domine...*

Il parcourait le parchemin, soulignait avidement les passages où il trouvait un argument à sa cause, une réponse à ses tourments, s'arrêtait à ses enluminures de naguère, riches de tant d'heures enchantées, quand il s'essayait à transposer au pochoir ou au pinceau les images flamboyantes de saint Augustin.

« Reste à combattre une dernière opinion qui réserve le feu éternel à quiconque néglige de faire pour ses péchés de dignes aumônes ; et cette opinion invoque le témoignage de l'apôtre Jacques : « Le jugement sera sans miséricorde pour qui n'a pas fait miséricorde. » Donc celui qui l'aura faite, bien qu'il n'ait point réformé ses mœurs et qu'il ait joint à la pratique de l'aumône les habitudes d'une criminelle et honteuse vie, celui-là trouvera miséricorde au jugement, soit qu'il échappe à toute condamnation, soit qu'après une expiation plus ou moins longue il obtienne sa délivrance[1]. »

---

1. *La Cité de Dieu.*

Il griffonna en marge et cocha les dix derniers mots :

Et moi j'ai mêlé si longtemps la pratique des aumônes aux habitudes d'une vie honteuse que mon expiation porte ma délivrance.

1er octobre 1440

À Messire Pierre de Lhospital
Président du Tribunal séculier

Messire,

Je vous remercie d'avoir répondu favorablement à ma requête. J'ai donc lu la lettre patente de Messire de Malestroit. Au terme de cette lecture je n'étais plus que pleurs de rage, sanglots et imprécations. Vous qui êtes un homme de droit et de devoir, vous savez que ce procès est devenu une infâme mascarade. Vous savez que je n'ai consenti à me présenter devant le tribunal qu'aux seules fins de me disculper de l'inculpation d'hérésie. Et que je n'ai donné mon assentiment pour répondre à une accusation qui atteint une telle dimension dans l'horreur qu'on en chercherait en vain l'équivalent dans l'Histoire.

Les témoins que vous entendez sont suscités ou stipendiés.

Les vrais témoins sont absents.

Vous savez que tous ces supplices d'enfants qui me sont imputés ne sont que fables et sacrilèges. Cette lecture m'a d'abord accablé, puis révolté, puis anéanti. En lisant j'avais le sentiment que ce sinistre libelle truffé de mensonges et dégoulinant de sang concernait un autre que moi. Si j'avais un avocat, il ne manquerait pas de poser quelques questions. Ainsi, pourquoi ces cœurs simples et dociles ont-ils été rassemblés dans une chapelle et non dans une salle d'audience ?

Pourquoi n'étais-je pas présent à cette singulière audition où la plupart des ces pauvres hères ne sont pas les père et mère des disparus ?

Qui leur a assigné ce rôle par délégation ? Et à quel titre sont-ils convoqués pour témoigner dans un procès d'hérésie et de simonie ?

Qu'ont-ils à faire de l'évocation des esprits infernaux ? Au nom de quoi l'homme qui perd son enfant à la foire peut-il éclairer le tribunal sur les maléfices de la magie ? Je vous redis ce que j'ai dit à l'audience. Je n'aurai jamais toléré chez moi de meurtrier. À plus forte raison jamais contribué à un meurtre. Les témoignages qui m'ont été communiqués sont découpés, fragmentés et ne font jamais mention de nom.

Ce qui fait qu'à partir de cette mosaïque émiettée je suis incapable de la moindre réfutation. Ce morcellement est destiné à m'empêcher de récuser les faux témoins. Ce sont toutes ces anomalies qu'un avocat aurait dénoncées. Comme j'en suis dépourvu, je me permets de vous soumettre ces artifices.

Persuadé que vous ne pouvez pas être associé à cette violation du droit.

Gilles de Rais

8. *Item*, que tant de droit que d'usage, observances et coutumes du Royaume de France, et surtout en la cité et diocèse de Nantes, et par privilège concédé aux Frères Prêcheurs par l'autorité apostolique dans les temps, et sur ce pratiqué et observé, ledit Frère Guillaume Méric, inquisiteur, peut autre dudit ordre substituer, ordonner et députer en son lieu, et ainsi fut et est vrai.

9. *Item*, que ledit Gilles de Retz a été et est paroissien de la Sainte-Trinité de Machecoul, au diocèse de Nantes, pour tel tenu et réputé publiquement et notoirement.

10. *Item*, que ledit Gilles de Retz, accusé, au temps de son enfance et adolescence, était et est encore sujet et justiciable desdits seigneur Évêque et inquisiteur, et surtout dudit Évêque pour lesdits crimes, et ainsi fut et est vrai.

11. *Item*, que dans les temps et encore à présent, au diocèse de Nantes et dans ses limites, ont été et sont les forteresses et châteaux de la Sainte-Trinité de Machecoul et Saint-Étienne de Malemort, et leurs églises paroissiales et leurs paroissiens, pour les crimes ci-dessus et ci-dessous écrits, sujets et justiciables desdits Évêque de Nantes et inquisiteur, publiquement et notoirement, et ainsi fut et est vrai.

12. *Item*, que ledit Frère Guillaume Méric, inquisiteur à Nantes, le 26 juillet 1426, institua et ordonna et députa en son lieu ledit Frère Jean Blouyn, du couvent et ordre des Frères Prêcheurs, suffisant et habile, pour son vicaire, par ces lettres sur ce faites, à la teneur desquelles se réfère ledit promoteur, et ainsi fut et est vrai.

13. *Item*, que ledit Frère Jean Blouyn, avant le temps et date desdites lettres d'institution, fut et est de l'ordre et couvent des Frères Prêcheurs de Nantes, prêtre majeur de 40 ans, en la

communion des fidèles, et autrement suffisant et habile pour exercer ledit office de Vicaire, et pour tel tenu et réputé publiquement et notoirement[1].

Il était 6 heures du matin. L'aube vaporeuse s'essorait du fleuve. Les juges se hâtaient vers leurs couettes et leurs venelles. L'Angélus traversait le ciel brouillé. Gilles relisait les alinéas à la lumière fumeuse du chaneil.

Il rejeta la feuille et tonna :

– *Ah Jehan de Malestroit, Frère Blouyn, Guillaume Chapeillon...*

Il s'était levé et il tendait la main vers les ombres comme s'il présidait à un appel d'accusés pour le tribunal de l'Histoire... Et sa voix grondait sur les noms avant de parodier les titres :

– *Jehan de Malestroit, Évêque de Nantes ;*
Gilles Chapeillon, Curé de Saint-Nicolas ;
Guillaume de Malestroit, Évêque du Mans ;
Jean Prigent, Évêque de Saint-Brieuc ;
Denys de La Lohérie, Évêque de Saint-Laud ;
Jacques de Pencoëtdic, Official à Nantes ;
Robert Guillaumet, Clerc de l'église de Nantes ;
God Pipenier, Doyen de l'Église Sainte-Marie ;
Jean Vaède, Chanoine de l'Église Notre-Dame ;
Jean Pimem, Chanoine de l'Église Notre-Dame ;
Guillaume Goyguet, Licencié en Droit canon ;
Yves Coyer-Chantre !
Je connais votre Hosanna, c'est le Crédo de la sébille !

Il froissa le papier d'un geste rageur et le jeta à terre.

– *Misérable racaille, frères prêcheurs, évêques, vicaires, moines mendiants, inquisiteurs, tonsurés-tonsureurs de la sueur et du sang, des prières et des larmes. Le frère Jean Blouyn, « suffisant et habile » ? Un bourreau déguisé en moine, sa capuche est une cagoule. Qu'ont-ils fait de leur vie tous ceux-là ?*

1. Extrait des « Minutes du procès ».

Sinon s'engraisser du travail des paroisses... J'en ai tant gavé de cette race de parasites prébendiers. Et c'est ce troupeau de verrats qui vient m'accuser d'hérésie et de simonie ? Que sont-ils en regard de moi ? Demain je leur dirai...

Il repoussa la table, insensible à la grêle qui flagellait le toit. Et il se dressa debout, l'œil en flamme, le verbe haut, le bras tendu que l'ombre portée prolongeait sur le mur. Et il apostropha ses juges :

– *Vous prétendez me condamner pour hérésie ? Mais en dehors des salles de torture, quelles sont vos croisades au service de la chrétienté ? Quels titres, quels mérites ? Moi je vais vous rappeler les miens. Vous pourrez comparer. Savez-vous que j'entretiens à moi seul trois cents églises, abbatiales, curiales, paroissiales et basiliques ? Sans compter les chapelles. Savez-vous que le Roi, quand il m'a fait maréchal de France, m'a demandé d'aller quérir la Sainte Ampoule ? Pendant la cérémonie du sacre, Jeanne était à la droite du Roi, moi j'étais à sa gauche. Et Jeanne était si lasse qu'elle m'a donné à porter l'épée du sacre.*

Savez-vous que quand le duc de Bretagne, votre maître, séjourne à Nantes, il vient solliciter une faveur insigne : le prêt d'une de mes chapelles pour ses dévotions ? Savez-vous que j'ai enluminé de mes propres mains La Cité de Dieu, *le livre de l'évêque d'Hippone : saint Augustin. Et que j'en ai traduit moi-même quelques chapitres ? Savez-vous que j'ai fait édifier sept paires d'orgues, dont quatre géantes sur le modèle de ceux de la cathédrale de Chartres ? Et quand je me suis aperçu que je ne pouvais pas respirer sans musique sacrée, j'ai dessiné deux orgues portatifs. Ils m'ont accompagné partout, portés par huit robustes valets, accompagnés de deux organistes. Je les ai emmenés dans dix villes : À Nantes, à Orléans, Angers, Bourges... Et dans les villages que je traversais, les enfants couraient s'agglutiner au cortège, et bientôt leurs parents leur faisaient escorte... Alors je donnais l'ordre de déposer les orgues et en pleine campagne, dans une grange l'hiver, au soleil l'été, entre les blés et les pampres, entre le moulin banal et le pré communal, je faisais donner un concert grégorien. Et je chantais moi-même, et les paysans tombaient à genoux devant moi.*

Qui donc jamais parmi vous s'est donné la peine d'aller dans les villages évangéliser les manants ? Faire résonner leurs voûtes et leurs arbres des plain-chants de la musique céleste ?

Savez-vous que j'ai fait construire la plus belle des chapelles et que j'ai engagé un orfèvre aux seules fins d'entretenir ses ornements ? Tous les objets du culte, vases, chandelles, ciboires, croix, ostensoirs et reliquaires sont d'or et d'argent massif. Je les ai incrustés d'émaux et d'émeraudes. Savez-vous que j'ai écrit des versets pour mes petits chanteurs de la collégiale ? Que je dirige moi-même leurs répétitions ? Savez-vous qu'il m'arrive d'exiger d'eux trois heures de chant et de musique pour greffer des ailes à ma prière ?

La musique nous a été donnée comme un septième sens entre le ciel et nous. J'aime écouter la voix de Dieu tonner dans les orgues. Mais j'aime aussi entendre la voix des hommes vibrer dans les chœurs. Depuis dix ans j'ai fait venir chaque année d'Andalousie des troupes de gitans qui dansent des moresques en s'accompagnant de la cithare et du tambourin. Leur danse commence par un hymne à la vie. Leur liturgie finit par incanter la mort.

Savez-vous que j'ai ouvert deux prébendes dans la basilique Saint-Hilaire de Poitiers ?... Et c'est dans cette basilique qu'un matin de Pentecôte j'ai entendu ruisseler sous l'abside la plus belle voix d'enfant qui se puisse entendre au monde. Si belle, si pure, si riche d'amour divin qu'entre l'Agnus et le Magnificat je n'ai pas pu retenir mes larmes.

À la sortie de la messe, je me suis précipité à la sacristie et j'ai abordé ce bel enfant :

– Comment t'appelles-tu ?

Et quand il m'a répondu « Rossignol », j'ai d'abord cru qu'il se gaussait. Et puis j'ai compris que Dieu lui-même l'avait baptisé du nom de l'oiseau des nuits d'amour. Quand je lui ai demandé de venir à Tiffauges, il a refusé. Alors je lui ai offert en donation la terre de La Rivière. Et une rente. J'ai cousu d'or le père et la mère qui ne voulaient pas se séparer de leur enfant. Cette voix, je n'ai pas eu à la perfectionner parce qu'elle touche à la perfection du sublime. Mais j'ai étendu son registre et sa connaissance. Personne aujourd'hui ne peut l'entendre sans être bouleversé jusqu'au tréfond de l'âme...

Vous qui tremblez devant les mandements et les ordonnances d'un évêque, je pourrais vous donner lecture de mes courriers au pape. Je lui ai écrit : « Très Saint Père, je prends la liberté de m'adresser à Votre Sainteté pour lui demande d'autoriser les chantres de ma chapelle à porter mitre comme les prélats et les chanoines de l'église de Lyon[1]. » *Et je lui ai encore écrit pour lui adresser les statuts de la Collégiale et m'autoriser une fondation.*

Après que j'eus été promu chanoine, j'ai élevé un de mes doyens à la dignité d'évêque. Comme si j'avais été Pontife de Rome. L'Église a refusé de consacrer sa promotion. Mais dans toutes mes provinces, il a été reçu et honoré avec le faste attaché à sa dignité épiscopale. Mais qui donc parmi vous, et quel homme au monde en dehors du Saint Père a eu le pouvoir de nommer un évêque et de l'assigner à son propre salut ? Sur ma lancée, j'ai fait diacres et chanoines des dizaines de clercs de ma maison ecclésiastique.

J'ai fondé l'aumônerie du Leroux-Bottereau, destinée à accueillir les voyageurs, les pèlerins, les déshérités. Ils y recevaient le pain et le vin sous les auspices du Christ. Ils reprenaient la route, la besace lourde et l'âme légère. Avez-vous jamais donné un liard pour les errants de Dieu ?

Savez-vous que je me suis fait inciser le bras par un chirurgien pour y sertir un morceau de la Vraie Croix ? Il y est encore. Savez-vous qu'avec Jeanne, avant chaque bataille, elle et moi nous nous retirions sous nos tentes pour prier à deux genoux, à même la terre, le Dieu des Armées pour qu'il nous donne la victoire ?

Et quand nous avons chassé les Anglais, savez-vous que sainte Catherine et sainte Marguerite guidaient la marche de Jeanne ? Et moi je suivais la Fille de France dans le sillage des Voix du ciel.

Où étiez-vous, que faisiez-vous pendant cette campagne, sinon prêter main-forte aux Anglais ? Oh Jeanne, dont le dernier cri – qui sera peut-être le mien – a été : « Évêques, je meurs par vous. »

Et c'est vous qui prétendez me juger au nom du Christ-Roi ! Mais savez-vous qu'à Bourgneuf-en-Retz, j'ai fait le vœu solennel de partir à pied avec un bâton de pèlerin jusqu'au Mont des Oliviers et de gravir le Golgotha pour m'agenouiller sur le tombeau du Christ ? Prier à Bethléem et à Nazareth ? Et pour mon retour j'ai déjà fait choix d'un cloître. Alors, je vous le

1. Le pape a refusé à Gilles l'autorisation de travestir ses chanteurs en prélats. Et Gilles a passé outre. Comme il passera outre pour la nomination de son évêque.

demande : y a-t-il un seul d'entre vous, chantre, official, évêque, chanoine, vicaire qui ait prodigué autant de prières à sa foi et de dons à notre mère l'Église, qui puisse alléguer les mêmes quartiers de noblesse au service de Dieu ?... Auprès de moi vous n'êtes que ribauds et simoniaques.

J'en appelle au Roi mon suzerain.

J'en appelle au Pape.

Je vous récuse.

Je vous récuse, moi Maréchal de France.

Au nom de mon pays.

Au nom de mon Roi.

Au nom de mon droit.

Et j'exige d'être jugé par un tribunal français et non par un ramassis de félons...

Brusquement, il laissa retomber son bras, et l'ombre s'effaça sur le mur. Il revint lentement vers le lit, s'agenouilla et commença à haute voix sa prière du matin.

*
**

4 octobre 1440

Messire,

Au seuil de ce procès unique dans l'Histoire, c'est à vous seul que je peux démontrer mon innocence. Cette longue chaîne de crimes, hérésie, simonie, démonolâtrie, apostasie, meurtres et tortures, tout ceci relève de l'imagination et de la vindicte ; la fiction au service de la haine. Les deux seuls chefs d'accusation qui reposent sur des faits réels, et non pas sur des fables infâmes et étayées de témoignages suspects sont :

– La magie à travers l'alchimie ;

– et mes tendresses charnelles pour les enfants.

Je vais, dans un premier temps, vous exposer la génèse à tâtons de mes recherches dans la philosophie métallique, et dans un second les racines, les sèves et les sucs de mes passions.

J'ai relu, avant de m'endormir ce paragraphe noyé entre le jargon et les jérémiades du grimoire des scribes où les témoins me reprochent « avec larmes et douleurs » d'avoir évoqué les malins esprits auxquels j'aurai « rendu plusieurs fois hommage et perpétré plusieurs autres crimes et délits énormes et inusités concernant la juridiction ecclésiastique ».

Ce soir je me suis assoupi sur les « crimes énormes et inusités ».

Ce sont les termes mêmes de l'affreux Traité de Troyes qui livrait la France aux Anglais. Malestroit a gardé la main et l'empreinte.

De ces « crimes énormes et inusités » ont germé les ferments du long cauchemar qui m'a visité cette nuit. J'ai entendu frapper à la porte de ma cellule et j'ai reconnu la voix de Prelati. J'ai ouvert, et c'était mon grand-père, Jean de Craon, flottant dans un long suaire de chanvre gris. Il portait le Grand Livre à deux mains. Il s'est assis au pied du lit et il a commencé à lire avec la voix de François.

« Tu sépareras la terre du feu, le subtil de l'épais, doucement avec grande industrie. Il monte de la terre au ciel, et derechef il descend en terre, et il reçoit la force des choses supérieures et inférieures. Tu auras par ce moyen toute la gloire du monde, et toute obscurité s'éloignera de toi.

» C'est la force forte de toute force, car elle vaincra toute chose subtile et pénétrera toute chose solide[1]*. »*

Et puis mon grand-père a fermé le Livre, il s'est effacé et c'est Jehan de Malestroit qui s'est assis à sa place. Mais un Malestroit très vieux, chenu, voûté, cassé, et qui porte à la main une demi-douzaine de petites fioles de couleur sombre. Il dit, et c'est toujours la voix de Prelati :

– Cette découverte de la pierre philosophale, elle est au-delà de la portée humaine. On ne peut y accéder que par la révélation divine. Regardez ces fioles, vous y trouverez le mercure animé, le mercure double, le lion vert, l'eau pontique et le lait de la Vierge. Nous avons retiré des métaux, le soufre et le mercure absolument purs.

Et Malestroit s'est évanoui. Et c'était Prelati debout sur le lit qui brandissait un rouleau de métal couleur d'anthracite et qui proclamait :

– L'arsenic, Messire, l'arsenic rocher c'est la clef du mystère... Il se sublime sous la chaleur et il répand une forte odeur d'ail sauvage. À partir de là nous pouvons obtenir des « nobles à la rose » comme dit Raymond Lulle dans son Ars Magna.

1. Raymond Lulle (1235-1315).

L'arsenic courait sur le lit, brûlait dans une flamme jaune et bleue devenait un feu follet qui fonçait sur moi. Je me suis réveillé en sursaut. Le feu follet s'était évaporé, résorbé dans la cire du chaneil.

Ce rêve m'a ramené aux premiers âges de mon envoûtement.

Tout a commencé il y a dix ans. Cette année-là j'étais allé voir la sorcière de Machecoul qui mijotait ses concoctions dans une cave obscure et enfumée. Perché sur le buffet, un hibou empaillé dont luisaient les prunelles de cornaline, regardait la vieille mitonner ses macédoines de l'enfer. Elle touillait des excréments, du sperme, du sang menstruel brassés dans la poudre d'os calcinée, mêlés à des macérations de crapauds et à des broyats de vipères mâles. C'est elle qui m'a parlé de ce petit chevalier jeté en prison à Angers pour crime d'hérésie.

Elle m'avait dit : « C'est un magicien. Il a changé l'atmosphère de sa maison avec des philtres. » Quand je me suis fait ouvrir sa cellule, il était recroquevillé sur son lit. Un petit homme roux et transi qui ne voulait pas répondre.

– Vous êtes envoyé par l'Inquisition ? dit-il enfin.

Je lui ai tout expliqué, il connaissait déjà mon nom, ma gloire et mes armes. Il a fini par se confier.

– Oui, j'ai vu Satan, je lui ai parlé.

– À quoi l'as-tu reconnu ?

– À des signes qui sont inscrits dans mon livre.

– Je te l'achète.

Il avait haussé ses étroites épaules :

– Je vous le prête pour une semaine, jurez-moi de me le rapporter.

Il avait fouillé sous son lit et sorti un manuscrit roulé dans un épais ruban.

– Voilà Messire.

Et tout le jour et toute la nuit, et encore le jour et la nuit suivants j'ai lu, relu, corné les pages. À la relecture, j'avais coché trois chapitres : « L'évocation du Démon », « La pierre philosophale », « La recherche de l'or ». J'avais buté sur les signes héraldiques, recopié sans les comprendre les allégories de la préparation de la Quintessence. Mais quand je suis revenu à Angers rendre le livre au prisonnier, j'avais enfoui dans mon coffre des formules qui dépassaient mon entendement.

« Le mercure des philosophes (qu'ils appellent la femelle) étant joint et amalgamé avec l'or (qui est le mâle) bien pur et en feuilles ou en limaille, et mis dans l'œuf philosophal (qui est un petit matras fait en ovale, que l'on doit sceller hermétiquement, de peur que rien de la matière ne s'exhale), on pose cet œuf dans une écuelle pleine de cendres, qu'on met dans le fourneau, et lors ce mercure, par la chaleur de son soufre intérieur, excité par le feu que l'artiste allume au dehors et qu'il entretient continuellement dans un degré et dans une proportion nécessaires, ce mercure, dissout l'or sans violence et le réduit en atome. »

Naguère, M. de Fontenay m'avait enseigné que la nuit, « l'inconscient digère, c'est-à-dire facilite l'assimilation et la compréhension d'un texte obscur ». Ainsi, si j'apprenais par cœur une version latine avant de dormir, je pouvais la réciter le lendemain. Et son sens s'éclairait pour moi. Alors j'ai fait comme pour les livres latins, j'ai appris par cœur. Et je n'ai jamais oublié.

Comment aurait-je pu oublier la prière de Nicolas Flamel que j'ai répétée chaque soir, pendant deux ans aux pieds du crucifix d'or massif de ma chapelle ?

« Dieu tout-puissant, éternel, père de la lumière, de qui viennent tous les biens et tous les dons parfaits, j'implore votre miséricorde infinie ; laissez-moi connaître votre éternelle sagesse ; c'est celle qui environne votre trône, qui a créé et fait, qui conduit et conserve tout. Daignez me l'envoyer du ciel votre sanctuaire, et du trône de votre gloire, afin qu'elle soit et qu'elle travaille en moi ; car c'est elle qui est maîtresse de tous les arts célestes et occultes, qui possède la science et l'intelligence de toutes choses. Faites qu'elle m'accompagne dans toutes mes œuvres ; que, par son esprit, j'aie la véritable intelligence, que je procède infailliblement dans l'art noble auquel je me suis consacré, dans la recherche de la miraculeuse pierre des sages, que vous avez cachée au monde, mais que vous avez coutume au moins de découvrir à vos élus. Que ce grand œuvre que j'ai à faire ici-bas, je le commence, je le poursuive et l'achève heureusement : que, content, j'en jouisse à toujours. Je vous le demande par Jésus-Christ, la pierre céleste, angulaire, miraculeuse et fondée de toute éternité, qui commande et règne avec vous. »

Quand j'ai rapporté le livre au chevalier, je ne savais pas que le ver était entré dans le fruit. Que cette lecture et cette prière étaient les noyaux de la grenaison. Qu'elles allaient mûrir en moi comme le blé rouge des Pharaons dans la chambre des Morts. Et quand j'ai dû affronter mes créanciers, mutiler mon patrimoine et vendre mes châteaux, j'ai pensé à la Quintessence. Ma passion avait fructifié à mon insu comme un abcès indolore qui gonfle dans votre sang et qui éclot à son heure. Elle allait mettre sept ans à éclore. Le temps d'une gestation d'aloes.

J'en reviens à l'alchimie, Messire, ce tropisme étranger ramené dans les soutes des grands vaisseaux des Croisés.

En décryptant Arnaud de Villeneuve, j'ai découvert que cette science nouvelle était teintée de mystique d'Orient. Alors j'ai lu Gerber et Avicenne, et ce sont les exégètes sarrazins qui m'ont éclairé les sources. C'est après leur lecture que j'ai installé dans la salle basse de Tiffauges un athanor et un alambic. Je me suis très vite lassé de l'eau forte de vitriol et de l'esprit de vin. Au bout du compte, ces sublimés corrosifs ne sont que distillations d'apothicaire. Et moi je me sentais une aimantation irrésistible pour la pierre infernale. Je m'arrête à ce mot parce qu'entre l'eau régale et la pierre philosophale on change de démarche et de planète. En abordant le Grand Œuvre, on marie le mental au métal. La pierre philosophale est le ferment magique de la mutation parce qu'elle permet de faire de l'or à partir d'un minerai. Et qui peut faire de l'or tient le monde à sa merci.

Pour trouver le Grand magistère, la Pierre philosophale, le Lion vert, la quintessence de teinture, noms variés de « l'agent », pour mener à bien « la coction du Grand Œuvre », les recherches portent sur tout, on fouille dans les métaux : étain, arsenic, salpêtre, nitre ; dans les plantes : chelidoine, pourpier, mercuriale.

Dans le foyer de l'énorme cheminée à tablier de granit, nous avions scellé sur un fourneau des alvéoles moulées pour les cornues et les alambics. J'avais fait occulter la fenêtre par un volet de chêne amovible sur lequel nous avions cloué une épaisse tenture. La nuit, nul ne pouvait voir flamber les fourneaux. Le jour, il suffisait d'accrocher le volet hermétique pour recréer la nuit.

Les creusets métalliques émergaient dans la pénombre parmi les pierres d'aimant, la main de cire serrée autour d'une dague, les vasques et les jarres, le masque de verre, le Grand Livre. Et les ingrédients dans les chaudrons : le cuivre, le suif, le mercure, le salpêtre, la moelle épinière d'un bouc.

Je n'ai jamais confié à personne que ma passion pour le Grand Œuvre avait été aiguillonnée par les recherches des deux rois. Charles VI a consacré des années à écrire un traité d'alchimie. Vous savez que ses oncles avaient dilapidé le trésor et suscité la révolte des Maillotins. Et Charles, qu'on appelait le Bien-Aimé, a cherché l'or, et comme tant d'autres en traquant le miracle, il a perdu la raison. Sa folie a éclaté à quelques lieues de Champtocé, dans la forêt du Maine. Et c'est la félonie du duc de Bretagne qui a suscité cette tragédie.

J'avais interrompu mes recherches pendant la représentation du Mystère d'Orléans. *À mon retour à Tiffauges, un de mes espions m'a appris que le roi Henri VI, celui-là même que j'essayais d'enlever sous les murs de Rouen pour l'échanger contre Jeanne, avait décidé de faire appel aux alchimistes. Nos victoires sur ses armées avaient épuisé les réserves de la Couronne anglaise. Nous avions changé le cours du destin et contraint l'Angleterre à la retraite avant de l'acculer à la faillite.*

Dix ans avaient passés depuis que ce faussaire avait été couronné solennellement Roi de France à Notre-Dame. Et au cours de ces dix ans. Henri VI s'est donc adressé aux prêtres, aux docteurs, aux seigneurs, aux savants et il leur a demandé de s'initier aux secrets de la pierre philosophale pour sauver les finances du royaume. Un demi-siècle après Charles VI de France, un monarque rendait un hommage royal à l'alchimie. Avec un argument spécieux à l'adresse des ecclésiastiques : « Puisque vous avez reçu le pouvoir de changer en pain et en vin le corps et le sang du Christ, vous devez avoir le même pouvoir pour transformer en or les métaux. » Les prêtres jugèrent cette adresse royale blasphématoire et sacrilège. Ils refusèrent, mais les autres se mirent au travail et finirent par produire cet or impur qui sert aujourd'hui à fabriquer la fausse monnaie sous l'égide du Roi. Je peux vous en donner la recette, ce n'est plus un mystère car cet or sophistiqué n'est qu'un amalgame de cuivre. Notre espion nous l'a fournie l'an dernier.

On plaçait du mercure et du vitriol dans un creuset de fer contenant un peu d'eau. Le sel de cuivre, se dissolvant dans l'eau se trouvait réduit à l'état métallique par l'action désoxydante du fer, et le cuivre, ainsi réduit, se combinait au mercure en formant un amalgame épais. Le produit de cette opération était lavé pour en séparer les parties solubles ; on le soumettait ensuite à la compression pour en faire écouler l'excès de mercure non combiné. Enfin, l'amalgame était fondu, en ayant soin de ne pas atteindre la température très élevée à laquelle il se décompose. Cet amalgame, très malléable, et qui recevait aisément l'action du balancier, offrait la couleur jaune et brillante de l'or ; seulement sa densité différait notablement de celle de ce métal.

Quand nous avons déchiffré cette formule, François Prelati était tenté de la mettre en pratique. Je l'en ai dissuadé. Je ne cherchais pas à fabriquer de la fausse monnaie, je ne voulais pas de cuivre doré, je voulais l'OR. Et nous n'avons jamais résolu le mystère de la cristallisation. Mais j'en reviens à un détail qui revêt aujourd'hui une importance cruciale, à cette combustion du mercure dont la décomposition, quand elle est associée à d'autres fumées de soufre et de métaux, dégage des odeurs violentes et quelquefois nauséabondes. Je reprends le mot « décomposition » : il s'échappait de notre athanor des vapeurs pestilentielles, des mofettes qui rassemblaient à l'exhalaison des marais d'été où ont pourri les cadavres de l'hiver.

Quand nous allumions le fourneau avec Prelati, d'épaisses fumées se dégageaient du feu, si fortes, si âcres, que nous répandions des parfums d'Orient pour les atténuer. Comme la myrrhe et l'aloès. Les valets qui nous apportaient les troncs et les hottes de rondins reniflaient cette odeur demeurée vivante sur nous. Vingt ans plus tôt, dans la chambre où je veillais mon père, on avait placé des cassolettes et des candélabres de cire. L'ignition de la cire fondue mêlée aux parfums brûlés et à l'odeur du cadavre dégageait des relents cinéraires. À Tiffauges, tout est venu des feux. Et de l'odeur. Quand on ouvrait la porte de la salle, elle se répandait au dehors, comme affranchie de sa matière. Comme une musique qui a quitté l'instrument pour voguer dans les airs et dans les mémoires.

Et cette marée d'odeurs coupait le cordon avec ses racines et s'essorait comme une invisible nappe de brouillard. Elle n'était plus cette émanation de l'esprit de fer, des sels de mercure, des entrailles du cuivre, des incandescences du charbon, elle était l'haleine délétère du feu. Elle continuait de vivre pour elle seule et, avant de se dissoudre, elle imprégnait les murs, les étoffes, les cheveux et les imaginations.

Des effluves de chair brûlée se dégagaient de la combustion du soufre, du vitriol et des graisses animales. Avant l'installation des fourneaux, quand je faisais débiter et arrimer des troncs, c'était pour alimenter nos grandes cheminées. Avec l'alchimie, ce qui inquiétait mes gens, c'est qu'on ne brûlait plus pour chauffer... Et on brûlait nuit et jour à feu continu. On a consumé en trois hivers la petite forêt du nord. D'où les questions que se posaient les porteurs de bois : « Que peuvent-ils brûler dans cette chaufferie du diable ? » Ils se demandaient quel chaudron de sorcière grésillait sur nos braseros. Les premiers soupçons ont été soufflés par le feu, avant d'être propagés par la fumée. Et l'odeur funèbre est devenue au fil des ans un remugle de cadavre. Et quand Malestroit a écouté les doléances, ce fut un jeu pour lui de faire l'amalgame entre la gueule de l'athanor et le Moloch des enfants morts. Ainsi est née la légende : on amenait les petits garçons au château pour les faire brûler.

5 octobre 1440

Il est temps que je vous parle de François qui fut mon meilleur ami et qui va peut-être me trahir pour sauver sa tête.

François Prelati, l'ange diabolique de la tentation.

François Prelati, un nom d'évêque, une ordination de prêtre, une vocation d'enchanteur. François Prelati... Il m'a séduit dès son arrivée à Tiffauges. Avec sa barbe de condottiere, sa prestance de séducteur, sa parole ardente et ses yeux de braise. Nous avons parlé très avant dans la nuit et en nous quittant, il m'a dit :

– Nous sommes faits pour être amis, nous allons faire de grandes choses ensemble.

Et dès le lendemain, les premières confidences :

– Oui, j'ai déjà fait de l'or... Oui j'ai vu Satan, oui je peux le faire venir. Je vous enseignerai les rites et les causes...

François avait le charme, l'assurance, le talent. Il savait tout : « le diamant est du carbone pur cristallisé, ce sont les astres qui le mûrissent, pendant des millions d'années... Dans la terre et le rocher.

– Et l'or ?

On le rencontre dans la matière à l'état de sulfure. Nicolas Flamel a été le premier à le reconstituer. Et nous avons retrouvé son secret...

... Écoutez Messire...

Dans le sein de la terre on trouve toujours le même métal sous plusieurs états différents.

Et notre art réussit à extraire du métal ses divers composants matériels. Il existe une substance capable de réaliser cette transformation, c'est le Grand Élixir de quintessence qu'on appelle aussi la poudre philosophale. Si elle n'a pas acquis son plus haut degré de perfection, elle ne change pas les métaux en or, mais en argent. On l'appelle alors le petit magistère ou Teinture Blanche. J'ai vu deux fois, à Florence, la pierre philosophale. La première avait la couleur du safran en poudre. Elle était lourde et brillante comme du verre en morceaux. La seconde avait la couleur du pavot sauvage et l'odeur du sel marin calciné.

Cette pierre, Messire, a trois propriétés magiques, elle change les métaux vils en argent et en or. Elle guérit toutes les maladies. Elle prolonge la vie humaine de trois ou quatre fois sa durée naturelle. Et voilà ce qu'en dit le grand Raymond Lulle dans son Nouveau Testament *: « Prends de cette médecine exquise, gros comme un haricot, projette-la sur mille onces de mercure, celui-ci sera changé en une poudre rouge. Ajoute une once de cette poudre rouge à mille onces d'autre mercure, la même transformation s'opérera. Répète deux fois cette opération, et chaque once de produit changera mille onces de mercure en pierre philosophale. Une once de produit de la quatrième opération sera suffisante pour changer mille onces de mercure en or qui vaut mieux que le meilleur or des mines. »*

Vous savez qu'Alexandre le Grand a trouvé dans le tombeau d'Hermès un manuscrit muré par les prêtres égyptiens dans les soubassements de la Grande Pyramide de Guiseh. Prelati avait recopié le document et nous scandait les versets kabbalistiques :

« Il est vrai, sans mensonge, certain et très véritable.

« Ce qui est en bas est comme ce qui est en haut, et ce qui est en haut est comme ce qui est en bas, pour faire les miracles d'une seule chose.

« Et comme toutes choses ont été et sont venues d'un, ainsi toutes choses sont nées dans cette chose unique par adaptation.

« Le soleil en est le père, la lune en est la mère, le vent l'a porté dans son ventre, la terre est sa nourrice, le père de tout ; sa force est entière si elle est convertie en terre. »

Henriet et Poitou entraient, porteurs de charbon, d'encens, de chaudrons de mercure qu'ils déposaient entre les cierges et les torchères.

Alors François traçait de la pointe de sa dague sur le sol, le cercle, la croix, les triangles et les étoiles, les idéogrammes mystérieux qui figuraient les émaux et les chevrons du blason de Satan. Dans l'angle de la pièce, la main de fer et le pied de cire. Des mèches vertes se tordaient au-dessus du fourneau. Prelati avait ouvert le livre et psalmodiait d'une voix de prédicateur les prophéties mystérieuses :

« Des signes ont apparu dans le soleil et dans la lune : saisis ce fils et châtie-le, afin que l'orgueil ne le perde pas. Cela fait, replace-le en son lit, et lorsque tu lui verras reprendre ses sens, tu le saisiras de nouveau pour le plonger tout nu dans l'eau froide ; puis remets-le encore une fois sur son lit, et, lorsqu'il aura repris ses sens, tu le saisiras de nouveau pour le donner à crucifier aux juifs. Le soleil étant ainsi crucifié, on ne verra point la lune, le rideau du temple se déchirera, et il y aura un grand tremblement de terre. Alors, il est temps d'employer un grand feu et l'on verra s'élever un esprit sur lequel tout le monde s'est trompé. »

Car toute invocation doit être précédée de la lecture des Grands Initiés, disait Prelati à mi-voix. Il refermait le Livre et allumait le second fourneau avec des gestes lents d'officiant avant de reprendre l'épée pour tracer sur le mur des lignes héraldiques et des signes hermétiques.

On s'y perdait à déchiffrer ces armoiries de l'au-delà. On ne savait jamais si c'était un mantel, une fasce ou un besant.

Prelati jetait sur la flamme une de ces poudres magiques appelées cendre d'aimant, avant d'y verser une cassolette de parfum liquide qui rejaillissait en spirales fumantes. La salle était plongée dans une pénombre suffocante, gorgée des odeurs tournoyantes du métal en fusion.

Prelati avait ouvert les fenêtres. Des fenêtres en forme de croix. Le ciel d'été brillait dans les vitres devenues vitraux, frettés d'étoiles laiteuses. L'heure était venue.

– Sortez, allez dans vos chambres et laissez-moi seul avec François... Vous ne sortirez que quand j'irai frapper à votre porte, et oubliez à jamais ce que vous venez de voir...

Quand Blanchet, Henriet et Poitou eurent quitté la pièce, je suis entré dans le cercle magique.

Derrière moi, les fumées déroulaient leurs volutes bleuâtres.

Au pied des braseros gisaient les petits corps blancs et roux du coq, du ramier, de la tourterelle étranglés en offrande à Belzébuth. Le Grand Cierge brûlait toujours à l'angle de la pièce.

Le soufflet de forge du fourneau s'apaisait. Ce n'était plus qu'un rouet ronronnant. Aux bouffées de corne brûlée se mélangaient les odeurs vertes des frondaisons.

Prelati continuait de déclamer devant le foyer où la flamme se tordait comme un aspic, tantôt lovée, tantôt dressée en spirales sifflantes. Les limailles grésillantes et les squames de cendres retombaient aux pieds de l'incantateur.

– Je vous adjure Barron, Bélial, Satan, Belzébuth, au nom du Père, du Fils et du Saint-Esprit, au nom de la Vierge Marie et de tous les Saints apparaissez ici en personne pour parler avec nous et répondre à notre volonté...

Pendant quelques instants le silence était scandé par les répons des oiseaux de nuit, puis à nouveau déchiré par le crépitement du fourneau. Et moi, ma main tremblait comme celle d'un adolescent au seuil d'une chair inconnue.

J'écoutais monter les incantations latines, entre les crêtes mourantes de la flamme et le vol aveugle des chevêches qui traversaient la nuit.

Je tenais encore à la main le parchemin signé de mon sang que François allait remettre au Démon. Et je répétais après lui :

– Oh venez, Esprits puissants qui tenez les trésors cachés, la science, la philosophie de la vie, venez en moi... Je vous donnerai tout hors mon âme et ma vie, si vous voulez m'apporter ce que je désire, or, science et pouvoir...

Mais je n'ai jamais manqué de dire jamais : « Je vous donne tout hors mon âme et ma vie. »

Toute la soirée il avait parcouru *La Cité de Dieu* de saint Augustin en quête du « Jugement de Dieu sur les Démons et les hommes ».

Sur le haut de la page son enluminure avait coloré les damnés dans les flammes et charbonné les faces luisantes des diables cornus qui brandissaient leurs fourches.

En marge, il avait stylisé le vol de l'Ange qui descend sur un Christ en croix, exsangue et barbu.

Pour illustrer le Jugement des Démons, il avait choisi un Dieu tonnant sur les nuées... C'était le même que celui qui flottait sur la bannière de Jeanne par-dessus l'océan des blés de Beaugency.

« Pourquoi donc dit-il, "de la chair de l'impie", sinon parce que le ver et le feu seront tous deux le supplice de la chair ?

Ou, il faut entendre par ces mots la vengeance exercée sur l'homme qui aura vécu selon la chair (et c'est pourquoi il tombera dans la seconde mort que l'Apôtre désigne par ces paroles : "Si vous vivez selon la chair, vous mourrez.").

» Et quoi de plus précieux qu'une mort qui remet les péchés et comble les mérites ? Et le mérite n'est pas égal en celui qui, ne pouvant retarder sa mort, reçoit le baptême et, toutes fautes effacées, sort de la vie ; ou en celui qui, pouvant différer de mourir, embrasse la mort pour confesser Jésus-Christ, plutôt que d'attendre son baptême en le reniant.

» Et Dieu ne se contente pas de prononcer sur les démons et sur les hommes un jugement général qui les condamne à la misère à cause du péché du premier ange et du premier homme ; mais il juge chacun sur ses œuvres propres, imputables à son libre arbitre. Car les démons le prient de ne pas les tourmenter ; et c'est avec justice qu'il les épargne ou qu'il mesure leurs supplices à leur perversité. Et les hommes subissent, en raison de leurs crimes, d'ordinaire publiquement, toujours du moins en secret, un châtiment divin, soit en cette vie, soit après la mort ; et cependant nul homme ne fait le bien, s'il n'est soutenu de l'assistance divine ; nul démon, nul homme ne fait le mal, si Dieu, dans sa profonde justice, ne lui en laisse la permission. "L'injustice n'est pas en Dieu", dit l'Apôtre ; et ailleurs : "Les jugements de Dieu sont impénétrables, et ses voies incompréhensibles.". »

7 octobre 1440

Messire,

Je vous ai résumé l'essentiel de ma démarche en matière de magie et de philosophie métallique. Tout ce qui serait produit au tribunal en dehors de cet exposé relèverait de l'imagination ou de la falsification. Il me reste à m'expliquer sur le grief le plus redoutable, le pêché le plus difficile à confesser : j'entends ma passion charnelle pour les enfants. Il n'est point dans mon intention de l'éluder.

Peut-être serez-vous choqué par cette confidence, Monsieur le Président. J'en assume le risque. Vous n'avez jamais reçu, vous ne recevrez jamais une confession de cet ordre. Et de ce désordre. Je ne vois pas matière criminelle dans ces passions d'homme détournées vers les amours enfantines puisque l'amour est étranger à nos lois du pur et de l'impur, à nos concepts du juste et de l'injuste. Il est aberrant de proclamer que l'homosexualité est un péché contre nature puisque nous la trouvons partout répandue dans le monde végétal ou animal. C'est une pratique qui a précédé l'espèce, elle est vieille comme la Création et les animaux s'y sont adonnés longtemps avant l'apparition de l'Homme. La Grèce en a fait une religion d'État. Mais il est toujours plaisant d'entendre citer Platon à propos d'amour, en évitant de préciser qu'il s'agit d'amour homosexuel. Je pourrai vous accabler de références et de justifications. Je ne vous citerai qu'un précepte d'Euripide : « L'amour est une émanation qui s'échappe du corps des femmes et des jeunes garçons. » Il est trop simple de ravaler la sensualité au niveau de l'infâmie. De la stigmatiser au nom d'une morale à deux visages qui permet de condamner ou d'absoudre selon le rang des coupables. J'entends celle qui a Rome veut ignorer les vices des princes de l'Église qui vivent en ménage avec des adolescents et qui mène au fagot les petits clercs pour de menus attouchements. À Rome, où l'homosexualité est, si j'ose dire, un rite impérial : Néron, Claude, Héliogabale, Galba, Trajan, Titus, Donitien, César, Auguste, Caligula. Et Hadrien. Qui n'a pas son mignonnet ?

À Rome, où l'on a commencé à châtrer les enfants de chœur les plus doués des chorales religieuses me racontait Prelati. Moi qui dirige depuis dix ans une collégiale, je considère comme un crime cette castration sacrilège. Vous savez que j'ai payé de mes deniers la Fondation des Saints Innocents, et que j'ai recruté la plupart des choristes parmi les pages de ma chapelle. Mes ennemis ont vu dans ce choix des Saints Innocents réminiscence d'Hérode et offense à la chrétienté. C'est odieux et dérisoire.

C'est à partir de cette équivoque des Saints Innocents que les premiers soupçons se sont propagés. Qui dit sopranisation dit mutilation. Et la mutilation est le premier pas vers les sacrifices humains. Et moi j'aime tant les enfants de ma chorale qu'il ne m'est jamais venu à l'idée de retrancher les crémastères[1] *de leur ventre pour ajouter un octave à leur gosier.*

Si je vous parle de cette passion réprouvée par vos dogmes et vos lois, c'est moins pour me justifier que pour vous mettre en

1. Testicules.

garde contre un préjugé de cagot. Ne croyez pas qu'il s'agisse d'une tyrannie bestiale. Ne croyez pas qu'un enfant ne représente à mes yeux qu'un réceptable de passage. J'aime l'initier à l'apprentissage de la volupté. Rien n'est plus précieux pour moi que l'instant de l'éclosion du plaisir qui dilate ses pupilles à travers ses larmes. Et vous pourriez penser que j'aie le cœur au poignard quand j'ai l'âme tout entière tournée vers une action de grâce ? Quand je sens battre sur ma poitrine ce cœur d'oiseau blessé, comme ces petites tourterelles dénichées naguère à l'aisselle des ormes et dont je sentais la chamade à travers le duvet et dont l'angoisse ébauchait le premier battement d'ailes.

Quand tout l'Amour du monde est enfermé pour moi dans un collier de bras d'enfant noué autour de ma nuque – ses aveux, ses soupirs, ses pudeurs, ses extases impures... Je sens s'épandre en moi ce que les hommes cherchent vainement à travers leurs quêtes et leurs conquêtes : la paix du cœur et la paix du corps.

Le soir quand aboie dans les cimes la grande meute des chiens du vent de neige, quand les démons de la galerne sifflent dans la cheminée où le feu s'assoupit, vous sentez à travers les brumes de votre sommeil passer ce souffle tiède... Un corps qui se rapproche du vôtre et qui s'y réfugie, un corps gracile qui cherche protection, chaleur et tendresse. Cette île de douceur au cœur noir de la nuit...

Cette haleine de source nocturne c'est le respir du bonheur. Et le bonheur pour moi c'est quand la réalité prend pour un moment le visage de mes rêves. Un torse d'adolescent, c'est beau comme un temple hellénique à ses premières colonnes. Cette grâce de l'inachevé, ce foyer de la tentation, ce faisceau de lignes fortes et fragiles, ce torse lisse, ces doigts légers qui vous enlacent, cette bouche ingénue qui s'étonne, qui s'écrase sous les baisers, et ces yeux où s'allument les prémisses de la volupté. La nuit, au réveil du sommeil d'amour, quand l'explosion du plaisir sur ce corps pur et docile m'a délivré des feux animaux qui me brûlent furieusement le sang, je m'accoude, je regarde dormir – et j'entends rêver – mon compagnon de lit. Que ne peut-on lire sur le visage d'un enfant endormi ? Mais je vous dois une précision difficile à formuler devant un tribunal : Je n'ai jamais pratiqué l'intromission sur un enfant parce qu'elle serait pour lui douleur, souillure et blessure.

Je me suis toujours limité à des éclosions de surface. Une fois le désir apaisé, je le prends dans mes bras et je lui parle à voix basse de choses très douces, je lui murmure de tendres confidences, comme un amant au sortir d'un déflorage de vierge.

J'en reviens à Euripide : « L'Amour est une émanation qui s'exhale des corps de femmes et de jeunes garçons. » Et moi, pour être vulnérable à cette émanation, pour en être devenu l'esclave serais-je pour autant un monstre ? Vous pouvez me condamner au nom de vos lois, mais dans ce cas, Monsieur le Président, il faudrait mener à la mort la moitié de mes pairs. Ce qui me sépare d'eux c'est leur dissimulation, leur feintise, leur façade de morale chrétienne qui masque leur dépravation... L'amour qui n'ose pas dire son nom... Moi j'ai osé.

Mais je n'ai pas encore osé le dire à mes juges. Comment pourraient-ils me comprendre ? Ou m'absoudre ?

EXTRAITS DES « MINUTES DU PROCÈS »[1]

Ensuite, *le 8 octobre* de l'année du pontificat et du concile susdits, lesdits plaignants se représentèrent personnellement devant lesdits seigneurs évêque et vicaire de l'inquisiteur dans la salle basse de la tour Neuve de Nantes, et ils se plaignirent de nouveau auxdits seigneurs évêque de Nantes et au vicaire de l'inquisiteur susdit, avec de grandes clameurs, douloureusement et dans les larmes, de la perte de leurs fils, assurant, comme plus haut, que ceux-ci avaient été pris par ledit sire de Rais et par ses complices et adhérents, lesquels avaient méchamment abusé d'eux de manière sodomique et avaient exercé avec eux le péché de sodomie ; et ils avaient évoqué les malins esprits, ils leur avaient rendu hommage et ils avaient commis plusieurs autres crimes concernant la juridiction ecclésiastique ; lesdits plaignants suppliant humblement lesdits révérend père en Dieu évêque de Nantes et frère Jean Blouyn, vicaire susdit, de vouloir bien sur ce pourvoir de remède opportun et de droit.

8 OCTOBRE 1440

Jean Chiquet, parcheminier, demeurant hors la porte Sauvetout, dépose sous la foi du serment qu'il y a un mois, ou à peu près, un nommé Macé Drouet, mercier, du côté de Chanteloup, près de Rennes, vint loger chez lui, témoin, et dans sa compagnie, il y avait plusieurs autres merciers. Ils ont parlé ensemble des enfants qui avaient été perdus dans le pays de Rais, auquel Drouet, le témoin, entendit dire que deux autres merciers et lui

1. Archives de la Loire-Atlantique (médiathèque de Nantes).

avaient été au pays de Rais à plusieurs foires, à peu près depuis un an : il avait laissé dans ce pays de Rais [deux enfants], et depuis lors, il ne les avait plus revus ; et il avait revu leur père et mère qui lui en avaient demandé des nouvelles, mais leur avait dit qu'il ne savait pas ce qu'ils étaient devenus.

Signé : *De Touscheronde.*

Pierre Badieu, mercier, de ladite paroisse de Chanteloup, déclare qu'il y a un an, ou environ, il a vu audit pays de Rais deux petits enfants, âgés d'environ neuf ans ; chacun d'eux avait sa balle et ils allaient dans les foires, comme le témoin lui-même le faisait ; ils étaient frères et les enfants de Robin Pavot dudit lieu. Et jamais depuis ce temps il ne les revit, et il ne sait ce qu'ils sont devenus. Par la suite, il a été un pays d'où ils venaient et il a parlé à leurs parents et à l'un de leurs frères : ceux-ci lui en ont demandé des nouvelles et il leur a dit qu'il ne les avait pas revus depuis qu'il les avait vus audit pays de Rais. Il ajoute qu'il a entendu dire à ce frère qu'il avait été en diverses régions dans l'espoir d'en obtenir des nouvelles et qu'il n'a rien pu savoir.

Signé : *De Touscheronde.*

Jean Darel, de la paroisse de Saint-Sévin, près de Nantes, déclare qu'il demeure dans cette paroisse depuis trois ans, ou environ : il y a un an et plus, alors qu'il était malade au lit, où il dut se tenir longtemps, et durant ce temps, un sien fils, qui vivant dans la maison, fut pris dans la rue du Marché où il s'ébattait avec d'autres enfants ; il ne sait qui l'a pris ni où il fut conduit, et depuis lors il n'a pu en avoir aucunes nouvelles, bien qu'il ait été en plusieurs pays dans l'espoir d'apprendre quelque chose.

Signé : *De Touscheronde.*

Jeanne, femme dudit Darel, déclare qu'il y eut un an le jour de la Saint-Pierre elle perdit en cette ville de Nantes un sien fils nommé Olivier, alors âgé de sept à huit ans. Et depuis cette fête de Saint-Pierre, elle ne le revit plus et n'a pas eu de nouvelles de ce qu'il avait pu devenir.

Signé : *De Touscheronde.*

Jeanne, mère de ladite femme de Jean Darel, déclare qu'il y eut un an ledit jour de la Saint-Pierre, revenant de Saint-Pierre-de-Nantes, où elle avait entendu les vêpres, elle rencontra ledit enfant près du pilori et l'amena jusque devant Saint-Saturnin, pensant le conduire jusque chez lui, et devant cette église elle perdit l'enfant dans la foule des gens qui se trouvaient là : elle le chercha et le demanda dans l'église, mais elle ne put l'y trouver ; et depuis lors, jamais plus elle ne le revit, et jamais plus elle n'en eut de nouvelles.

Signé : *De Touscheronde.*

Éonnette, femme de Jean Bremant, demeurant au marché dans la maison où demeurent lesdits Darel déclare qu'elle connaissait bien l'enfant desdits Darel qui s'appelait Olivier et avait l'âge indiqué ci-dessus ; et elle dit être certaine que dès le temps indiqué ci-dessus la femme dudit Darel lui dit qu'elle avait perdu son enfant et lui demanda si elle ne l'avait point vu, et qu'elle lui répondit que non ; elle dit encore qu'à sa connaissance, depuis lors, l'enfant n'a jamais paru dans la maison de ses père et mère ; et jamais elle n'a entendu dire qu'il fût retrouvé.

Signé : *De Touscheronde.*

La femme de Pierre Couperie s'est également plainte qu'elle a perdu ses deux fils, l'un âgé de huit ans, l'autre de neuf.

J'ai recensé les témoins et j'ai analysé les témoignages. Ainsi le parcheminier a parlé d'un enfant perdu au mercier de Chanteloup, il connaît d'autres merciers qui ont perdu leurs enfants. Ainsi le paroissien de Saint-Sévin a été malade et, pendant qu'il couvait sa fièvre, son fils a suivi des inconnus, rue du Marché.

Ainsi sa femme Jeanne a perdu un garçon à la fête de la Saint-Pierre.

Ainsi sa belle-mère a égaré un garçon à la sortie des vêpres de Saint-Sébastien.

Ainsi Éonnette, femme Brémant confirme que cet enfant perdu n'a jamais été retrouvé.

Ainsi la femme Couperie a perdu deux fils...

Je vous le demande : quel rapport avec moi, avec ma maison, avec ma présence ?

Pas une de ces pauvres femmes n'a prononcé mon nom ni évoqué ma responsabilité. Peut-être n'ont-elles pas osé aller jusqu'au bout de leur récitation ? Elles disaient leur peine et étouffaient leurs sanglots. Ce ne sont que des pièces rapportées pour étayer la rumeur orientée et qui apportent leur misérable ramée de bois mort dans le feu attisé par l'évêque.

Faut-il que Malestroit soit à court d'arguments pour qu'il appelle à la barre des gueux dont un enfant a disparu à la sortie des vêpres ou à l'entrée de la foire. Mais je sais que vous n'êtes pas dupe de cette parodie, Monsieur le Président.

Je n'ai pas pu maîtriser ma colère devant cette logorrhée tissu de mensonges et de cynisme. Et noyée dans un baragoin de basoche. J'ai déclaré que je recusais un tribunal de complaisance qui avait pour vocation initiale de me juger pour hérésie, et devenue une Cour de Justice criminelle pour les besoins de la cause.

J'en ai appelé de l'Évêque, du Promoteur, de l'Inquisiteur. Cet appel est conforme à mon droit.

Et vous avez entendu Malestroit repousser ma demande de suspicion légitime par une pirouette d'escamoteur : mon appel n'était pas recevable parce qu'il n'était pas formulé par écrit.

J'ai riposté : donnez-moi un écritoire et je vais rédiger mon appel. Alors vous les avez vus comme moi, Monsieur le Président, ils étaient fort embarrassés et se concertaient à mi-voix dans un chuchotis de confessionnal.

À l'issue de cette messe basse, Chapeillon s'est levé et il a déclaré sans me regarder qu'il ne pouvait donner droit à ma requête parce que mon appel était frivole.

Vous avez entendu : frivole !!!

Et là-dessus, pour justifier leur forfait, ils ont gribouillé dans un latin de basse cour qu'ils ne voulaient pas m'accabler avec de mauvaises intentions. Tous se passe comme s'ils étaient hantés par un perpétuel souci de justification.

Alors j'ai refusé de prêter serment. Leur réponse tient dans une terrible menace contre quoi je suis désarmé : si tu refuses on t'excommunie.

Excommunié, moi... !

COMPTE RENDU D'AUDIENCE[1]

En l'année et durant le pontificat et le concile général de Bâle susdits, le samedi 8 octobre, comparurent personnellement en jugement devant révérend père en Dieu le seigneur Jean de Malestroit, évêque de Nantes, et frère Jean Blouyn, bachelier en la sainte écriture, vicaire susdit, siégeant en tribunal pour rendre droit, le matin à l'heure du tierce, en une grande salle supérieure

1. Idem.

du château de la tour Neuve de Nantes, spécialement destinée à l'expédition et à la décision des causes de cet ordre, et en la présence de nous, Jean Delaunay, Jean Petit, Nicolas Géraud et Guillaume Lesné, notaires publics et scribes pour la cause et les causes de cet ordre, devant les mêmes, et en la présence des scribes et les témoins susdits, honorable homme, Maître Guillaume Chapeillon, promoteur aux causes de la cour ecclésiastique dudit lieu, par les mêmes seigneurs évêque et vicaire de l'inquisiteur spécialement appelé à la cause et aux causes de la foi, demandeur, d'une part ; et messire Gilles de Rais, chevalier, baron et seigneur de cette même terre, accusé ou défendeur, d'autre part, du mandement des susdits révérend père et vicaire de l'inquisiteur, ce samedi 8 octobre péremptoirement cité par-devant eux par discret homme Robin Guillaumet, clerc, lequel auxdits seigneur évêque et vicaire de l'inquisiteur et à nous, notaires publics susdits, rapporta verbalement avoir cité péremptoirement le même seigneur Gilles, accusé, personnellement appréhendé, devant ces mêmes seigneurs évêque et vicaire de l'inquisiteur, et ledit promoteur aux causes de la foi, en la forme et la manière ci-dessus ; et néanmoins ledit promoteur a reproduit la susdite citation au nom desdits révérend père évêque et vicaire de l'inquisiteur, avec son exécution dûment faite.

Contre lequel Gilles de Rais, ledit promoteur énonça verbalement les articles de l'accusation, quitte à les donner par écrit en temps et lieu opportuns. Et ledit promoteur proposa, énonça et affirma, en effet verbalement contre le même Gilles, accusé, toutes les choses, et chacune en particulier, qui sont contenues dans les positions et les articles ci-dessous. Lequel Gilles, accusé, dit alors, verbalement et sans écrit, qu'il en appelait des seigneurs évêque et vicaire de l'inquisiteur, ainsi que du promoteur. Il lui fut sur-le-champ répondu par lesdits seigneurs évêque et vicaire de l'inquisiteur qu'à un appel de ce genre, parce qu'il était frivole et n'était pas présenté par écrit, compte tenu de la nature de la cause et des causes de cet ordre, il ne pouvait être déféré de droit ; ce pourquoi les mêmes seigneurs évêque et vicaire de l'inquisiteur n'y déférèrent point, assurant qu'ils n'avaient pas accablé et qu'ils ne voulaient pas accabler ledit Gilles avec une mauvaise intention ; ils déclarèrent néanmoins qu'il serait procédé à la suite en la cause et en les causes de la foi contre ledit Gilles par eux-mêmes et par ledit promoteur.

À ce moment, ledit Gilles, accusé, nia la vérité desdits articles, contestant qu'il y eût matière à procès, sauf en ceci qu'il confessa avoir reçu le sacrement du baptême et avoir renoncé au diable et à ses pompes, assurant avoir été et être vrai chrétien ; sur lesquels positions et articles ainsi niés, et en la cause et les causes de cet ordre, le promoteur jura de ne pas calomnier et de dire la vérité ; et à l'intance du promoteur, ledit Gilles, accusé, fut prié de prêter le même serment ; ce que ledit Gilles, accusé, requis de faire de toute instance, averti et interpellé une, deux, trois et quatre fois par lesdits seigneurs évêque et vicaire, et menacé d'excommunication de droit dénia et refusa.

9 octobre

Tolle e lege : *Prends et lis, dit saint Augustin. Encore une fois le réconfort passe par le Livre II*[1].

Ces pages ont des résonances d'évangile et des lueurs de prémonition. Je pourrais croire par instant que c'est mon procès qu'il énonce, mon péché qu'il dénonce, ma rémission qu'il annonce.

« Maintenant, passons à l'opinion qui ne promet, non plus que la précédente, aux diables et à ses anges, la remise des souffrances éternelles, mais qui n'étend pas même cette grâce à tous les hommes et l'assure exclusivement à ceux qui, purifiés par le baptême de Jésus-Christ, auront communié à son corps et à son sang, qu'ils aient bien ou mal vécu, fussent-ils tombés dans l'hérésie ou l'impiété. Mais l'Apôtre réfute ce sentiment : "Les œuvres de la chair, dit-il, sont évidentes : Adultère, fornication, impureté, impudicité, idolâtrie, empoisonnements, inimitiés, jalousie, animosité, dissension, hérésie, envie, ivrognerie, débauches et autres infamies ; sur quoi je vous ai dit et vous redis encore que les auteurs de tels crimes ne posséderont point le royaume de Dieu." Cet oracle de l'Apôtre est menteur si, après telle expiation que l'on voudra, ces impies possèdent le royaume de Dieu...

» Le jugement sera sans miséricorde pour celui qui n'a pas "fait miséricorde". Et le Seigneur, à les entendre, ne distingue pas entre les péchés grands ou petits : "Votre Père, dit-il, vous remettra vos péchés si vous remettez à ceux qui vous offensent." Ils concluent donc qu'en quelque désordre que vive un pécheur jusqu'au jour suprême où il doit sortir du temps, en vertu de cette prière récitée chaque jour, ses crimes, si énormes qu'ils soient, chaque jour, lui seront remis, pourvu qu'il se souvienne, toutes les fois que le pardon d'une offense lui est demandé, de pardonner du fond de l'âme à l'offenseur. Ce double libertinage des sens et de l'impiété, étouffe par la grâce abondante de l'Esprit, toutes les révoltes que suscitent la concupiscence charnelle. La plupart,

1. *La Cité de Dieu.*

recevant d'abord le commandement de la loi, succombent aux assauts du vice et la violent, puis implorent l'assistance de la grâce qui, redoublant avec l'amertume du repentir l'ardeur du courage, soumet d'abord l'esprit à Dieu, pour rendre à l'esprit son empire sur la chair. Or, quiconque désire éviter les peines éternelles, il ne lui suffit pas du baptême ; il faut encore que, justifié en Jésus-Christ, il passe véritablement du diable à Jésus-Christ. »

*Oui, j'ai succombé aux tentations des œuvres de la chair et aux manœuvres de Satan. Fornication, impudicité, impureté, ivrognerie, débauche... Mais du fond de l'âme je pardonne à l'offenseur. Mais après l'*expiation que l'on voudra *je posséderai le royaume de Dieu. Car je suis passé véritablement du Diable à Jésus-Christ.*

Dans ce vol de migrateurs qui traverse très haut le ciel de Nantes, battent les ailes blanches et noires des cloches qui sonnent l'angélus de l'aube. Gilles à genoux au pied de son lit, la tête entre les épaules, répète son acte de contrition. Après s'être signé trois fois, il s'est relevé et s'est assis à sa table. Alors, de sa lourde écriture gothique où les pleins étouffent les déliés, il écrit :

11 octobre

Monsieur le Président, vous me demandez de parler. À quoi bon et pourquoi ? J'ai résolu de ne point répondre aux chefs d'accusation dont le promoteur déroule devant nous la macabre litanie. De ne point interroger les témoins. De ne plus récuser mes juges. Quand j'ai abordé un point de droit sur ce problème de récusation, je me suis entendu répondre que mon objection n'était pas valable. J'ai acquis la certitude que la procédure est l'aboutissement de cette conjuration orchestrée par Messire de Malestroit. La composition du Tribunal Ecclésiastique ne laisse aucun doute sur la nature et l'issue du procès. Tous ses membres sont des créatures, des obligés ou des complices de l'évêque de Nantes. Et ce n'est pas un hasard si mon lit est mitoyen d'une chambre de tortures. Je n'ai plus les moyens de me refuser à comparaître. J'ai encore le pouvoir du silence. C'est le seul que je puisse opposer à cette meute avant la curée. Je ne parlerai pas parce que tout me semble déjà décidé. Je ne parlerai pas parce que ce procès se déroule comme la répétition d'une pièce conformément aux enchaînements prévus par l'auteur. Les rôles sont distribués, la dramaturgie ordonnée, les répliques assurées, le dénouement connu par avance. Je ne parlerai pas parce que tout ce que je pourrai dire sera retourné contre moi. Aujourd'hui, ils en sont réduits à interpréter mon silence, et à en extraire des intentions qui me sont étrangères. Leur parler ? Que leur dire à ce ramassis de médiocres, canailles, assesseurs assermentés, figurants de moresques, valets de chiens tenus en laisse et dont Malestroit s'apprête à desserrer le collier pour l'hallali ? Je ne répondrai pas à leurs questions. Ce sacristain qui s'appelle Chapeillon, cet équarisseur qui s'appelle Coupegorge que pourraient-ils comprendre à mon âme et à ma vie ? Ces figures de carême pour qui l'existence d'un homme tel que moi est un perpétuel reproche à leur médiocrité. Je refuse de m'abaisser à me justifier des crimes exécrables dont on m'accable, sans autre raison que la volonté organisée de me condamner à mort pour s'emparer de mes biens.

EXTRAIT DES « MINUTES DU PROCÈS »

MARDI 11 OCTOBRE 1440

Le mardi 11 octobre, qui avait été assigné auxdits promoteur et Gilles de Rais, accusé, par lesdits évêques de Nantes et frère Jean Blouyn, vicaire de l'inquisiteur, lesdits seigneurs évêque et vicaire de l'inquisiteur, étant certains des causes énoncées, ne siégèrent pas en tribunal pour rendre droit ; mais ils ajournèrent la séance prévue pour ce mardi au jeudi suivant et assignèrent ce jour aux mêmes, au promoteur et à Gilles, accusé, afin de procéder à la suite en la cause et les causes de cet ordre, ainsi que de droit.

En lequel 11 octobre, les hommes et les femmes susdits se plaignirent de nouveau auxdits évêque de Nantes et vicaire de l'inquisiteur, douloureusement et dans les larmes, de la perte de leurs fils, ainsi qu'il a été largement exposé ci-dessus, dans la salle basse dudit château de la tour Neuve, les suppliant sur ce de pourvoir à la justice nécessaire et opportune.

J'avais inscrit en exergue de mon essai de traduction du Livre II, une formule qui a gardé intacte sa manne de lumière :

Qui laetificat juventutem meam
Ce Dieu qui a emparadisé ma jeunessse.

« Nous disons donc qu'il n'est d'autre bien que Dieu, dans son unité, sa vérité et sa béatitude ; et quand à ses œuvres, qu'elles sont bonnes, en tant que faites par lui, muables néanmoins en tant que tirées non de lui, mais du néant. Elles ne sont donc pas le bien par excellence, car Dieu est un bien plus grand ; elles sont toutefois de grands biens, malgré leur mutabilité, ces créatures qui, pour être heureuses, peuvent embrasser le bien immuable ; bien tellement leur bien que sans lui elles sont nécessairement malheureuses. Nous sommes appelés à l'espérance de la vie éternelle que Dieu, toujours fidèle à sa parole, a promise avant les temps éternels, et il a manifesté son Verbe en son temps[1]*. »*

Ma lecture – et ses prolongements dans ma réflexion – est devenue rite quotidien, réflexe de défense et voilier d'évasion.

Vous le savez, les juges me convoquent à l'heure tierce. Trois heures du matin, c'est l'heure de la mort, me disait le prieur des Frères mineurs a Bourgneuf-en-Retz. Quand j'arrive dans la salle d'audience, je vois des yeux liserés de rouge, mi-clos sur des faces bouillies de suif. Ils viennent d'être arrachés à leur sommeil. Moi j'ai dormi. Un peu. Prié. Beaucoup. Et avant de les affronter, je relis La Cité de Dieu. *Je suis nourri de paraboles lyriques et d'effusions bibliques, qui éveillent en moi les saveurs oubliées et les sonorités assoupies de mes versions latines.*

J'y guette un signe, un présage. Je mesure l'abîme qui sépare les paraboles des Prophètes de ces croassements d'oiseaux charognards.

« "Ils n'ont de goût que pour les choses de la terre" : et "n'avoir de goût que selon la chair, c'est la mort" : ceux enfin que le Seigneur appelle chair quand il dit : "Mon esprit ne demeurera plus avec ces hommes, car ils ne sont que chair." – "Plusieurs seront blessés par le Seigneur", ajoute le prophète ;

1. Idem.

cette blessure sera la seconde mort. Le feu, le glaive et la blessure peuvent toutefois se prendre en bonne part. Le Seigneur ne dit-il pas qu'il est venu apporter le feu dans le monde ? Et les disciples ne virent-ils pas comme des langues de feu se diviser quand sur eux descendit l'Esprit-Saint ? "Je ne suis pas venu, dit encore le Seigneur, apporter la paix sur la terre, mais le glaive.". »

« Je suis venu apporter le glaive », a dit le Seigneur...

Il est des soirs où défilent par colonnes dans ma chambre des soldats défunts que j'ai occis au cours des combats. Des Anglais, des routiers, des Bourguignons, des brigands.

Encore des Anglais, conduits par Blackburn. Ils entrent nus, le corps gluant de sang, suintant leurs purulences, couturés de hideuses cicatrices. Quelques-uns portent comme saint Denis, leur tête entre leurs mains. D'autres se traînent, désignant la plaie ouverte où ma dague a traversé leur gorge.

Ils parlent, ils me disent : « Assassin qui t'a donné le droit de m'arracher à la terre. » J'ai trouvé la réponse dans le Livre II :

« L'autorité divine a établi certaines exceptions à la défense de tuer l'homme. Quelquefois Dieu ordonne le meurtre soit par une loi générale, soit par un commandement temporaire et particulier. Or celui-là n'est pas moralement homicide qui doit son ministère à l'autorité ; il n'est qu'un instrument, comme le glaive dont il frappe. »

Et quand un soir de ma solitude recluse j'ai touché le fond du désespoir et de la rage, j'ai été tenté de m'arracher moi-même à la terre, c'est encore saint Augustin qui a détourné de ma poitrine la dague brandie par ma main.

Un chrétien a souvent le devoir d'affronter la mort. Il n'a jamais le droit de la devancer.

« S'il n'est point permis de tuer de son autorité privée, pas même un criminel, car aucune loi n'accorde ce droit à personne, assurément celui qui se tue lui-même est homicide ; et d'autant plus coupable en se donnant la mort qu'il l'est moins dans la cause pour laquelle il se condamne à mourir lui-même. En se tuant, il tuerait donc un innocent, pour prévenir en lui le crime d'un autre ? Il commettrait contre lui-même un attentat personnel pour qu'un attentat étranger ne fût pas commis sur lui ? Il craint peut-être d'être souillé par l'impureté étrangère ; cette impureté ne peut le souiller : s'il en est souillé, elle n'est plus étrangère. »

Je ne tuerai pas un innocent pour prévenir en lui le crime d'un autre.

« Et le cœur d'un desdits enfants, avec du sang, en un vase de verre, et l'offrit au démon Baron, en signe d'hommage et tribut, et fit offrir par ledit François Prelati en son nom, le dit François, de ce averti et invoquant le malin esprit, ainsi qu'il est dit, et qu'ainsi fut et est vrai [1]. »

Gilles relut à voix haute l'alinéa. Ses mains tremblaient, des larmes hésitaient entre ses cils, il bredouillait :

– J'atteste Dieu Messire, que jamais au grand jamais... Ces gens-là sont immondes. Tous les articles concernant la magie ont été gonflés et déformés. Pour eux la magie est une sorte de sabbat avec sacrifices humains. Et le Démon se nourrit de cœurs d'enfants. Et comment aurai-je pu égorger des enfants avec un bras où était incrusté un fragment de la Vraie Croix ?

EXTRAIT DES « MINUTES DU PROCÈS »

47. *Item*, qu'attendu lesdits crimes, excès et délits, par ledit Gilles de Retz commis et méchamment perpétrés, ledit Gilles a encouru sentence d'excommunication et autres peines contre tels audacieux Aruspices, devins malfaisants, invocateurs et conjurateurs des mauvais esprits, fauteurs, recéleurs, croyants, et défenseurs des arts magiques, illicites et prohibés, pour, ledit Gilles, en l'hérésie être tombé et avoir été et être relaps, avoir offensé la Majesté divine et commis le crime de lèse-Majesté divine, contre les préceptes du Décalogue, les rites et observances de Notre-Sainte-Mère l'Église, damnablement semé les plus grandes erreurs contre les fidèles chrétiens, et autrement gravement et indignement violé la juridiction dudit Révérend Père en Dieu l'Évêque de Nantes, et qu'ainsi fut et est vrai et notoire.

33. *Item*, qu'audit temps des 14 ans plus ou moins, ledit Gilles, accusé, fut en conversation avec des devins et hérétiques et à ce perpétrer les sollicita plusieurs fois, et avec eux communiqua et participa à leur dogme, demanda et lut les livres des arts prohibés et les étudia, et toute son intention, espérance et esprit y apporta et fixa en ses damnables dogmes et autres voies pour invoquer les mauvais esprits, et les conclusions des devins et des invocateurs mettait en dogme, et que ainsi fut et est vrai.

1. Extrait des « Minutes du procès ».

33. *Item*, que ledit Gilles de Retz, accusé, audit temps des 14 ans plus ou moins, fut en la compagnie des invocateurs et conjurateurs des mauvais esprits et sorciers, avec eux conversa, les reçut, favorisa, défendit, et crut aux arts magiques, géomancie et négromancie, par la loi divine et civile prohibés, et en favorisa le dogme, et ainsi fut et est vrai.

Gilles relut lentement en cochant à lourds traits de plume les erreurs des dates et les ellipses du copiste. Rajouta un R à Barron, raya avec un haussement d'épaules les « j'ai entendu dire », les « plus ou moins » et « les environs ». Il froissa rageusement les papiers, les jeta au feu. Dans la flamme convulsée des parchemins flambaient les vapeurs violettes de l'athanor sur les grands fourneaux de la Chambre Basse.

Item, dit et confessa, ledit Gilles, accusé, qu'il voulut aller avec ledit François à une invocation ce que ledit François ne voulut, et à son retour de ladite invocation dit audit Gilles que s'il était venu avec lui, il aurait encouru un grand péril, car il y était apparu un serpent dont il avait eu grande crainte ; ce qu'entendant ledit Gilles, il fit prendre un morceau de la Vraie-Croix qu'il avait, et voulut aller au lieu de ladite invocation où ledit François disait avoir vu le serpent, ce qu'il ne fit pas parce que ledit François l'en empêcha.

Item dit et confessa ledit Gilles de Retz, accusé, qu'à une des trois invocations où il fut en personne avec ledit François, celui-ci dit audit Gilles qu'il avait vu Baron qui lui avait montré une grande quantité d'or, et entre autre un lingot d'or, mais dit ledit accusé qu'il ne vit le diable, ni le lingot, mais seulement une certaines manière d'oripeau en forme de feuille ou feuilles d'or, mais qu'il n'y toucha pas[1].

13 octobre

Messire,

Je sors de l'audience et je reprends ma confidence interrompue par leur parodie de justice. Je ne sais plus comment s'appelait cet évocateur à face de blaireau et à barbe de druide qui a débarqué à Tiffauges un soir de carême. Ce grand flandrin

1. Idem.

hirsute qui sentait le lait aigre et le furet. Le premier soir il s'est vanté de faire venir le Diable. Quand ? Demain... Le lendemain – comme Prelati – il a dessiné des signes, des sphères et des cercles, marmonné quelques orémus coupés d'abracadabras.

– Entrez, Messire

J'ai pénétré dans le cercle.

– Et surtout pas de signe de croix. Vous signer, c'est comme lui interdire votre porte.

Mon ami Gilles de Sillé a sorti de son pourpoint une image de Marie et s'est signé avec ostentation.

– N'approchez pas, dit l'évocateur, vous le feriez fuir.

Sillé a reculé jusqu'à la fenêtre.

... J'avais peur, je tremblais si fort qu'en voyant l'image de Marie dans les mains de Sillé j'ai récité tout bas l'Alma Redemptor. L'évocateur se fâche :

– Sortez tous les deux. Il va descendre. Il est furieux.

Sillé saute par la fenêtre. Quand j'ai entendu un bruit de pas sur le toit, je me suis signé. J'ai descendu l'escalier, j'ai retrouvé Sillé dans la cour. Et l'épouvante nous a figé tous les deux parce que nous entendions des supplications, des gémissements. Et bientôt les hurlements de l'évocateur.

– Arrêtez, je vous en conjure, arrêtez, pour l'amour de Dieu !

Les coups redoublaient. Nous entendions distinctement le choc de la tête contre le mur. Et nous restions là, effarés, effrayés. Les dents qui claquent et l'âme en chamade. J'ai dit à Sillé :

– Il faut quand même aller voir !

Et nous sommes remontés plus morts que vifs. L'évocateur était étendu, couvert de sang. Je lui soulevai la tête sur mes genoux. Il a bredouillé :

– J'ai cru qu'il allait me tuer.

Il râlait. Nous l'avons pansé, soigné. Et j'ai envoyé chercher un chapelain pour qu'il lui administre les sacrements. Il est resté huit jours entre la vie et la mort. C'est à son chevet que Sillé m'a dit :

– Il faut faire chanter un office en hommage aux esprits.

Je lui ai répété que c'était un sacrilège, une offense au Christ. Et puis j'ai pensé qu'on pouvait insérer cet office pendant la Fête des Morts, qui est aussi un hommage aux esprits. Et pour désarmer la colère de Satan, je lui ai offert l'office de la Toussaint. Il ne s'est même pas dérangé. Et cette messe noire a scandalisé tous mes clercs. Au bout du compte, le seul signe visible et durable de la colère de Satan se réduisait aux ecchymoses, aux éraflures et aux cicatrices de l'évocateur.

> *Item*, dit et confessa ledit Gilles, accusé, qu'à faire lesdites invocations il y avait un cercle, croix et caractères, faits sur la terre, et que ledit François avait un livre qu'il avait apporté, auquel il y avait les noms de plusieurs démons, et paroles pour conjurer et invoquer les démons, desquels noms et paroles il ne se souvient, lequel livre ledit François tenait et lisait durant lesdites conjurations et invocations, et ce pendant 2 heures environ pour chacune, et qu'à aucune desdites invocations, lui, accusé, ne vit et aperçut aucun diable et ne put leur parler, de quoi il fut très irrité et déplaisant [1].

Aujourd'hui, avec le recul, je mesure la vanité de mon entreprise. Les évocateurs m'ont berné. Ils n'en voulaient qu'à ma fortune. Ma réputation de générosité et de crédulité servait d'appeau. Ces grands coups sourds dans la nuit, ces visages truffés, ces balafres, ces cicatrices, c'étaient des artifices de théâtre et des ruses de bateleurs. Le Démon ne m'est jamais apparu.

– Écoutez ! me disait François... Et j'entendais des craquements sur le toit, comme si un animal énorme traversait les tuiles en descendant vers la lucarne de la poterne. Les pas s'étaient arrêtés, je n'entendais que le vent dans les ramures et les sanglots de la hulotte qui appelait ses filles dans la nuit.

Puis les pas reprenaient sur nos têtes, je n'entendais plus que les battements de mon cœur, et c'est là que j'ai pour la première fois eu le pressentiment d'une comédie. On se jouait de moi.

J'ai dit à Prelati :

– Satan ne viendra pas, je suis sûr qu'il ne viendra jamais. Il se moque de moi. À quoi bon perdre du temps et mon argent. Pourquoi vient-il toujours en mon absence ?

– C'est très simple, Messire, répondait Prelati de sa voix de contralto qui faisait chanter les voyelles italiennes. Il ne viendra pas tant que vous vous obstinerez à refuser d'engager votre salut. Ah, si seulement vous consentiez...

J'ai refusé. J'en fais le serment sur les Saints Évangiles. Et vous savez bien que le promoteur escamote cette vérité capitale

---

1. Idem.

dans un procès d'hérésie : je n'ai jamais pu me résoudre à renier la Sainte Vierge. Et à renoncer à mon salut. Les esprits malins se sont détournés de moi, mais de malins esprits m'ont abusé : les invocateurs, les incantateurs, les magiciens, tout le monde m'a trompé. Tous m'ont dit :

– Jamais Satan n'apparaîtra tant que vous entrerez dans le cercle magique bardé d'images pieuses avec un morceau de la Vraie Croix. Tant que vous formulerez vos restrictions, le Diable refusera de vous apparaître.

Renoncez à votre salut et Belzébuth arrivera avec ses sacs d'or... Je n'ai jamais pu me résoudre à faire don de mon âme. Alors Bélial, Satan, Belzébuth et Barron ne se sont jamais montrés. Ils ne m'ont envoyé que des poudres dorées qui avaient l'apparence de l'or et devenaient poussière sous mes doigts.

13 octobre 1440

Messire,

J'ai appris que vos enquêteurs du Tribunal séculier[1] *ont mis leurs pas dans les pas des sicaires de Malestroit.*

Qu'ont-ils trouvé vos Touscheronde et vos Gouraud ? Qu'ont-ils détecté, déniché, découvert au cours de leur exploration ? Rien, pas un indice. Pas une dent. Pas un vestige, pas un cheveu. Pas un témoin qui puisse dire : « J'ai vu ». Pas une mère en pleurs qui clame : « Voilà la robe souillée de sang de ma fille morte. » Pas un père qui vienne apporter un cœur d'enfant arraché de la poitrine et enveloppé dans un linge maculé.

Je vous suggère de renoncer à poursuivre des limbes. Et j'aurais préféré que vous abandonniez de vous-même ces exhumations sans cadavres que rien ne justifie.

GILLES DE RAIS INSULTE SES JUGES. IL EST RÉPUTÉ CONTUMACE ET EXCOMMUNIÉ ; SA DEMANDE D'APPEL EST REJETÉE

Le jeudi déjà indiqué, 13 octobre, devant lesdits seigneurs évêque de Nantes et frère Jean Blouyn, vicaire dudit inquisiteur, siégeant en tribunal pour rendre droit, dans la grande salle

1. Le Tribunal séculier produit son enquête parallèlement aux investigations du Tribunal ecclésiastique.

supérieure et à l'heure prévue, à savoir à l'heure du tierce, comparurent personnellement en jugement ledit Maître Guillaume Chapeillon, promoteur, demandeur, d'une part, et le susdit Gilles, accusé, d'autre part, pour satisfaire à l'assignation du terme de cet ordre, étant instruit par ledit frère Jean Blouyn du pouvoir et de la juridiction qui lui appartenaient comme il est dit ci-dessous à la suite.

Ledit promoteur donna, produisit et développa contre ledit accusé certains articles et certaines positions, mis par écrits, concluant dans la teneur ci-dessous écrite ; au sujet desquels ledit promoteur demanda pour ledit Gilles, accusé, que chacun desdits articles fussent lus judiciairement audit Gilles, accusé, par vénérable et circonspecte personne, messire Jacques de Pencoëtdic, official de Nantes, docteur en l'un et l'autre droits, du mandement desdits seigneurs évêque et vicaire de l'inquisiteur susdit, afin de répondre distinctement, en langue française, de point en point et sous la foi du serment, à ce qui est dit dans les positions et les articles, pour autant qu'il s'agissait de positions et d'articles, et afin, s'il le voulait, de dire et d'objecter contre eux, certain terme péremptoire étant fixé et assigné de façon convenable par lesdits seigneurs évêque et vicaire de l'inquisiteur au même Gilles, accusé, pour dire et objecter contre ces mêmes articles, ce même Gilles, accusé, devant être interrogé lui-même par les mêmes seigneurs évêque et vicaire de l'inquisiteur sur le point de savoir si le contenu desdits articles était vrai.

Alors les mêmes seigneurs évêque et vicaire de l'inquisiteur, sur l'instance dudit promoteur, interrogèrent ledit Gilles, accusé, pour savoir s'il voulait lui-même répondre à ces mêmes positions et articles ou les contredire, ou débattre à leur sujet. Lequel dit et répondit, avec orgueil et hauteur, ne pas vouloir répondre à ces mêmes positions et articles, affirmant que lesdits seigneurs évêque et vicaire de l'inquisiteur n'avaient jamais été et n'étaient point ses juges, et qu'il en appellerait. Et de plus, parlant alors de façon irrévérencieuse et malhonnête, ledit Gilles, accusé, déclara que lesdits seigneurs évêque de Nantes et frères Jean Blouyn, vicaire de l'inquisiteur, et tous les autres ecclésiastiques étaient des simoniaques et des ribauds ; qu'il aimerait mieux être pendu la corde au cou que répondre à de tels ecclésiastiques et à de tels juges, et qu'il tenait pour intolérable de comparaître devant eux. Et comme le susdit official de Nantes et prudent homme Maître Geoffroy Piperier, chefcier de Notre-Dame-de-Nantes, au nom et lieu dudit promoteur, à ce député par lesdits seigneurs évêque de Nantes et vicaire de l'inquisiteur susdit, exposait en français audit Gilles, accusé, certains passages du contenu desdits articles et desdites dépositions, ledit Gilles, accusé, démentit avec irrévérence lesdits official et chefcier, et se tournant vers ledit seigneur évêque, il lui lança ces paroles en français : « Je ne feroye rien pour vous comme evesque de Nantes. »

Ensuite, à l'instance dudit promoteur, lesdits seigneurs évêque de Nantes et frère Jean Blouyn, vicaire de l'inquisiteur susdit, interrogèrent ledit Gilles de Rais, accusé, pour savoir si, verbalement ou par écrit, il voulait dire et objecter contre lesdits articles et positions, ajoutant qu'un autre terme convenable lui serait assigné pour dire contre lesdits articles. Alors le même Gilles de Rais, accusé, dit et répondit qu'il ne voulait rien dire contre lesdites positions et lesdits articles.

Sur quoi, à l'instance et à la requête du promoteur, lesdits seigneurs évêque et vicaire de l'inquisiteur sommèrent, requirent et interpellèrent ledit Gilles, accusé, et aussi dits articles à lui exposés, lus et récités, comme il a été rapporté, en langue française. Lequel Gilles, accusé, refusa de leur répondre assurant qu'il connaissait la foi catholique aussi bien que ceux qui avaient donné et proposé lesdits articles contre lui, et qu'il était aussi bon chrétien et vrai catholique qu'eux-mêmes, avouant et disant que s'il avait lui-même commis les choses données et proposées contre lui, déclarées et désignées dans lesdits articles, lui-même aurait directement commis un crime contre la foi catholique et en aurait dévié, et que, sur ce point, il ne pouvait prétexter l'ignorance. Et il dit qu'il ne voulait jouir d'aucun privilège ecclésiastique et qu'il s'étonnait que ledit Maître Pierre de L'Hôpital, président de Bretagne, permît que lesdits seigneurs ecclésiastiques pussent connaître de tels crimes ainsi proposés contre lui et pussent ainsi proposer contre lui-même des choses abominables.

Ensuite, ledit frère Jean Blouyn, vicaire dudit inquisiteur, exhiba et produisit judiciairement certaines lettres patentes dudit religieux homme frère Guillaume Mérici, de l'ordre des Frères Prêcheurs, professeur de théologie, inquisiteur de l'hérésie au royaume de France, député par autorité apostolique ; lesquelles lettres étaient scellées de son propre sceau de cire rouge sur queue de parchemin pendante ; lesquelles lettres, en la présence dudit Gilles furent lues publiquement par lesdits seigneurs évêque et vicaire. Ensuite, après la production et l'exhibition desquelles lettres, le révérend père, évêque de Nantes et frère Jean Blouyn, vicaire de l'inquisiteur susdit, interrogèrent le susdit Gilles de Rais pour savoir si, oralement ou par écrit, il avait quelque chose à dire ou à objecter contre ces mêmes lettres ; lequel dit et répondit avec hauteur qu'il ne voulait rien dire contre elles. L'écriture, le seing, le sceau et la souscription ayant été authentifiés par des témoins dignes de foi en la présence dudit Gilles, accusé, ces lettres furent déclarées suffisantes par lesdits seigneurs évêque et vicaire de l'inquisiteur.

De quoi ledit promoteur nous requit de faire, nous, notaires publics et scribes, un et plusieurs instruments publics.

Présents révérend père en Dieu, seigneur Jean Prégent, évêque de Saint-Brieuc, Maître Pierre de L'Hôpital, président de Bretagne, Robert de La Rivière, ainsi que le susdit noble homme

Guillaume de Grantbois, écuyer, Jean Chauvin, bourgeois de Nantes susdit, Maître Renaud Godelin, licencié en droit, clerc du diocèse de Rennes, Guillaume de Montigné, avocat de la cour séculière de Nantes, et plusieurs autres témoins spécialement priés et requis.

Signé : *Jean Delaunay, Jean Petit, Guillaume Lesné*[1].

14 octobre 1440

Messire,

Ainsi l'écriture, le seing, le sceau et la souscription sont authentifiés par des témoins dignes de foi. *Est-ce que les mots auraient perdu leur sens ?*

Je vous ai déclaré et je ne voulais exciper d'aucuns de mes privilèges ecclésiastiques. Je vous ai dit à l'audience et je vous redis ce soir mon étonnement qu'un magistrat de votre rang et de votre conscience puisse assister impavide à des débats où se fondent, comme dans un chaudron de sorcière, l'inanité, l'insanité et l'iniquité.

Que vous tolériez de voir mener contre moi une action parodique qui a le mensonge pour argument et la spoliation pour finalité.

Vous n'avez pas protesté contre le rejet de mon pourvoi. Rejet motivé par un prétexte dérisoire. Le tout noyé dans un galimatias de cuistres primaires. Du genre : « S'il voulait les produire en la cause et les causes de cet ordre », etc. Et vous êtes resté de marbre à l'annonce de mon excommunication, vous qui connaissez ma ferveur et ma foi et ma fidélité à l'église.

Messire, sur la douleur qui m'étouffe ce soir pèse d'un poids mortel la chape de votre silence.

« Et puis, quelle est cette interprétation "du supplice éternel" par un feu qui doit longtemps durer "et de la vie éternelle" par une vie qui ne doit pas finir quand, au même instant et par la même pensée, Jésus-Christ comprend l'un et l'autre ? "Ainsi ils iront, les impies, au supplice éternel, et les justes à la vie éternelle." Si l'un et l'autre est éternel, ou l'un et l'autre durera longtemps pour finir, ou l'un et l'autre durera toujours et sans

1. Extrait des « Minutes du procès ».

fin. La parité est établie entre l'éternité du supplice et l'éternité de la vie. Mais dire d'un seul mot : La vie éternelle sera sans fin, et le supplice éternel finira, n'est-ce pas le comble de l'absurde ? Or, comme la vie éternelle des saints n'aura pas de fin, il est indubitable que le supplice éternel des damnés ne saurait finir. »

La menace d'excommunication m'a ramené à La Cité de Dieu *que je continue d'annoter moins pour étayer ma défense que pour conforter ma foi. Les nouvelles orientations du procès, le foisonnement des mensonges, les mailles et les rets de cette tapisserie de basse lice qui tresse chaque jour de nouvelles hydres et de nouveaux pièges me rejettent chaque nuit entre les Livres d'Heures et saint Augustin. La dernière phrase s'est greffée en moi comme une écharde : « Le supplice éternel des damnés ne saurait finir. » Quoiqu'il puisse m'en coûter, j'échapperai à ce supplice. J'entrerai au royaume de Dieu.*

« Et Dieu n'ignorait pas que l'homme devait pécher, et, désormais tributaire de la mort, engendrer des hommes destinés à mourir ; des hommes qui porteraient si loin la fureur du crime, que, dans leur famille, des brutes privées de volonté raisonnable, sorties de la terre et des eaux plusieurs à la fois, vivraient entre elles d'une vie plus paisible et plus sûre que l'homme venu d'un seul, l'homme que son origine même exhorte à la concorde. Car jamais lions et dragons se sont-ils fait une aussi cruelle guerre que les hommes ? Mais Dieu prévoyait aussi qu'appelé par sa grâce à l'adoption, délié du péché et justifié par l'Esprit-Saint, la dernière ennemie, la mort, étant détruite, le peuple fidèle jouirait, dans la société des saints anges, de l'éternelle paix ; et qu'à ce peuple d'élite profiterait cette considération, que Dieu, pour témoigner aux hommes combien l'unité en plusieurs lui est agréable, tire d'un seul homme la source du genre humain.

» Le Fils de l'homme enverra ses anges ; ils retrancheront de son royaume tous les scandales et tous les artisans d'iniquité, pour les précipiter dans la fournaise ardente : là il n'y aura que pleurs et grincements de dents. Alors les justes resplendiront comme le soleil dans le royaume de leur Père. »

Je vous le dis Messire, je vous le dis solennellement, et je vous conjure de me croire, si l'inquisiteur me demandait de reconnaître par écrit, sous la foi du serment, que j'ai tué mon père et violé ma mère, je le ferais sans hésiter, si cette abjuration me permettait de lever l'excommunication. Alors qu'importe pour moi ce manteau cousu de cendres et de sang dont on m'affuble aujourd'hui.

Samedi 15 octobre 1440
PREMIERS AVEUX. PREMIERS TÉMOINS[1]

Le samedi 15 octobre, comparurent personnellement en jugement devant lesdits révérend père en Dieu le seigneur évêque de Nantes, et frère Jean Blouyn, vicaire de l'inquisition. La Tour Neuve, le matin, à l'heure de tierce, siégeant en tribunal afin de rendre droit, ledit Maître Guillaume Chapeillon promoteur, demandeur, d'une part, et Gilles de Rais, chevalier et baron, accusé susdit, d'autre part.

Et à la demande dudit promoteur, les susdits seigneurs évêque de Nantes et frère Jean Blouyn, vicaire de l'inquisiteur, dirent audit Gilles de Rais, accusé, que bien qu'il ait dit par ailleurs qu'il ne voulait rien dire ou objecter contre lesdits articles et positions, ils l'admettraient néanmoins, dans la mesure où ils lui avaient déjà offert de l'admettre à dire ou à objecter. Lequel répondit ne rien vouloir dire ou objecter contre lesdits articles, et à la demande dudit promoteur, lesdits seigneurs évêque de Nantes et frère Jean Blouyn, vicaire de l'inquisiteur, interrogèrent ledit Gilles, accusé, pour savoir s'il voulait dire ou proposer quelque chose et contester que les seigneurs évêque de Nantes, et frère Jean Blouyn, vicaire, fussent ses juges en la cause et les causes de cet ordre. Lequel accusé dit alors que non ; bien plus, il voulut et il veut consentir que lesdits révérend père en Dieu, le seigneur évêque de Nantes et frère Jean Blouyn, vicaire, avaient été et étaient ses juges compétents en la cause et les causes, bien plus, il voulut et veut admettre que lesdits révérend père en Dieu, le seigneur évêque de Nantes et frère Jean Blouyn, vicaire de Guillaume Mérici, inquisiteur susdit avaient été et étaient en la cause et les causes de cet ordre ses juges compétents, confirmant et approuvant leur juridiction, comme il la confirma, et il consentit à les reconnaître eux-mêmes, et celui d'entre eux qu'il leur plairait, en tant que tels, et il avoua spontanément avoir commis et méchamment perpétré les crimes et délits énoncés dans leur juridiction, et il sollicita humblement, dévotement et en larmes, des susdits seigneurs évêque de Nantes et frère Jean Blouyn, vicaire, et de tous les autres ecclésiastiques dont il avait mal et indiscrètement parlé, de lui accorder le pardon des injures et des paroles blessantes à leur adresse, et il avoua sa honte de les avoir proférées. Lesquels seigneurs évêque de Nantes et vicaire de l'inquisiteur concédèrent le pardon desdites injures à ce même Gilles, accusé, et ils les lui remirent, pour l'amour de Dieu.

Ensuite, en la présence dudit Gilles de Rais, accusé, entendant et comprenant et à ce consentant expressément, ledit promoteur,

1. Idem.

demandeur, sollicita avec instance des susdits seigneurs évêque de Nantes et vicaire de l'inquisiteur d'être admis à faire la preuve des articles susdits ; lesquels seigneurs évêque et vicaire, à la demande dudit promoteur, déclarèrent lesdits articles et positions admissibles à cet effet. En conséquence le susdit promoteur demanda qu'aux positions et aux articles susdits et à chacun d'eux ledit Gilles, accusé, répondît. Lequel, sous la foi du serment, répondant auxdits articles et positions, avoua spontanément et déclara être vrais les contenus des premier, second, troisième, quatrième, huitième, neuvième, dixième, onzième et quatorzième articles exposés dans l'ordre et en français par le révérend père seigneur Jean Prégent, évêque de Saint-Brieuc, du mandement desdits seigneurs évêque de Nantes et vicaire de l'inquisiteur susdit, et notamment qu'il avait existé et qu'il existait une église cathédrale de Nantes et que, selon la teneur du troisième article, ledit révérend père, seigneur Jean de Malestroit était le véritable évêque de cette même église ; que de ce même seigneur évêque, lui-même était au spirituel le sujet et le justiciable ; d'autre part, que les châteaux forts de Machecoul et de Saint-Étienne-de-Mer-Morte étaient situés dans les limites dudit diocèse de Nantes. Item, il confessa spontanément avoir reçu le sacrement mais qu'il n'avait jamais évoqué ni fait évoquer les malins esprits, ni offert ou fait offrir quoi que ce fût en sacrifice à ces esprits ; et qu'il avait reçu un certain chevalier d'Anjou, alors emprisonné pour cause d'hérésie, un certain livre sur l'art de l'alchimie et sur l'évocation des démons, qu'il avait lu plusieurs fois, faisait et avait fait lire publiquement à Angers, dans une certaine salle devant plusieurs auditeurs ; qu'il avait parlé avec ledit chevalier alors en prison, de la pratique dudit art d'alchimie et de l'évocation des démons ; lequel livre il dit avoir rendu audit chevalier et ne pas l'avoir gardé longtemps par devers lui. En outre, ledit Gilles de Rais, accusé, confessa avoir exercé ledit art de l'alchimie pendant un certain temps et l'avoir fait exercer par certains Lombards, nommés Antoine et François, et par un certain orfèvre de Paris et qu'exerçant et expérimentant ce genre d'art, il avait congelé et fait congeler du mercure, qu'il affirmait être du vif argent, et qu'il avait fait plusieurs autres expérimentations concernant cet art, qu'il avait cru et croyait parvenir à des résultats dans ledit art, si ne s'y fût opposée l'arrivée du seigneur dauphin de Viennois audit lieu de Tiffauges, où il avait fait construire et préparer des fours pour l'exercice dudit art, qui, lors de cette arrivée, furent démolis. Quant aux autres faits contenus et narrés dans les articles préinsérés, le susnommé Gilles de Rais, accusé, les nia être vrais ; il nia de même les évocations des malins esprits dont il est fait mention dans les articles préinsérés, disant et assurant que, dans le cas où cela serait prouvé par des témoins que produirait contre lui ledit promoteur aux causes, et aux dépositions desquels il voulut croire et se tenir comme ci-dessous, ou que par ailleurs, il eût évoqué ou fait évoquer les démons, ou conclu un pacte avec, ou leur eût sacrifié, ou fait sacrifier ou fait faire des oblations, alors dans ce cas-là, il s'offrait spontanément à subir l'épreuve du feu. En outre, ledit Gilles de Rais, accusé, voulut spontanément que ledit promoteur pût produire contre lui des témoins en la cause et les causes de cet ordre, sur les faits énoncés dans les articles par ledit promoteur, pour une plus large déclaration des choses contenues dans les articles prescrits et d'autres choses non énoncées dans ces articles, et que leurs dépositions valussent ; auxquelles également le même Gilles voulut croire. Sur quoi, ledit promoteur demanda à être admis par le révérend père en Dieu, le seigneur évêque de Nantes et le vicaire dudit inquisiteur, en présence du susdit Gilles de Rais, accusé, entendant et comprenant, à prêter serment de ne pas recourir à la calomnie. Alors lesdits seigneurs évêque et vicaire jugeant que lesdits promoteur et Gilles, accusé, tous deux le sollicitant, devaient être admis à prêter ledit serment, les admirent à le faire.

« Pour une plus large déclaration des choses contenues dans ces articles prescrits... Et d'autres choses non énoncées dans ces articles... » Si nous les énoncions, ces choses non énoncées ?

Il n'est jamais question d'argent dans ce procès. Et pourtant ma fortune et mes biens sont assis chaque jour à mes côtés sur le banc des accusés. Ils fortifient à chaque audience les vertus théologales de l'évêque. Sinon la foi au moins l'espérance (j'entends espérances au sens héritage). C'est pourquoi je souhaite vous éclairer sur la façon dont j'ai émietté mon patrimoine. Dilapidé comme dit le roi de France. Il a couru tant de rumeurs insanes à ce sujet.

Mes domaines ont été engloutis dans deux gouffres qui sont aussi deux sommets. Leurs noms sont souvent accolés sur la même flamme. Dieu et le Roi. C'est au service de l'Église et des armées du Dauphin que j'ai consacré la plus grande partie de mes revenus avant d'émietter mes fiefs. Ainsi j'entretiens, à Machecoul et à Tiffauges, les membres de mon clergé, abbés, vicaires, doyens, diacres, écolâtres et enfants de chœur. Soixante personnes.

Autant pour la Collégiale avec les chanteurs, ceux-là participaient à tous les voyages pour célébrer la gloire de Dieu. Et j'en ai rétribué, certains jusqu'à quatre cents écus par mois.

Vous trouverez dans mes archives les pièces relatives à la création de la Fondation des Saints-Innocents.

J'ai créé la première chorale du royaume. À deux reprises le roi m'a demandé ma psallette pour ses offices. Je lui ai offert. Pas loué... À cette occasion, j'ai acheté pour mes chanteurs deux cents robes d'écarlate fourrées de vair, et deux cents chapeaux de feutre gris.

Rien n'a été assez beau pour la parure de la chapelle. J'ai payé un lot de chapes d'or jusqu'à quatorze mille écus. Ajoutez l'entretien des bâtiments, les vitraux, les peintures, les dons en nature, l'aumônerie, le denier du culte. Voilà pour le service de l'Église. Ajoutons – pour le service de Dieu – que j'ai toujours tenu table ouverte à tout venant, accueilli tout voyageur inconnu, gueux ou prince, vilain ou bourgeois, troubadour ou brigand qui frappait à ma porte. Ce que les théologiens appellent le « couvert du pauvre ». En quinze ans, il en est bien passé trois mille. Enfin, depuis des années, j'ai feint d'oublier les redevances des villages. Parce que je les sais misérables. Je n'ai jamais prélevé de dîme. La saignée opérée par Le Féron sur les manants de Malemort a été le ferment de ma colère. Donc de mes malheurs.

J'en arrive au service du Roi. À la demande de mon cousin, La Trémoille j'ai levé une armée pour rejoindre Chinon. Et là j'ai amené au roi de quoi nourrir trois mille hommes. J'ai payé la plus grande part de cette croisade qui a commencé à Blois et fini à Reims. J'ai entretenu, pendant quinze ans, des centaines de cavaliers pour faire face aux ennemis du royaume. Voilà pour le service du Roi.

Pour le service de Jeanne, j'ai poursuivi la guerre avec elle, j'ai été à Senlis avec elle. J'ai levé et entretenu deux compagnies et je les ai menées au combat à Orléans comme à Patay, à Lagny comme à Louviers. Je n'en finirai pas de vous énumérer mes charges civiles, religieuses ou militaires.

À mon retour d'Orléans, j'ai appris que mon frère, René de La Suze, s'était rendu à Chinon avec mon cousin André de Laval. Ils avaient remis au roi un mémoire concluant à ma folie en s'appuyant sur les excès de mes prodigalités. Le Roi qui connaissait mes marchés avec Malestroit – c'est-à-dire la cession de terres de France à un évêque de Bretagne – signa l'interdiction de vendre mes terres. Le duc Jean V m'accueillit à Nantes, me dit son indignation de ce décret et après force témoignages de tendresse et d'amitié me jura que cet interdit scandaleux ne s'étendrait pas à la Bretagne et que j'étais libre de vendre mes terres à mon gré. Comment n'ai-je pas deviné que

Gilles de Rais.
Gravure d'après Ferron © Roger Viollet.

Signature et sceau de Gilles de Rais.
© Médiathèque de Nantes.

Généalogie de Gilles de Rais

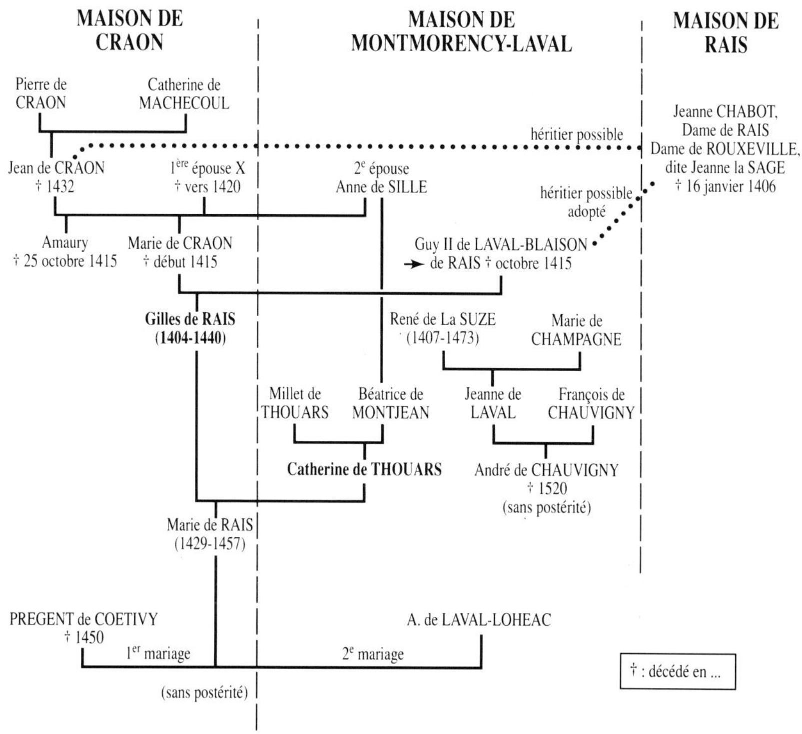

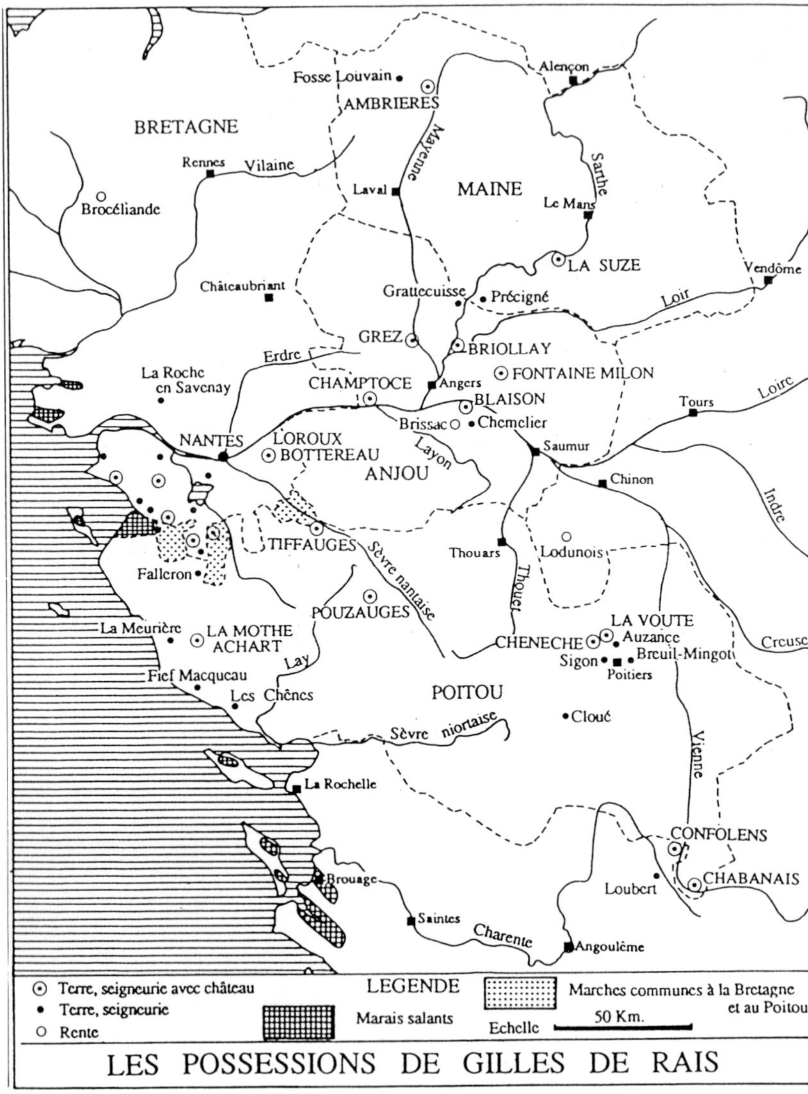

LES POSSESSIONS DE GILLES DE RAIS

Reconstitution du château de Tiffauges.

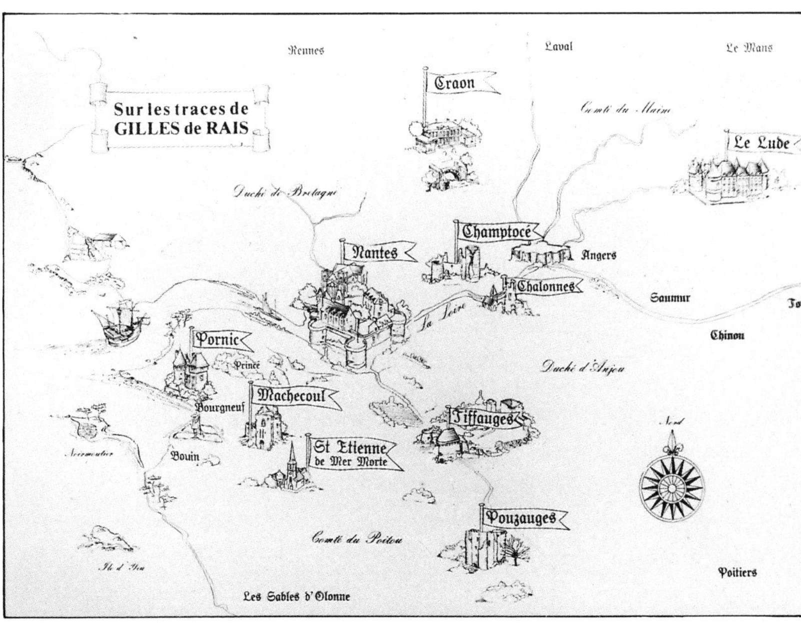

Circuit du comité touristique des Pays de Loire.
© Comité touristique des Pays de Loire.
Alain Vigueron.

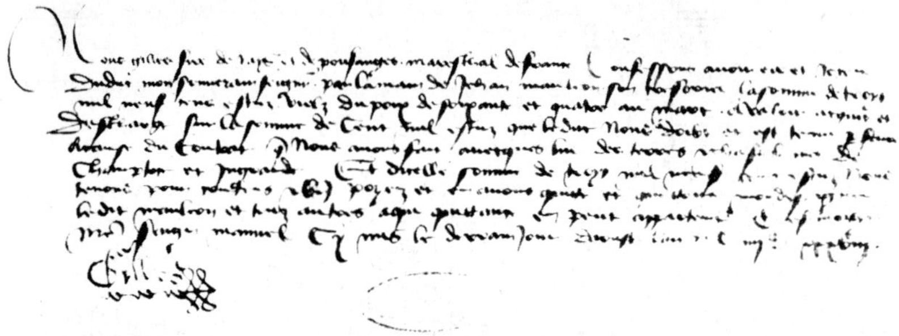

CERTIFICAT DE VENTE DES TERRES DE CHAMPTOCE ET INGRANDES.

Nous Gilles sire de Rays et de Pousauges mareschal de France Confessons avoir eu et receu du duc notre souverain seigneur par la main de Jehan Mauleon son trésorier la somme de troys mil neuf cens escuz vielz du poix de soixante et quatre au marc. A valoir acquit et descharge sur la somme de cent mil escuz que le duc nous doibt et est tenu parfaire à cause du contrat que nous avons fait avecques lui des terres et chastelenies de Champtocé et Ingrandes.

Et dicelle somme de troys mil neuf cens escuz nous tenons pour contens et bien poyez et en avons quicté et quictons mondit seigneur ledit Mauleon et touz autres à qui quictance en peut appartenir.

Tesmoign notre seign cy mis le derrain jour daoust lan mil IIIJ^{c} XXXVIIJ. (1438)

GILLES

Le poids d'une monnaie est défini par le nombre de pièces qui ont été frappées à partir d'un "marc" ou petit lingot d'une masse voisine de 220 grammes. Les autres éléments de sa valeur, titre ou aloi (proportion de métal précieux dans l'alliage de la pièce) et cours en monnaie de compte ne sont pas ici donnés.

Ruines du château de Machecoul.
Lithographie de Benoist.
© Roger Viollet.

Forteresse de Pouzauges.
D.R.

L'exécution de Gilles de Rais.
D'après une miniature du Président Bouhier.
© Bibliothèque Nationale (Paris).

derrière ces effusions se cachait la volonté de me dépouiller ? Et de s'approprier mes domaines de Bretagne ? Ce qui fut fait, aux sordides conditions que vous connaissez. Mais peut-être ne savez-vous pas que le duc de Bretagne s'est refusé à publier le décret royal concernant mon interdiction en même temps qu'il le faisait signifier sous le manteau à ses sujets, de telle sorte que tous les concurrents s'écartèrent et qu'il resta le seul acquéreur des terres qu'il convoitait et dont il fixait lui-même le montant. Les hommes de paille qu'il déléguait pour racheter mes châteaux ont joué à la baisse, consentant chichement des avances échelonnées, renâclant, multipliant les fausses promesses, épiant mes échéances, répudiant nos conventions, attendant que je fusse au plus bas. L'orchestrateur de ce trafic, c'est Jehan de Malestroit. Le duc Jean V et lui en sont les bénéficiaires. Quand j'ai fini par lui céder les terres de Prigné, de Vue et de Saint-Jean-de-Sénéché, j'avais demandé cinq mille écus. Il a fini par m'arracher, à force de me harceler, une promesse de deux mille écus. Il en a réglé deux cents. Je n'ai jamais rien reçu depuis. Ainsi, de tous mes marchés avec lui. Il n'est pas le seul. À la demande du roi René, Jean V avait juré pendant la messe sur le corps du Christ, *de ne jamais s'approprier Champtocé. Et puis il a oublié son serment et il est passé sur le corps du Christ. Aujourd'hui il va me passer sur le corps pour s'emparer de mes derniers biens.*

16 octobre 1440

Messire,

Quand je m'examine je m'effraie. Je peux redire après le philosophe grec : « Qui je suis, nul ne le sait, pas même moi. »
Mais je dois vous parler de ces soirs de Tiffauges où j'ai senti s'effriter ma raison et le monde réel échapper à ma préhension, sous l'effet conjugué des magies et des malheurs, des alcools et des vertiges. J'entends : la vanité de ma vie, les ivresses des sens, la peur de la colère de Dieu, et cette quête effrénée de la pierre infernale qui m'a conduit – selon saint Augustin – à chercher « l'éternité de l'éphémère. » À préférer l'accessoire à l'essentiel et le quotidien à l'éternel. J'avais connu l'âge d'or de la cruauté et je me débattais maintenant contre la cruauté des mirages de l'or. J'étais mû par des superstitions enfantines, gouverné par

des croyances de berger, floué par des artifices de thaumaturge. J'avais épuisé les voluptés de la sédition. Je m'étais affranchi des théologies, allégé de toutes les morales, et je me suis retrouvé misérable et démuni.

Sur ma faillite terrestre se greffait ma dérive spirituelle : j'ai cotoyé tous les gouffres, j'ai fouillé longtemps en moi-même avec un fanal aveugle et je n'ai pas trouvé la lumière dans les brasiers de l'alchimie. Il me restait la chapelle où la musique parle le langage de l'âme. L'orgue y fait encore entendre la voix de Dieu. J'ai pataugé entre les cloaques de l'angoisse et les vasières du dégoût. J'ai connu des nuits de damnation. Savez-vous que la nuit est plus vaste et plus profonde que le jour ? Dans ces nuits d'enfer je ne distinguais plus la réalité de la chimère, le naturel du surnaturel, je déchiffrais des grimoires qui lancinaient ma raison, voilaient mon jugement et laminaient le chiffre des choses. Connaissez-vous ces textes étranges, nourris de poésie orientale et semés de symboles ésotériques.

« Il faut commercer au soleil couchant, lorsque le mari Rouge et l'épouse Blanche s'unissent dans l'esprit de vie pour vivre dans l'amour et dans la tranquillité, dans la proportion exacte d'eau et de terre. De l'Occident avance-toi à travers les ténèbres, vers le Septentrion ; altère et dissous le mari et la femme entre l'hiver et le printemps ; change l'eau en une terre noire, et élève-toi, à travers des couleurs variées, vers l'Orient où se montre la pleine lune. Après le purgatoire apparaît le soleil blanc et radieux ; c'est l'été après l'hiver, le jour après la nuit. La terre et l'eau se sont transformées en air, les ténèbres sont dispersées, la lumière s'est faite ; l'Occident est le commencement de la pratique, et l'Orient le commencement de la théorie ; le principe de la destruction est compris entre l'Orient et l'Occident. »

Le principe de la destruction est aussi incrusté en moi qu'aux volcans glacés des lunes boréales. « Avance-toi à travers les ténèbres. »

Savez-vous que dix fois, vingt fois, cent fois je suis parti le soir sans raison, comme aimanté par les métaux de la nuit, ombre parmi les ombres et marchant devant moi au hasard des chemins, somnambule halluciné, pendant des heures, les cheveux au vent, les yeux noyés, les poings crispés.

J'errais à l'aventure, sans rien voir ni entendre. Je fuyais les hommes.

Je courais comme si j'avais entendu l'appel d'une étoile lointaine... Si je parle c'est pour crier le nom du Sauveur.

Ces soirs-là, les maisons autour de moi, les nuages et les arbres se fondaient dans un paysage lunaire, un désert biblique. Je n'agissais plus, j'étais agi. J'obéissais à une force irrépressible. Ce n'étaient pas des Voix comme pour Jeanne, c'était un appel de l'Au-delà, qui m'assignait un rendez-vous sans lieu ni fin. Marche, damné, et crie le nom du Sauveur !

Et je marchais sans fin ni but jusqu'à ce que je tombe, épuisé, l'écume aux lèvres. Je ne savais plus où j'étais. Je restais prostré la face contre terre. Mes hommes me cherchaient, m'appelaient, une torche tremblait entre les haies :

– Le voilà...

Les premiers temps, ils me posaient des questions. Après, ils s'étaient accoutumés. Ils me parlaient avec une grande douceur et je me laissais conduire. Je n'avais pas encore repris mes esprits. Je ne pouvais rien expliquer, ni de l'appel qui m'avait happé ni de la force qui m'avait mené. Il fallait que je me fuie.

À mon retour au château, je ne me souvenais de rien. Sinon que j'avais essayé de m'échapper de moi.

Ces fugues[1] *ont été racontées par ceux qui me repêchaient. Ce sont ces évasions nocturnes qui ont tissé autour de moi la légende d'un loup garou des mauvaises lunes.*

Et quand ma famille a écrit au roi pour lui demander d'interdire la vente de mes châteaux, ils ont fait référence à ma folie.

Mais il faut que je vous confie la fréquence accélérée de ces autres crises qui me perturbent si profondément depuis deux ans.

Ce sont des syncopes mentales qui me foudroient comme si une saute de vent éteignait les lampes du dedans et que mon esprit soit brusquement plongé dans le noir.

Tout ce qui semblait l'instant d'avant clair et précis, s'embrume et se dissout dans les affres des ténèbres.

Tout s'emmêle, se mélange, se chevauche, jusqu'à l'éclosion du noir total. Mes sens se retirent de moi. L'esprit de présence disparaît, je ne suis plus que chaos et confusion.

Je me débats dans ce brouillard où s'embrouillent mes perceptions. Vous restez debout dans votre apparence physique, alors que votre tête chavire et que votre lucidité se démaille. L'œil intérieur se referme. Vous êtes retranché de la communi-

---

1. *Mémoires des héritiers* (médiathèque de Nantes).

cation avec l'univers sensible. Cette fuite des pensées, des sentiments et des sensations je l'ai éprouvée fréquemment depuis deux ans à l'issue d'évocations malheureuses ou à l'aube de libations tumultueuses.

En émergeant du tunnel, vous êtes à la fois soulagé et effrayé de retrouver la réalité des êtres et des choses. Les objets reprennent leur place entre les voix et les lumières. Vous, vous prenez vaguement conscience de cette absence, et vous demeurez les jambes molles et le cœur brouillé comme au sortir d'un rêve de sang.

À chaque émergence de ce tunnel, j'ai lu l'étonnement sur le visage de mes compagnons. Qu'ai-je dit, qu'ai-je fait ? Ai-je reflété mon absence, poussé des cris animaux, prononcé des paroles démentes ? Impossible de savoir, personne ne me dit jamais rien. Ces évanescences se sont accumulées depuis deux années et je m'en suis ouvert à mon confesseur qui m'a répondu par des recommandations de catéchisme : le carême, l'abstinence, les actes de contrition. Et si c'étaient les premiers symptômes de l'aliénation totale de mes facultés ?

Au sortir de ces confusions, je me réfugiais dans ma chapelle. Mais ma prière n'avait plus d'ailes. Elle était vide, machinale, sans âme.

Chaque fois que j'ai senti chanceler mon équilibre mental et se dissoudre mes facultés d'entendement, j'ai prié. « La pensée de Dieu élève si haut la nôtre qu'elle n'est plus pensée mais extase immatérielle », m'a dit un juif à Orléans. Et il a ajouté : « Dieu est miracle de mort. » Dieu résorbe les déchets des détresses charnelles d'avant l'éternité. La vie, c'est une agrégation passagère d'eau, de calcaire et de mouvement, une passerelle d'inachevé entre deux infinis.

Dieu, Fontaine d'azur et orbe de feu.

L'âme c'est une lampe, et ce n'est pas nous qui allumons la mèche. La flamme est de Dieu.

L'immortalité ne connaît pas de dénouement. La langue de l'âme n'est pas dotée de son, de salive et de signification et pourtant elle est infiniment plus puissante que la voix humaine.

J'arrête ici cette divagation dépourvue de logique et de continuité. Parce que je sens encore ma présence s'échapper et des bulles de bourbe remonter à la surface. Et je sens mûrir les mêmes dérèglements, s'agiter en moi les mêmes démons qu'aux pires soirs de Tiffauges. Fou. Qu'est-ce que la folie ? La perte de la conscience de l'acte ?

Un soir d'hallucination, j'étais enfermé avec Prelati. Nous sortions du cercle magique et je lui ai dit : Qu'est-ce que la folie ? Il m'a parlé de mélancolie, de manie et d'agitation.

– Qu'est-ce que ça veut dire ?

– C'est la corrosion par la boisson qui conduit au délire religieux.

– Alors je suis fou ?

– Non, Messire, la folie ou si vous préférez la démence c'est ce qui corrompt les perceptions et détruit la raison. C'est l'occultation de l'esprit...

Et il a ajouté en riant :

– Vous n'êtes pas si fou !

Je n'en étais pas si sûr.

Vous n'imaginez pas ce que la suppression du vin et de l'hypocras ont pu provoquer en moi de troubles physiques et de ravages nerveux. Ce soir encore, dans un accès de rage j'ai brisé ma cruche d'eau contre le mur.

Depuis si longtemps l'alcool est pour mon corps et pour mon esprit une irrigation vivifiante, le ferment de l'euphorie, la clef de cet « état deuxième » où se mêlent et se chevauchent l'exaltation, la volonté de puissance et les premières pulsions de la volupté.

Il est des instants où cette privation me bouleverse si profondément que je sens, comme aux soirs de Tiffauges, ma raison m'échapper, que je suis attiré par les spirales du vide et que je bats les murs de mes poings en suppliant les geôliers qu'on m'apporte une fiasque. J'ai finalement compris que Malestroit avait trouvé ce moyen pour me briser et qu'il avait calculé les effets corrosifs de cette pénurie sur ma volonté.

Ce soir, j'ai connu une violente surprise. Le capitaine de garde m'a déposé avec mon dîner un flacon d'hypocras. J'ai bu d'une seule lampée et je me suis abattu en titubant. Est-ce la privation, l'inaccoutumance, la frustration, j'ai senti le Feu Saint-Antoine courir dans mes veines.

J'attends l'heure tierce où je vais descendre affronter mes tortionnaires. Je reprends les Psaumes du Livre II.

« ... Cette vie même, s'il faut l'appeler une vie, cette vie l'atteste par tant d'horribles maux dont elle est pleine. Eh ! que témoigne ce profond abîme d'ignorance d'où sort toute erreur qui reçoit dans son sein ténébreux tout fils d'Adam, et dont l'homme ne peut être affranchi sans passer par le travail, la douleur et la crainte ? Que témoigne cet amour même de tant de

choses vaines et nuisibles, d'où naissent les cuisants soucis, les troubles, les chagrins, les ingratitudes, les joies insensées, la discorde, les procès, les guerres, les trahisons, les emportements, les inimitiés, la duplicité, la flatterie, la fraude, le vol, les rapines, la perfidie, l'orgueil, l'ambition, l'envie, les homicides, les parricides, la cruauté, l'inhumanité, la perversité, la luxure, l'insolence, l'impudence, l'impudicité, la débauche, l'adultère, l'inceste, tant d'abominables unions contre nature, impuretés que l'on rougit même de nommer ; sacrilèges, hérésies, blasphèmes, parjures, oppression de l'innocence, calomnies, trames secrètes, prévarications, faux témoignages, jugements iniques, violences, brigandages, et semblables crimes qui tous ne se présentent pas à la pensée, et qui n'en sont pas moins les hôtes fidèles de la vie humaine... »

J'ai attendu d'avoir 20 ans pour traduire ce fragment que M. de Fontenay n'avait pas jugé bon de me confier, et qui m'apparaît aujourd'hui comme le catalogue de mes errements et de mes reniements. Les miens et ceux des autres.

Pour l'illustrer j'avais choisi le verger de l'Eden : un homme et une femme nus comme au premier péché, debout devant l'Arbre, et dont le jardin nourrit déjà cette couvée de serpents qui fera son nid dans les entrailles de la race. Ce recensement des attentats contre les Évangiles dénonce la morale pratique d'un seigneur de ma caste. J'en connais des centaines qui pratiquent impunément « ces impuretés qu'on rougit même de nommer ». Des centaines dont la vie va s'écouler sans que jamais, comme pour moi, l'approche de leur mort leur éclaire la boue de leur cloaque. Sans que jamais le repentir n'allume sa lampe tremblée au bout du tunnel.

LUNDI 17 OCTOBRE 1440
NOUVEAUX TÉMOINS

Le lundi 17 octobre, comparurent personnellement en jugement devant les susdits évêque de Nantes et frère Jean Blouyn, vicaire de l'inquisiteur susdit, siégeant en tribunal pour rendre droit dans ladite grande salle supérieure de ladite tour Neuve, à l'heure de vêpres, ledit promoteur, demandeur, d'une part, et Gilles de Rais, accusé, d'autre part.

Lequel promoteur, satisfaisant au terme, produisit à titre de témoins les nommés Lenano, marquis de Ceva, Bertrand Poulein, Jean Rousseau, Maître Gilles Heaume, licencié en droit, et frère Jean de Lanté, prieur de Chéméré, de l'ordre de saint Benoît, dudit diocèse de Nantes, péremptoirement cités par le susdit Robin Guillaumet, clerc, du mandement desdits seigneurs évêque de Nantes et frère Jean Blouyn, vicaire de l'inquisiteur susdit, ainsi que ledit Robin rapporta avoir cité verbalement lesdits témoins devant lesdits seigneurs évêque de Nantes et frère Jean Blouyn, vicaire, et devant nous, notaires et scribes susdits, en ce même jugement, afin qu'ils rendissent aussitôt témoignage de la vérité en la cause et les causes de cet ordre ; lesquels témoins, lesdits seigneurs évêque de Nantes et frère Jean Blouyn, vicaire dudit inquisiteur, en présence dudit Gilles, accusé, jugèrent devoir être admis et les admirent à prêter serment, et ils les voulurent absoudre sous caution en tant qu'ils auraient à déposer en la cause et les causes de cet ordre. Lesquels témoins ainsi admis, en présence dudit Gilles, accusé, jurèrent et chacun d'entre eux jura de vouloir dire et attester la vérité qu'ils connaîtraient, pure et sous tous les rapports sans mélange, au sujet des articles proposés par ledit promoteur en la cause et les causes de cet ordre, et aussi sur toutes choses et chacune d'elles sur lesquelles on les interrogerait, prière, faveur, amour, crainte, rancœur, grâce, amitié, et inimitié étant écartés et cessant totalement entre les parties. Ce qui étant fait, à la demande dudit promoteur, lesdits seigneurs évêque de Nantes et frère Jean Blouyn, vicaire de l'inquisiteur susdit, demandèrent au susdit Gilles, accusé, s'il voulait lui-même interroger les témoins selon que lesdits témoins mériteraient l'examen et l'interrogation et en prévision de ce cas lesdits seigneurs évêque et vicaire assignèrent à l'accusé le jour même et toute la journée du lendemain pour le faire. Lequel Gilles, accusé, répondit alors auxdits seigneurs évêque de Nantes et frère Jean Blouyn, vicaire de l'inquisiteur, ne vouloir interroger aucun des témoins. Desquels témoins lesdits seigneur, évêque Nantes et frère Jean Blouyn, vicaire de l'inquisiteur susdit, nous chargèrent, notaires et scribes susdits, de procéder fidèlement à l'examen. En outre, à la demande dudit promoteur, les susdits évêque de Nantes et frère Jean Blouyn, vicaire de l'inquisiteur, fixèrent et assignèrent au promoteur et à Gilles, accusé, la journée du mercredi suivant, en sorte que le susdit Gilles, accusé, pût voir certains autres témoins produits de la part dudit promoteur en la cause et les causes de cet ordre, reçus et admis à prêter serment.

Sur lesquelles choses le susdit promoteur nous pria, notaires et scribes susdits, de faire un et plusieurs instruments.

Déposition de Poitou

Étienne Corillaut, autrement Poitou, originaire, ainsi qu'il assure, de Busanges, diocèse de Luçon, âgé de 22 ans environ, à ce qu'il croit, dépose. Lui témoin, après la prise de la forteresse de Machecoul, entendit dire Seigneur Charles de Léon qu'on avait trouvé les corps ou ossements de deux enfants, dans la partie basse de la tour de ladite forteresse ou château, et lui demanda, ledit Seigneur Charles, s'il le savait, et il lui répondit que non, et de fait ne le savait, car ledit Gilles ne lui avait révélé ses secrets des prises, libidineux abus et occision desdits enfants, qu'il leur révéla après, ainsi qu'il dira ci-dessous.

Item, dit et dépose que, quand ledit Gilles de Retz eut recouvré dudit Seigneur de la Suze ladite forteresse de Champtocé, il y alla pour en donner et livrer la possession au seigneur duc de Bretagne, qui lui en transféra la seigneurie, et fit jurer à lui témoin de ne révéler ses secrets qu'il lui voulait montrer, et commanda à Gilles de Sillé, Henriet Griart, Huguet de Brémont, Robin Romulart, et à lui témoin, qui tous étaient serviteurs dudit Gilles, accusé, d'aller à ladite tour de la forteresse de Champtocé, où étaient les corps et ossements de plusieurs innocents morts, de les prendre et mettre en un écrin ou coffre, et les porter à Machecoul, ce qui fut fait aussi secrètement qu'ils purent, et fut trouvé dans ladite tour les ossements de 36 ou 46 enfants (lesquels ossements étaient déjà desséchés) ne se rappelle autrement le nombre, et fut le coffre, où ils furent mis, liés de cordes. Interrogé comment ils constatèrent le nombre des corps, répond par le compte des têtes et autres comptes qu'ils firent, mais ne se rappelle le véritable nombre, mais sait bien qu'il y en avait 36 ou 46, autrement ne se rappelle.

Item, dit et dépose que ledit Gilles de Retz, pour exercer avec lesdits enfants, garçons et filles, ses débauches contre l'usage de la nature, et ardeurs libidineuses, prenait premièrement ledit Gilles sa verge virile entre l'une ou l'autre de ses mains, la frictionnait et érigeait ou tendait, puis la posait entre les cuisses et jambes desdits garçons et filles, omettant le vase naturel desdites filles, frottant sadite verge virile ou membre sur le ventre desdits garçons et filles avec grande délectation, ardeur et concupiscence libidineuse, jusqu'à ce que le sperme s'émît sur leurs ventres.

Item, dit et dépose que ledit Gilles de Retz, avant de perpétrer ses débauches avec lesdits garçons et filles, pour prévenir et obvier à leurs cris et qu'ils ne soient entendus, quelquefois de sa propre main les suspendait et quelquefois par d'autres les faisait suspendre par le cou, avec des liens ou cordes, en sa chambre, à un perche ou crochet, et ensuite les descendait ou faisait descendre, les caressait, simulant qu'il ne voulait leur faire mal, ni lésion, mais qu'il souhaitait les empêcher de crier.

Item, que quand ledit Gilles de Retz commettait ses horribles débauches et péchés de luxure avec lesdits garçons et filles, ensuite les tuait ou faisait tuer. Interrogé par qui, répond quelquefois ledit Gilles, accusé, les tuait de sa propre main, et quelquefois les faisait tuer par ledit de Sillé, ou Henriet, ou lui témoin, ou autres, ensemble ou séparément. Interroger comment, répond quelquefois en les décollant ou décapitant, quelquefois leur coupant la gorge, quelquefois les démembrant, et quelquefois leur rompant le cou avec un bâton de bois, et avait un glaive, vulgairement appelé braquemard, pour les tuer. Interrogé si ledit Gilles de Retz commettait ses luxures avec lesdits enfants, garçons et filles, une fois seulement ou plus, répond, une fois seulement, ou deux au plus avec chacun d'eux.

Item, outre, dit et dépose que ledit Gilles de Retz quelquefois commettait ses luxures avec lesdits garçons et filles avant de les tuer, mais rarement, d'autrefois et souvent après la suspension ou avant d'autres lésions, d'autrefois après les avoir incisé ou fait inciser la veine du cou ou gorge, et autrefois quand ils étaient en langueur de mort, d'autrefois après leur mort et quand ils avaient le cou coupé, que la chaleur revenait en lui.

Item, dit et dépose avoir entendu dire plusieurs fois audit Gilles de Retz, en faisant ses luxurieuses débauches avec lesdits garçons et filles, dédaignant et omettant le sexe, qu'il avait plus de plaisir à ainsi luxurier avec lesdits enfants, garçons et filles.

Interrogé qui les mettait au feu, répond, lui témoin, et ledit Henriet le faisait souvent.

Interrogé où on les brûlait, répond en la chambre dudit Gilles, et souvent au portail de Machecoul. Interrogé de quelle manière, répond sur des landiers en la chambre dudit Gilles avec du gros bois et posant ensuite sur les corps morts des fagots secs et faisant grand feu, mettant les vêtements sur le feu qui, en s'élevant, les brûlait de façon qu'on ne pouvait sentir la mauvaise odeur.

Interrogé où l'on mettait les cendres ou poussières, répond quelquefois aux cloaques, autrefois dans les fossés ou douves ou autres cachettes, selon la diversité des lieux.

Item, dit et dépose que quand ledit Gilles, accusé, ne pouvait à son plaisir trouver d'autres enfants, garçons et filles, pour exercer ses exécrables débauches, il les exerçait avec les enfants de sa chapelle, de la manière qu'il est dit ci-dessus, et principalement, à ce qu'il entendit, avec le jeune ou l'aîné des deux fils de Maître Jean Brient, demeurant à Nantes. Interrogé s'il tuait ou faisait tuer aucuns desdits enfants de sa chapelle, après l'exercice de ses débauches, répond que non, parce qu'ils tenaient ces faits secrets.

Extrait de l'acte d'accusation

Les teneurs desdits articles et dépositions, et des lettres de pouvoir dudit Frère Jean Blouyn, vicaire de l'inquisition en la cause, montrées et produites, de quoi est fait mention ci-dessus, suivent et sont telles :

Dépositions et articles que donne, fait et montre en jugement devant vous, Révérend Père en Dieu et Seigneur Jean de Malestroit, Évêque de Nantes, et Religieux homme Frère Jean Blouyn, bachelier en théologie, de l'ordre et Couvent des Frères prêcheurs de Nantes, vicaire de religieux et excellent homme Frère Guillaume Mérici, dudit ordre, professeur en théologie, inquisiteur de l'hérésie au Royaume de France, député par autorité ecclésiastique, par ledit Frère Guillaume, inquisiteur, spécialement député, institue et ordonne en la Cité et Diocèse de Nantes, honorable homme Maître Guillaume Chapeillon, prêtre recteur de l'Église paroissiale Saint-Nicolas de Nantes, Promoteur aux causes, par vous spécialement député, demandeur, contre le Seigneur Gilles de Retz, Chevalier, Seigneur et Baron dudit lieu de Retz, votre sujet...

... 14. – *Item*, que de tout ce dessus fut et est la renommée et voix publique.

15. – *Item*, que la rumeur publique à laquelle référant premièrement, et l'enquête secrète faite par ledit Révérend Père Évêque de Nantes, en ses cité et diocèse, et par ses Commissaires sur ce député et visiteurs, et par ledit Promoteur en la Cour Ecclésiastique de Nantes, ledit Révérend Père, sur les cas plus bas écrits, crimes et délits concernant la juridiction ecclésiastique, les clameurs lamentables, larmes et douleurs, dénonciations précédentes de plusieurs personnes de l'un et l'autre sexe, tant de la cité que du diocèse de Nantes, criant et se plaignant de la perte et mort de leurs enfants, fils et filles innocents, assurant leurs dits fils et filles par ledit Gilles de Retz, accusé, Gilles de Sillé, Roger de Briqueville, Henriet Griart, Étienne Corillaut, autrement Poitou, André Buchet, Jean Rossignol, Robin Romulart, un nommé Spaden, Hugues de Brémont, par lesdits surnommés avoir été pris, et par eux inhumainement égorgés, occis, démembrés et brûlés, et autrement tourmentés, et par ledit Gilles, accusé, les corps desdits innocents immolés aux démons, invoqué les malins esprits et à eux sacrifié, et avec lesdits innocents, tant mâles que femelles, vivants, quelquefois après leur mort et aussi en mourant, le vase naturel des femelles dédaignant, et avec lesdits mâles le péché de sodomie ou contre nature horriblement commis, et autrement luxurié.

Dit ledit promoteur et entend prouver s'il en est besoin, qu'il y a 14 ans passés plus ou moins, ledit Gilles de Retz, imbu du malin esprit et oubliant son salut, plusieurs innocents mâles et femelles tant par lui que par les autres susdits ont été pris, occis, égorgés, ensuite les corps desdits enfants par lesdits Gilles de Sillé, Étienne Corillaut, autrement Poitou, et Henriet Griart, brûlés et convertis en cendres, et les cendres en lieux étranges et occultes fait jeter, et avec lesdits innocents le péché de sodomie ou contre nature commis et ignominieusement luxurié, et tout ce qui est ci-dessus et ci-dessous écrit, commis et perpétré en plusieurs et divers lieux et maisons ci-dessous écrites...

... *Item*, dit avoir entendu dire à Guillaume Dauxi, familier et serviteur dudit Gilles, que celui-ci tuait et faisait tuer beaucoup d'enfants en sa chambre, à Tiffauges, et à Machecoul, aussi en sa chambre et sur le portail dudit lieu de Machecoul, et offrait leur sang et membres aux démons en faisant lesdites invocations de démons.

Item, dit qu'il entendit dire audit Guillaume que ledit Gilles commettait sodomie avec lesdits enfants.

Item, dit avoir vu il y a un an environ un enfant de l'âge de 6 mois environ, en ladite salle de Tiffauges, occis et mort, et étendu en ladite place.

Si j'analyse les grands procès truqués qui ont marqué des tournants dans l'Histoire, je découvre toujours le même ressort chez les juges, qu'ils soient d'Athènes, de Jérusalem, de Rouen : débarrasser leur clan, leur cité ou leur royaume d'un illuminé qui porte avec lui la remise en cause d'un ordre conforme à leurs intérêts. Et de donner par tous les moyens à leurs sophismes les apparences de la légalité... Et je constate la même certitude chez tous les accusés : seuls le martyre et la mort font passer le message.

Ainsi en fut-il pour Socrate[1]*, pour Jean-Baptiste, pour le Christ, pour Manès et pour Jeanne. Le refus de l'abjuration est le signe commun de cette obstination qui les conduit inexorablement à la hache ou à la corde, à la ciguë ou au brasier.*

Face aux tétraques de Galilée, au procurateur de Judée ou à l'évêque de Beauvais, c'est le même refus du compromis avec un monde ancien déjà frappé de déshérence.

J'ai cité Socrate parce que lui aussi se livre à la chasse aux chimères. Lui aussi a refusé de s'enfuir alors qu'on lui organisait sa fuite. Lui aussi se convainc de son obéissance au tribunal, de son devoir de mourir. Quand ses disciples le relancent : « ton renoncement est un suicide », il répond que la mort est l'ultime accomplissement parce qu'elle ouvre la porte sur la Vraie Connaissance.

Ainsi en fut-il de Manès qui exaltait l'esprit de lumière pour condamner l'esprit de matière. Il fut écorché vif par les prêtres.

Socrate est condamné non seulement parce qu'il a reçu de grandes faveurs de la part des dieux, mais encore parce qu'il a remis en cause comme Manès des croyances et des dogmes

1. Saint Augustin baigne dans Platon. Platon conduit Gilles au procès de Socrate.

jusque-là intangibles. L'un et l'autre nous enseignent que l'âme ne parvient à la pureté céleste qu'en se séparant de son enveloppe terrestre.

Je n'ai pas d'autre perspective que cette libération.

Ils sont deux pauvres hères, Jehan Esteisse et sa femme. Ils ont été endoctrinés, ils ont appris leur déposition, ils ont juré : « Toute la vérité, rien que la vérité... »

Et stupeur, à croire que du fond de leur conscience embrumée une voix s'élève qui réprouve le parjure, ils déclarent d'une voix ferme qu'ils n'ont jamais « entendu dire que le Sieur de Rais ait pris et occis des enfants »...

Les juges échangent des regards indignés. On tance les témoins, on les houspille : « Approchez, parlez plus fort... » Et la femme Esteisse articule à voix haute : « Nous n'avons jamais entendu dire que le Sire de Rais ait pris et occis des enfants avant le procès du Sire de Rais. Nous n'en avons eu connaissance que quand le Sire de Rais et Perrine Martin étaient en prison. »

Leur témoignage est clair et éloquent.

Pour eux, comme pour tant d'autres *la rumeur est postérieure à l'arrestation*. Eux qui sont aux premières loges de l'épouvante n'ont jamais *entendu dire*. Sauf bien sûr « depuis que » le Sire de Rais est en prison ! Une brève suspension d'audience, les juges se concertent à voix basse. Qui sont ces misérables ? Et on évacue les demeurés. De faux témoins en quelque sorte. On ne les reverra plus.

18 octobre

Messire,

Je vous ai vu sursauter au cours de l'audience pendant l'audition des époux Esteisse.[1] *Incident vite escamoté, mais il m'est apparu comme le parfait révélateur des mécanismes du procès.*

Le plus souvent j'écoute distraitement ce torrent de vomissures : sanies et vésanies. Quels que soient la misère ou le métier

1. Incident Esteisse (*cf* « Minutes du Procès »).

de ces pauvres gens, la qualification la plus fréquemment employée par le tribunal ecclésiastique annonce la couleur du témoignage : paroissien. C'est à ce titre qu'ils dévident leur rosaire. Au nom du Christ. Amen. Ils répètent leur leçon du mieux qu'ils peuvent. Quelques-uns n'ont pas à mentir. Ils ont réellement perdu un enfant et leur douleur n'est pas feinte. Les autres, quand ils hésitent, se coupent ou butent sur un détail oublié, ils sont repris, corrigés et ramenés dans les voies de la Providence par des « juges circonspects ». Et complaisants. Tout cela m'a conduit a répéter au début de l'audience que je me refusais à interroger les témoins.

Mais quand les époux Esteisse ont dit la vérité, j'ai tendu le bras pour les interroger. L'évêque a feint de ne pas me voir. Les époux Esteisse ont été évacués sans que j'aie pu leur parler.

« ... La mesure est comblée, en ce sens, qu'une prévarication est ajoutée quand la concupiscence redouble et méprise la loi même. Pourquoi rappeler ce texte ? Pour établir que, si la loi n'est pas un mal quand elle irrite la concupiscence du péché, la mort n'est pas un bien quand elle augmente la gloire de la souffrance ; quand l'une, délaissée pour l'iniquité, fait les pécheurs, quand l'autre, embrassée pour la vérité, fait les martyrs. Ainsi la loi est bonne parce qu'elle est la prohibition du péché ; la mort est mauvaise parce qu'elle est le salaire du péché. Mais, comme les impies font un mauvais usage des maux et même des biens, comme les justes en font un bon des biens et même des maux, il suit que les méchants usent mal de la loi, quoique la loi soit un bien, et les bons usent bien de la mort, quoique la mort soit un mal.

» ... Tandis que les hommes exempts des peines futures de l'éternité trouveraient dans les afflictions présentes le châtiment de leurs fautes ou l'épreuve de leurs vertus. Or, comme aujourd'hui le mal est non seulement le lot des bons, mais encore le bien celui des méchants, ce qui paraît injuste[1]. »

En quittant le tribunal j'ai encore coché quelques versets de La Cité de Dieu. *Au creux de la tempête où je me débats, je découvre un peu plus profondément chaque jour leur manne de célestes vérités. Ces textes sont chargés de lumières intemporelles. Et ils condamnent sans la connaître la conjuration qui me conduit à ma perte.*

---

1. *La Cité de Dieu.*

« Pourquoi, interroge saint Augustin, les tribunaux humains, non contents de dénier à l'innocent l'arrêt qui le venge, prononcent encore la sentence qui le condamne ? Qu'ainsi l'innocence succombe sous l'iniquité du juge ou sous le poids des faux témoignages, et qu'au contraire le fourbe ennemi se retire impuni. »

En marge de cette page dont je suis imprégné, je voudrais vous soumettre mon sentiment sur cette équivoque du langage des juges qui s'obstinent à confondre la justice et l'équité.

On connaît un foisonnement d'erreurs judiciaires, on ne connaît pas de failles à l'équité.

L'équité part du cœur.

La justice part du Pouvoir.

L'équité est un principe incorruptible.

La justice est une convention corrompue.

*« Bienheureux sont ceux qui ont soif de justice », dit l'*Ecclésiaste.

L'injustice n'est pas en Dieu.

Le langage des prophètes m'immunise contre le charabia des juges. La casuistique du gibet me ramène aux paraboles du Christ : son exemple est là pour nous enseigner que la Rédemption passe par l'agonie.

MERCREDI 19 OCTOBRE 1440 [1]

Le mercredi 19 octobre, le susdit Maître Guillaume Chapeillon, promoteur, défendeur, d'une part, et ledit Gilles de Rais, accusé, d'autre part, comparurent personnellement en jugement devant le révérend père en Dieu, le seigneur Jean de Malestroit, évêque de Nantes, et frère Jean Blouyn, vicaire de l'inquisiteur susdit, siégeant en tribunal pour rendre droit au lieu susdit, le matin, à l'heure de tierce.

Lequel promoteur, satisfaisant à l'assignation du terme, produisit en la cause et les causes de ce genre à titre de témoins vénérable homme, messire Jacques de Pencoëtdic, professeur en l'un et l'autre droit, Jean Audilaurech, André Seguin, Pierre Vilmain, Maître Jean Lorient, Jean Briand, Jean Le Veill, Jean Picard, Guillaume Michel, Pierre Drouet, Eutrope Chardavoine, Robin Guillemet, chirurgien, Robin Riou, Jacques Tinnecy et Jean Letournous, que le susdit Robin Guillaumet, clerc, du mandement desdits seigneurs évêque de Nantes et frère

1. Extrait des « Minutes du procès ».

Jean Blouyn, vicaire dudit inquisiteur, avait péremptoirement cités, et que le même Robin rapporta verbalement aux susdits seigneurs évêque de Nantes et frère Jean Blouyn, vicaire susdit, et à nous, notaires et scribes, avoir cités devant eux en ce même jugement, afin de rendre aussitôt témoignage de la vérité, en présence dudit Gilles, accusé. Lesquels lesdits seigneurs évêque de Nantes et frère Jean Blouyn, vicaire susdit, reçurent pour témoins et voulurent absoudre sous caution en tant qu'ils auraient à déposer en la cause et les causes... Lesquels ainsi reçus pour témoins, en présence dudit Gilles, accusé, jurèrent et chacun d'entre eux jura sur les Saints Évangiles de dire et d'attester sur les choses pour lesquelles ils seraient examinés et interrogés la vérité qu'ils connaîtraient, pure et sans mélange ; prière, estime, amour, crainte, faveur, haine, rancœur, grâce, inimitié, cessant et étant également écartés. Et pour cela lesdits seigneurs évêque et frère Jean Blouyn, vicaire de l'inquisiteur susdit, demandèrent à Gilles de Rais, accusé, s'il voulait interroger les témoins, auquel cas ils assigneraient au même Gilles, accusé, le jour même et toute la journée du lendemain ; lequel Gilles répondit ne vouloir interroger personne. Desquels témoins les susdits seigneurs évêque de Nantes et vicaire de l'inquisiteur nous chargèrent, notaires et scribes susdits, de faire fidèlement l'examen. Ce qui étant fait, lesdits seigneurs évêque et vicaire de l'inquisiteur, à la demande dudit promoteur, assignèrent au même promoteur et audit Gilles, accusé, la journée du lendemain, pour que la partie défenderesse pût voir produire tous les titres et chacun de ceux-ci, par lesquels eux-mêmes avaient l'intention d'aider à la cause et aux causes de cet ordre, et pour procéder à la suite. Ensuite, ledit Gilles de Rais, accusé, à la demande dudit promoteur, fut interrogé par lesdits seigneurs évêque de Nantes et frère Jean Blouyn, vicaire de l'inquisiteur susdit, pour savoir s'il voulait donner, dire, proposer, alléguer ou produire pour son salut et sa justification quelque raison importante au sujet des crimes, délits ou faits contre lui relevés et déclarés dans les articles préinsérés. Lequel accusé répondit tout de suite ne savoir dire rien d'autre que ce qu'il avait dit et répondu par ailleurs.

Sur lesquelles choses le susdit promoteur nous pria, nous, notaires publics et scribes susdits, de faire un et plusieurs instruments publics.

Présents au lieu susdit, le susdit révérend père dans le Christ, Jean Prégent, évêque de Saint-Brieuc, Maître Pierre de L'Hôpital, président de Bretagne, noble homme messire Robert d'Épinay, chevalier, Maître Gilles Lebel, Robert de La Rivière, Raoul de La Moussaye, prévôt de l'église.

Je ne résiste pas à la tentation de recopier pour ma délectation trois lignes qui illustrent à elles seules l'indigence de ce tribunal. « Lequel promoteur, satisfaisant à l'assignation du terme, produisant en la cause et les causes de ce genre du mandement desdits seigneurs évêque de Nantes et frère Jean Blouyn, vicaire dudit inquisiteur avait péremptoirement cités et que le même Robin rapporta verbalement aux susdits seigneurs, etc. »

La barbarie des barbarismes, la lourdeur des solécismes. La pesanteur saugrenue de ce galimatias.

Les pitoyables contorsions de cette diarrhée trahissent à la fois l'embarras des juges et leur tactique de noyer le procès dans les méandres de leur logomachie. Et, latente et sournoise, la volonté de sauver à grands renforts de redites, d'amphigourismes et d'alinéas les apparences de la légalité.

« – Pour que la partie demanderesse pût voir produire tous les titres et chacun de ceux-ci, par lesquels eux-mêmes avaient l'intention d'aider à la cause et aux causes de cet ordre, et pour procéder à la suite, etc.

« – ... La vérité qu'ils connaîtraient, pure et sans mélange. »

Pure et sans mélange, on n'oserait pas l'inventer. Je vous laisse juge si j'ose dire, Monsieur le Président, de ce langage de bouffon tragique. « L'écriture me disait Prelati, est toujours le reflet d'un tempérament et quelquefois la révélation d'une tare. »

JEUDI 20 OCTOBRE 1440
LES JUGES DÉCIDENT DE SOUMETTRE GILLES À LA « QUESTION »

Le jeudi 20 octobre, comparurent personnellement en jugement devant les susdits seigneurs évêque de Nantes et frère Jean Blouyn, vicaire de l'inquisiteur susdit, siégeant au tribunal pour rendre droit dans ladite grande salle supérieure de la tour Neuve, le matin, à l'heure de tierce, ledit Maître Guillaume Chapeillon, promoteur, défendeur d'une part, et le susdit Gilles de Rais, accusé, d'autre part.

Et satisfaisant au terme convenable, le susdit promoteur demandant et sollicitant que fût assigné et fixé par lesdits seigneurs évêque de Nantes et frère Jean Blouyn, vicaire de l'inquisiteur susdit, un terme convenable audit Gilles de Rais, pour dire et objecter tout ce qu'il voudrait oralement ou par écrit, contre lesdites choses produites, lesdits seigneurs évêque et vicaire de l'inquisiteur susdit fixèrent et assignèrent à ce même Gilles, accusé, pour dire et objecter, ainsi qu'au promoteur lui-même, afin de procéder à la suite en la cause ainsi que de droit, la journée du samedi suivant.

Ensuite cependant, à la demande dudit promoteur, lesdits seigneurs évêque de Nantes et frère Jean Blouyn, vicaire de l'inquisiteur susdit, interrogèrent à nouveau ledit Gilles, accusé, pour savoir s'il voulait donner ou proposer quelque chose d'important pour son salut et sa justification au sujet des délits et des crimes, relevés et proposés contre lui, spécifiés et déclarés dans les articles susdits, et dire quoi que ce fût contre les choses ainsi produites. Lequel accusé répondit que non, mais qu'il s'en rapportait à ce qu'il avait d'ores et déjà dit par ailleurs.

Après quoi ledit promoteur, en présence dudit Gilles, accusé, entendant et comprenant, demanda auxdits seigneurs évêque et frère Jean Blouyn, vicaire de l'inquisiteur, de fixer et d'assigner également un terme au même Gilles, accusé, pour voir publier les dires et les dépositions des témoins susnommés. Lequel Gilles, accusé, dit que cela n'était pas nécessaire, attendu ce qu'il avait déjà confessé et ce qu'il avait l'intention de confesser encore. Nonobstant quoi, à l'instance dudit promoteur, lesdits seigneurs demandèrent à l'accusé s'ils devaient rendre publics les dires et les dépositions des témoins. Lequel accusé répondit que oui. Lesquels dires et lesquelles dépositions, les susdits révérend père le seigneur évêque de Nantes et le vicaire de l'inquisiteur publièrent alors du consentement dudit Gilles, accusé ; et derechef, à l'instance dudit promoteur, le revérend père, le seigneur évêque de Nantes et le vicaire de l'inquisiteur susdit demandèrent audit Gilles, accusé, s'il voulait dire ou exciper, oralement ou par écrit, quelque chose d'important contre les personnes desdits témoins ou contre leurs dépositions. Lequel accusé répondit spontanément que non.

Sur quoi, ledit promoteur déclara que, attendu la confession dudit Gilles, accusé, attendu la production des témoins, leurs dires et leurs dépositions qui établissaient suffisamment l'intention de l'accusé en la cause, il n'en sollicitait pas moins avec instance que pour élucider et scruter plus amplement la vérité, la torture ou la question fût appliquée audit Gilles, accusé, par les mêmes seigneurs évêque de Nantes et frère Jean Blouyn, ses juges.

Lesquels seigneurs évêque et vicaire dudit inquisiteur, ayant pris conseil sur toutes choses auprès d'hommes experts, et tout ce qui précède étant bien considéré, ordonnèrent la question ou torture pour ledit Gilles de Rais, et décidèrent que ledit Gilles devait souffrir la torture et être soumis aux questions et aux tortures.

Sur lesquelles choses le susdit promoteur nous requit, notaires et scribes susdits, de préparer pour lui un et plusieurs instruments publics[1].

Ils sont partis. Ils m'ont laissé en tête à tête avec la peur. Je sais que derrière ce mur est rassemblé l'arsenal de la Question, la panoplie du bourreau – le feu et l'eau –, les tenailles et les brodequins, l'estrapade et le chevalet. J'ai vu, de mes yeux, des suppliciés demander grâce au premier contact du fer rouge et de leur ventre. J'en ai vu un mourir au bout de trois coups de fouet plombé sur sa nuque. J'ai entendu sangloter comme des enfants de rudes guerriers qui n'avaient jamais reculé sous une grêle de flèches tandis qu'ils grimpaient à l'assaut d'une échelle plaquée le long d'une bastille. J'en ai vu mourir, les pieds et les mains liées, le sang braisé, et j'ai entendu dix fois le cri, le même cri pitoyable et déchirant :

– Arrêtez, je vais parler...

Aujourd'hui je n'ai plus guère le choix. Trépasser au terme d'une longue agonie en écoutant brasiller mon ventre ou éclater ma rate... ou parler. Parler, mais quoi dire ? Je ne suis ni un meurtrier, ni un tortionnaire, ni un vampire. Les enfants... mais pourquoi n'interrogeraient-ils pas les enfants de la psallette ?

Parce qu'ils diraient que cette savante orchestration de faux témoignages ne repose sur rien.

Malestroit a inventé cette fable pour justifier mon procès. Sur quoi s'appuie-t-il ? Sur les aveux extorqués des valets... Moi, je sais déjà qu'ils me feront aussi dire tout ce qu'ils voudront. Sous le chevalet un homme est si fort broyé qu'il consent à tout pour arrêter le broyage. Mieux vaut encore hurler avec les loups que craquer avec ses os. Cent enfants suppliciés dites-vous ? Pourquoi pas deux cents, trois cents, cinq cents... Pourquoi pas mille. Ce qu'ils attendent de moi, c'est que je meuble un dossier vide. Mais je ne pourrai jamais fournir ni preuves, ni traces, ni vestiges. Oh, ils ne sont pas si exigeants ! Chapeillon déclare : « Le Tribunal n'a pas besoin de preuves matérielles ». Mes aveux leur suffiront pour me brûler.

– Où sont les cendres des enfants ? Un peu partout dans la rivière et dans le vent... Avec un peu de bonne volonté on trouvera bien quelques cendres de cochon de lait à présenter aux

1. Idem.

juges. Elles ont la même apparence et la même consistance que les poudres résiduelles d'un corps humain consumé.

VENDREDI 21 OCTOBRE 1440[1]
GILLES REQUIERT SES JUGES DE REMETTRE AU LENDEMAIN L'EXÉCUTION DE LA « QUESTION ».
L'ÉVÊQUE DE SAINT-BRIEUC ET LE PRÉSIDENT DE BRETAGNE SONT CHARGÉS D'ENTENDRE LES AVEUX DE L'ACCUSÉ

Le vendredi 21 octobre, lesdits seigneurs évêque de Nantes et frère Jean Blouyn, vicaire de l'inquisiteur, se représentèrent le matin à l'heure de tierce, ou environ, dans ladite salle basse de la tour Neuve, disant et assurant que la veille, à savoir le jeudi 20 octobre, ils avaient décidé d'envoyer ledit Gilles à la torture ou question canonique ainsi qu'il est dit dans un acte judiciaire dudit jeudi prononcé devant eux en présence dudit promoteur et de Gilles de Rais, accusé, et que, bien qu'ils eussent eux-mêmes fixé et assigné le samedi audit Gilles, accusé, pour dire ou objecter, verbalement ou par écrit, tout ce qu'il voudrait contre ce qui a été produit en la cause ou en les causes de ce genre, ainsi qu'au seigneur promoteur, pour procéder en la cause et les causes de cet ordre, à la suite, comme il serait de droit, cependant, ils voulaient procéder à la torture ordonnée par eux comme il a été dit, et en assurer l'exécution, et à la demande dudit promoteur, comparaissant au même lieu personnellement, ils mandèrent ledit Gilles, accusé, pour lui faire subir ladite torture.

Celui-ci, sur l'ordre desdits seigneurs évêque de Nantes et vicaire de l'inquisiteur, vint et comparut personnellement devant eux dans ladite salle basse pour subir ladite torture. Et comme lesdits seigneurs évêque de Nantes et vicaire de l'inquisiteur voulaient en fait procéder à l'exécution de ladite torture ou de ladite question contre ledit Gilles, ledit Gilles les supplia humblement de bien vouloir différer ladite exécution jusqu'au lendemain, qui lui avait été assigné comme il a été dit ; disant que, dans l'intervalle, il délibérerait de telle sorte qu'au sujet des crimes et délits contre lui proposés, il les rendrait contents, à tel point qu'il ne serait pas nécessaire de le questionner là-dessus ; suppliant et demandant en outre ledit Gilles, accusé, que ledit seigneur évêque de Saint-Brieuc, dans l'intérêt de la cour ecclésiastique, à savoir desdits seigneurs évêque de Nantes et vicaire de l'inquisiteur, et que ledit seigneur président dans l'intérêt de la cour séculière, entendent en dehors du lieu où ladite torture avait été ordonnée ce que l'accusé lui-même voudrait avouer au sujet des articles proposés contre lui, et que

1. Idem.

les seigneurs évêque de Nantes et vicaire de l'inquisiteur cèdent leur place audit seigneur évêque de Saint-Brieuc ; lesdits seigneurs évêque de Nantes et vicaire de l'inquisiteur, consentant à cette supplication dudit accusé, cédèrent sur ce point leur place audit seigneur évêque de Saint-Brieuc, alors présent et acceptant gracieusement cette charge ; et, en faveur de l'accusé, ils remirent l'exécution de ladite torture à la seconde heure de l'après-midi du présent jour de la manière suivante : que si, par hasard, ledit Gilles, accusé, avouait les crimes à lui reprochés ou telle autre chose, alors, que ceux-ci, à cette heure même ou plus tard, différeraient ladite exécution de la torture jusqu'audit lendemain.

Au sujet de quelles choses et de chacune d'elles, ledit promoteur nous demanda, à nous, notaires et scribes susdits, d'en faire un ou plusieurs instruments publics.

Présents nobles hommes, messire Robert d'Épinay, chevalier, Yvon de Rocerf, Maître Robert de La Rivière, Pierre Juete, Jean de Vennes et un grand nombre d'autres témoins, à ce spécialement appelés et requis.

La torture

Laquelle heure de 2 heures après-midi dudit jour de vendredi, lesdits seigneurs évêque et vicaire de l'inquisiteur en personne se présentèrent en ladite salle inférieure de la tour Neuve, et à l'instance du promoteur, alors aussi présent et comparant, en vertu de la commission desdits évêque de Saint-Brieuc et Président susdits, assignèrent audit Gilles une chambre haute en ladite tour Neuve de Nantes pour son habitation durant le temps de leur députation, et désignèrent Jean Petit, quatrième notaire et scribe susdit, pour entendre et rapporter ce que ledit accusé avouerait de ce qui était contre lui opposé. Lesquels commissaires audit Gilles accédèrent, et ensuite en ladite salle basse retournèrent et dirent auxdits évêque de Nantes et vicaire susdit qu'audit accusé ils avaient parlé et qu'il leur avait fait des aveux dont la teneur est écrite ci-dessous et qu'ils leur montrèrent.

J'extrais de ce collier des bourreaux deux perles qui parent ce langage de victimaires des couleurs de l'idylle.

« Lesdits seigneurs consentant à cette supplication cédèrent sur ce point leur place à l'évêque de Saint-Brieuc, alors présent et acceptant "gracieusement" *cette charge. »*

« Lesdits évêque de Nantes et le vicaire de l'inquisiteur prorogèrent à l'exécution de ladite torture jusqu'à la deuxième

heure l'après-midi. Si par hasard ledit accusé à ladite heure ou avant avouait aucun des cas proposé conte lui, pour l'amour de lui *différerait l'exécution de ladite torture jusqu'au lendemain. »*

Ce « gracieusement » *et ce* « pour l'amour de lui » *sont à graver sur le marbre des monuments à la gloire des Tribunaux écclésiastiques.*

Samedi 22 octobre

Monsieur le Président,

Je vous exposais, au seuil de ce message, ma résolution de ne point répondre aux accusations infâmes portées contre moi. J'ai gardé le silence pendant cinq semaines. Et je suis spontanément passé « aux aveux » comme dit le promoteur. En fait, j'ai préféré inventer avant *que vomir* après. *Et pour faire bonne mesure, je leur en ai dit tant et tant qu'il y en a assez pour faire mourir dix mille hommes. On m'accuse de la mort de cent quarante enfants. Je leur en ai fourni cent autres. Je me suis résigné à épaissir cette marée de sang pour éviter la torture, parce que je savais qu'au bout du compte, il me faudrait passer par leur volonté.*

J'ai vu des hommes aguerris résister des heures aux tenailles du bourreau. J'ai vu s'engouffrer dans l'entonnoir bloqué entre les dents du patient maintenu la tête renversée, des jarres d'eau froide dont l'écoulement clapotait dans d'affreux hoquets tandis que l'épigastre gonflait comme une outre jusqu'à ce que l'homme « noyé de l'intérieur » finisse par perdre connaissance.

J'ai vu des barres de fer trempées au feu du brasier s'enfoncer dans les chairs roussies. J'ai vu les corps ligotés, la tête en bas, ballottés comme mannequins au bout des cordages de l'estrapade. J'ai vu les ongles découpés, bride par bride, dans leur matrice par des pinces incandescentes. J'ai vu des yeux crevés et des crémasters arrachés. J'ai vu tout ce qu'on peut voir des raffinements de l'horreur et ces images m'ont si fort marqué que je sais de longtemps que je suis incapable de résister une heure au grésillement des braises. Quand le bourreau m'a rivé au chevalet et que j'ai vu le fer rouge fumant s'approcher de mes yeux jusqu'à toucher mes cils, j'ai crié : « Arrêtez, je vais tout vous dire. » J'ai mis des heures à retrouver mes esprits. Ils m'ont reconduit à ma chambre.

Le procureur Chapeillon est venu me rendre visite avec le sieur Copegorge, au nom prédestiné.

Et ils m'ont laissé deux parchemins. C'étaient les confidences de Poitou et d'Henriet. Je les ai lues et relues, et ma chair se hérissait. Comment osaient-ils ? Qui leur avait insufflé et dépeint ces affres de l'enfer, ces corps démantelés, ces yeux désorbités, ces tripes d'enfants à vif, ce fer dans les plaies, ce feu dans les veines ? Qui avait osé imaginer ces découpages de boucherie sur des innocents ? Et finalement, j'ai compris. Ils ne pouvaient pas me condamner à mort sur les simples présomptions de simonie et de sodomie. Il fallait m'imputer des crimes inexpiables, ceux qui ne trouvent grâce devant personne au monde.

Maître Chapeillon est revenu porteur de la terrible alternative proposée par Messire de Malestroit. L'évêque s'est résolu à m'excommunier. Il peut lever cette mesure à une condition : que j'avoue « mes crimes » en public. J'ai demandé quelles sortes de crimes. Il m'a répondu : ceux qui ont été dénoncés par vos complices et que vous avez reconnus. Il a ajouté que cette confession publique serait bénéfique à l'Église, qu'un grand pêcheur qui se repent est un exemple à méditer par tous les chrétiens. Que mes péchés me seraient remis et que je pourrai être enterré en terre sainte... J'ai refusé. On m'a laissé le decret d'excommunication. Vous l'avez déjà reçu. Il s'est imprimé en moi en lettres de feu, il m'a tordu les entrailles, il m'a brûlé les veines de l'âme, comme si j'étais déjà un damné. J'ai prié, j'ai prié pour que Dieu m'éclaire, et j'ai compris que je n'avais pas le choix.

Je devrais donc demander à genoux ma grâce à l'audience, je le ferai à une seule condition, c'est que mon salut ne soit pas remis en cause, et je persisterai à nier les incantations au démon qui sont nulles en regard de la loi du Christ puisque j'ai toujours refusé d'engager mon salut.

Samedi 22 octobre 1440
Confession en jugement de Gilles de Rais [1]

Le samedi 22 octobre, comparurent en personnes, en jugement, devant lesdits seigneur évêque de Nantes et frère Jean

1. Idem.

Blouyn, vicaire de l'inquisiteur, siégeant en tribunal pour rendre droit, au lieu désigné ci-dessus, à l'heure de vêpres, ledit Maître Guillaume Chapeillon, promoteur, demandeur, d'une part, et ledit Gilles de Rais, accusé, d'autre part.

Et pour observer le terme de l'assignation, le promoteur demandant auxdits seigneur évêque de Nantes et frère Jean Blouyn, vicaire de l'inquisiteur, qu'ils interrogent ledit accusé pour savoir s'il voulait dire autre chose ou objecter contre ce qui est dit en la cause, l'accusé dit et répondit ne rien vouloir dire, mais volontairement, et librement, avec une grande contrition de cœur et une grande amertume, ainsi qu'il apparaissait à première vue, et avec une grande effusion de larmes, il confessa ce qu'il avait déjà confessé hors jugement dans sa chambre en présence du révérend père, le seigneur évêque de Saint-Brieuc, de Maître Pierre de L'Hôpital, président de Bretagne, de Jean de Touscheronde et de Jean Petit. Et il reconnut que toutes les choses contenues et insérées dans lesdits articles et chacune d'elles étaient et sont vraies. Et l'accusé lui-même ajoutant à son autre confession hors jugement, sans s'en écarter, voulut la répéter et la réciter ici, et afin de remédier à ses défauts dans le cas où il aurait omis quelque chose et afin de faire de plus amples déclarations sur des points développés sommairement dans les articles susdits, il confessa spontanément et déclara qu'il avait commis et perpétré d'autres grands et énormes crimes, iniquement, depuis le commencement de sa jeunesse, contre Dieu et ses commandements et qu'il avait offensé notre Sauveur du fait du mauvais gouvernement qu'il avait eu dans son enfance, où, sans frein, il s'était appliqué à tout ce qui lui plaisait, et s'était complu à tous les actes illicites, et il pria ceux des assistants qui avaient des enfants de les instruire dans les bonnes doctrines et de leur donner l'habitude de la vertu pendant leur jeunesse et leur enfance.

Confession de Gilles de Rais

S'ensuit la confession hors jugement dudit Gilles de Retz, accusé, audit Seigneur évêque de Saint-Brieuc, par lesdits seigneur évêque et vicaire députés pour ce qui regarde la juridiction ecclésiastique, et Maître Pierre de Lhospital, président, Jean Labbé, Yvon de Rosceff, écuyer, Jean de Touscheronde, clerc, et moi notaire susdit, à ce spécialement convoqués en la chambre donnée audit Gilles en la tour Neuve du château de Nantes, pour son séjour, réfection et coucher, pendant le procès contre lui commencé, ainsi qu'il est susdit, ladite confession volontairement et librement et sans contrainte faite le vendredi 21 dudit mois d'octobre l'après-midi dudit jour et année susdite.

Et I° sur laprise et mort de plusieurs enfants, vice de luxure sodomique et contre nature en cruelles et horribles manières avec lesdits enfants, sur les invocations aux démons, oblations, immolations ou sacrifices, promesses et obligations par lui Gilles de Retz, accusé, à eux faites, et autres choses dont au Ier et autres articles suivants est fait mention, ledit Gilles de Retz, interrogé, dit et confessa volontairement librement et douloureusement, avoir commis et perpétré le crime et péché de sodomie avec plusieurs enfants, le délit d'homicide, les invocations aux démons, oblations, immolations, promesses et obligations et autres.

[...] *Item*, interrogé qui l'avait induit, conseillé et enseigné à faire lesdits crimes, répondit qu'il le fit et perpétra de son imagination et pensée, sans conseil de personne et de son propre sens, seulement pour son plaisir et délectation de luxure, et non pour quelconque autre intention ou fin.

Et ledit président, s'étonnant que ledit accusé, de lui-même et sans instigation de personne, ait accompli lesdits crimes et délits, somma de nouveau ledit accusé de dire pour quels motifs ou intentions et à quelles fins il faisait mourir lesdits enfants, faisait avec eux ledit péché et faisait brûler leurs cadavres et autres crimes et péchés susdits, voulant que ledit accusé plainement déclare, pour décharger sa conscience qui vraisemblablement l'accusait, et plus facilement obtenir la faveur du très clément Rédempteur ; alors ledit accusé, comme indigné d'être ainsi sollicité et interrogé, dit audit Seigneur Président : « Hélas ! Messire vous vous tourmentez et moi avec[1]. » Lequel seigneur président lui répondit : « Je ne me tourmente point mais je suis moult émerveillé de ce que vous me dites et ne m'en puis bonnement contenter et ainçois je voudrois et désire que par vous en scavoir la pure vérité pour les causes que je vous ay souventes fois dites. » Auquel seigneur président ledit accusé répondit : « Vrayment il n'y avait autre cause, fin ni intention que ce que je vous ay dit, je vous ay dit de plus grandes choses que n'est cette cy, et assez pour faire mourir dix mille hommes. » Sur quoi ledit président cessa d'interroger ledit accusé, mais ordonna de faire venir ledit François Prelati en ladite chambre, et en la présence dudit Gilles, accusé, et autres assistants, constitués en personne, ledit Gilles et François ensemble furent interrogés par ledit seigneur évêque de Saint-Brieuc, sur l'invocation des démons et oblations du sang et membres desdits petits enfants, de quoi lesdits Gilles et François s'étaient déjà confessés, où ils firent lesdites invocations et oblations par eux déjà confessées.

Lesquels Gilles et François répondirent que ledit François, fit plusieurs invocations aux démons, et expressément à un nommé Baron, du mandement dudit accusé, tant en son absence qu'en

1. Cette phrase et les réponses suivantes sont en français.

sa présence, et outre dit ledit accusé qu'à deux ou trois invocations il fut présent, et spécialement auxdits lieu de Tiffauges et de Bourgneuf en Rais, mais dit que jamais il ne put voir ou entendre aucun démon. Ledit accusé et tous les deux disent qu'une cédule obligatoire, écrite et signée de la main dudit Gilles, fut transmise audit Baron par ledit François, par laquelle ledit Gilles se soumettait audit Baron et à son mandement, et lui donnerait ce qu'il voudrait, sauf son âme et la perte de sa vie ; et ledit accusé promit audit Baron la main, les yeux et le cœur d'un enfant, qu'il lui fit offrir par ledit François, ainsi qu'il dit, mais que ledit François ne les donna, selon ce que ledit accusé et François, en leurs confessions, ont dit et déclaré, à laquelle ledit François à son égard se rapporte.

[...] Et ensuite, après ladite confession en jugement volontairement et librement faite et confessée, exhorta le peuple étant là, et surtout les hommes, ecclésiastiques aussi, y assistant en petit nombre, qu'ils aient toujours la Sainte-Mère Église en vénération et grandement l'honorent, et jamais ne s'en séparent, et que leurs cœurs et affection dirigent vers elle, sans cela ils ne pourront échapper aux malices du diable ; exhortant en plus quelconques pères de famille de veiller que leurs enfants ne vécussent délicatement, et ne les tolèrent vivre dans l'oisiveté, disant et assurant qu'en cette oisiveté plusieurs maux s'engendrent, déclarant expressément que pour lui cette oisiveté et grande curiosité, boire des vins chauds fréquemment, l'ont principalement incité à s'adonner à tous les péchés et crimes et délits perpétrés par lui, desquels à son Créateur et très pieux Rédempteur miséricorde et faveur demande, et aux parents et amis desdits enfants et jeunes gens si cruellement tués et à quelconques autres en quoi il a délinqué, et desquels il est responsable en effet, demande rémission à tous les fidèles chrétiens et adorateurs du Christ, tant présents qu'absents, implorant leurs dévotes oraisons humblement et en pleurant.

Il vous serait pourtant facile de réfuter toutes ces horreurs. Il vous suffit de faire appeler à la barre ceux qui partageaient ma vie : les chevaliers, les écuyers, les enfants, le prieur, les servantes. Eux savent bien... Maître Chapeillon m'a confirmé l'enjeu de son marchandage... Si j'acceptais de reprendre à mon compte les accusations d'Henriet et de Poitou, Messire de Malestroit levait mon excommunication. Sinon je resterais excommunié, je n'aurais pas de prêtre pour m'assister devant la mort et mon corps serait jeté à la fosse commune. Malestroit me connaît depuis si longtemps. Il sait que je peux affronter en souriant le terme de ma vie. Pas la damnation de mon âme... Je n'avais plus le choix, Messire. Alors j'ai repris docilement les mensonges dégoulinants de sang de Poitou et d'Henriet. J'y ai ajouté ce que j'avais « avoué » pour arrêter la torture.

Vous connaissez désormais les ressorts cachés de ma métamorphose. Hier j'étais un chrétien qui criait son innocence. Aujourd'hui je suis un repenti qui confesse les crimes les plus odieux qu'un fou ait jamais pu rêver. Vous seul avez été surpris de ce revirement. Tous les membres du Tribunal ecclésiastique avaient été mis au courant par Malestroit de mon abdication devant les brodequins, et de ma capitulation devant l'excommunication. Je préfère être pour quelques jours un monstre aux yeux des hommes qu'un damné au regard de Dieu pour l'éternité. Ma foi seule me permet de traverser cet enfer.

Un jour nos descendants penchés sur vos grimoires s'étonneront de ma confession et de mon délire, comme vous vous en étonnez aujourd'hui. Quand Malestroit et l'inquisiteur m'ont déclaré contumax et m'ont publiquement excommunié, j'ai senti la terre s'ouvrir sous mon banc. Ainsi j'aurais refusé toute ma vie de négocier avec le démon ma part de salut pour me voir rejeter aujourd'hui au rang des bêtes et des maudits. Quand le promoteur est revenu dans mon cachot, je n'avais pas fermé l'œil et je tremblais. Il m'a remis les feuilles qui contenaient les « aveux » de Poitou et d'Henriet que je devais reprendre à mon compte. Je devais endosser tous les crimes imaginaires, toutes les infamies, tous les raffinements de l'escorcheur. C'était la condition sans appel de ma réintégration dans l'Église. Ils me tenaient parce qu'ils savaient qu'il était infiniment plus important pour moi que mon corps soit brûlé et mon âme sauvée, que mon honneur intact et mon âme perdue. J'ai dit tout ce qu'ils voulaient, j'en ai tant dit que personne jamais ne pourra me croire. Parce que j'ai pris grand soin de dire ce qui était impossible à prouver. Et pratiquement incrédible pour un esprit sain. Ce qui leur importe, ce ne sont pas les preuves, c'est l'épreuve qu'ils me font subir, jusqu'à ce que je craque. Et j'ai craqué. Qu'importe que ma chair soit livrée au feu de la terre puisque mon âme échappe aux feux de l'enfer.

Ils ont exigé que je me donne en spectacle devant les parents. Exigé que je répète par le détail en pleine audience les horreurs insoutenables de cette vivisection sur enfants.

Pourquoi ? Parce que le repentir du pécheur et son mea culpa devant la foule sont pâture nourricière pour la foi des paroisses.

Et surtout, comme ils ne disposent pas d'une seule preuve

matérielle ni d'un seul témoin crédible, ma confession sera la pierre angulaire de l'accusation.

J'ai consenti à tout. Sauf à l'essentiel. Cette confession est le prix du marché. Aux yeux de ceux qui m'écoutent, elle ne représente pas tant les aveux d'un criminel, que le remords d'un pénitent. Je me suis débattu toute la nuit. Toute la nuit j'ai prié Dieu pour qu'Il m'entende. J'ai vieilli de dix ans, vingt ans, trente ans, je ne sais plus. Mais le vieillissement n'a plus de signification physique. Les chiffres ont perdu leur sens. Que pèsent quelques dizaines d'années alors que je peux auner en dizaines d'heures l'étroit ruban de temps qui me sépare de mon entrée en Dieu.

Le capitaine de la prévôté m'a fait monter ce matin une cordée de gros rondins dans ma chambre. Le temps se gâte m'a-t-il dit. Mon sourire l'a surpris. Il a insisté : « Le froid arrive »... Que peuvent désormais pour moi les saisons terrestres alors que l'éternel été a commencé de germer dans mon sang ?

23 octobre

Messire,

Le message qui m'est adressé aujourd'hui a mis quelques semaines à m'atteindre. Je ne vous dirai pas comment il m'est parvenu. Mais il m'apprend que le 9 septembre, c'est-à-dire le jour de mon retour à Machecoul, le duc de Bretagne a décidé, au mépris de l'honneur et des lois, de confisquer mes biens et d'en doter son fils François par un acte notarié qui n'est qu'un acte de brigandage puisque ce document est antérieur à mon procès. Vous ne pouvez pas l'ignorer et votre silence couvre – sinon légalise – la piraterie. Je ne vous apprendrai pas le caractère de votre suzerain : un esprit médiocre, âpre au gain et conduit en toutes choses par le souci de ses intérêts. Peureux, retors et cupide. En un mot, vil. Mais vous connaissez bien les recettes et les profits de cette vilenie.

Depuis trois semaines, j'avais préparé à votre intention non pas un plaidoyer mais un mémoire où je tentais – non pas de me justifier – je n'ai pas commis les crimes qu'on me prête – mais de vous éclairer ma vie, ses lignes de force et ses signes de faiblesse. De vous retracer le cheminement de mon déclin.

Depuis la mort de Jeanne, je n'ai fait que me survivre. La blessure ne s'est jamais cicatrisée. Elle saigne toujours.

Je voulais détruire ces quelques pages où je vous ouvrais mon cœur et ma mémoire. Puisque, aujourd'hui, elles sont devenues sans objet. Je ne voudrais pas ajouter à votre trouble et à votre débat de conscience. Car, chaque jour, je vous vois et je vous entends. Vous continuez à être le seul, sinon à croire à mon innocence, au moins à douter de ma culpabilité.

Aujourd'hui vous ne pouvez plus juger en toute sérénité puisque vous voilà devenu l'otage et le porte-parole des renégats.

Et pourtant je vais vous faire remettre ces feuilles par mon confesseur le frère Juvénal pour que vous soyez éclairé sur mes forces et mes faiblesses, sur mes révoltes et sur mes errements. Et surtout sur les mobiles et la finalité de mon procès. Ces pages ne sont pas un appel contre un verdict scandaleux. Elles sont un recours en grâce à votre conscience, elles vous permettront une révision de votre jugement intérieur.

Je vous demande de les lire demain, c'est-à-dire la nuit qui va précéder mon supplice. Elles trouveront plus sûrement le chemin de votre cœur. Quand vous les aurez lues, je vous conjure de les brûler sans plus attendre puisqu'elles n'ont été écrites qu'à votre unique intention.

Je viens solliciter trois faveurs exorbitantes que je vous exposerai à l'audience. Trois faveurs telles que jamais dans l'Histoire un criminel n'a osé en formuler de semblables à ses juges. Ces faveurs ont pour moi valeur de test et de preuve. Vous ne pourrez y consentir que si vous êtes intimement convaincu de mon innocence. Il vous est humainement, moralement et juridiquement impossible de les accorder à un tueur d'enfants. Et moi, je vous jure sur les ossements des ressuscités, que je n'ai jamais tué d'enfants. Et je vous demande devant Dieu qui nous écoute et qui nous juge :

– Que mon corps soit retiré du bûcher avant d'être brûlé.

– Que ma dépouille terrestre repose dans l'église du Moustiers des Carmes.

– Je vous demande enfin que je sois conduit au lieu de mon supplice par toutes les paroisses rassemblées en procession solennelle, et que ces milliers de chrétiens prient Dieu tout le long du chemin pour le repos de mon âme. Je sais que cet hommage inouï dépend de l'évêque de Nantes, c'est à vous de le lui imposer.

Ces trois grâces démesurées qui n'ont jamais, au grand

jamais, été octroyées à un homme accusé d'assassinat, d'hérésie, de simonie, de démolâtrie, avant d'être excommunié, je vous les demande du fond du cœur et du fond de ma nuit pour me prouver que vous croyez en mon innocence, puisque vous n'avez pas le droit en votre âme et conscience de les dispenser à un coupable.

J'attends votre sentence avec plus de confiance que de terreur.

Un dernier mot avant de clore cette suprême supplique dont les accents et les prières vont peut-être vous suivre tout au long de votre vie.

Un jour, notre lointaine postérité découvrira les mobiles et les artifices de la sordide conjuration qui me mène au bûcher. À dater de ce jour tous ceux qui ont participé à cette curée sont promis à l'exécration des générations à venir.

Acteurs, artisans, complices, prébendiers de cette parodie mortelle, leur mémoire est vouée au mépris de nos descendants. Ils rejoindront dans la légende les phalanges d'apostats et de fossoyeurs qui sont passés proverbe, comme Judas ou Ganelon. Il ne faut pas que votre nom soit mêlé à l'opprobre. Un seul geste, Messire, et vous sauvez votre mémoire. Vous n'avez pas le pouvoir de me gracier mais vous avez encore le pouvoir de refuser de signer les pièces les plus infamantes de ce dossier.

Un blanc, et vous vous épargnez le déshonneur qui frappera mes bourreaux. Parce qu'on y déchiffrera le sursaut de votre conscience. Vous vous devez de refuser d'apposer votre paraphe au bas des pages scandaleuses du jugement, celles qui sont issues de ma capitulation devant la Question[1]*. Ceux qui étudieront ces pages dans l'avenir liront votre désaveu dans cette marge vierge qui attestera du même coup la nullité juridique de ce deni de justice. Quand les hommes des siècles futurs découvriront le mécanisme de cette procédure – la torture au service de l'escroquerie – il ne faut pas que votre nom soit associé à cette infamie. Quelques lignes blanches, Messire, et vous sauvez votre âme.*

---

1. En fait, le Président du Tribunal Séculier n'est pas tenu de signer toutes les pièces. Ainsi Pierre de Lhospital ne signe pas les pièces capitales. Pour les uns il ne s'agit que d'une omission, pour les autres d'un refus délibéré.

« Mais un fait surprenant, sur lequel bien peu de ceux qui ont traité de cette affaire se sont penchés, demeurait certain. Une pièce du dossier de ce procès n'était pas valable en droit et c'était la pièce capitale. Chaque feuille de parchemin sur lesquelles étaient inscrits les comptes rendus des débats était signée par le Juge. Or, celle des aveux de Gilles ne le fut pas. Il est des choses inacceptables qu'un honnête homme ne saurait accepter. » (R. Facon et J. Parent, *La Conspiration des innocents.*))

Pour moi, je ne crains pas la mort. Je l'ai affrontée pendant vingt ans. J'ai si souvent respiré son relent de charogne et son parfum d'incendie... Et je sais désormais que nous ne craignons pas tant la mort que les affres du passage.

Au seuil de la délivrance, je vous prie de croire, Monsieur le Président, à ma profonde détresse en même temps qu'à ma certitude de me retrouver en Dieu.

Fin du journal apocryphe
de Gilles de Rais

25 OCTOBRE 1440
CONDAMNATION DE GILLES DE RAIS[1]

Et depuis, après le procès mené et conclu par la cour ecclésiastique contre ledit sire, celui-ci fut mené le 25 octobre au Bouffay de Nantes, où il y avait une foule si grande que ledit Bouffay était à peu près comble. Après que le procureur, par son ayant cause, l'eut accusé d'avoir commis les crimes indiqués et exposés ci-dessus, il reconnut les avoir commis et monseigneur le président lui demanda de tout dire à ce sujet, la honte qu'il en aurait devant lui valoir allégement d'une partie de la peine qu'il devrait en souffrir dans l'au-delà ; le dit sire reconnut alors devant ses juges qu'il s'était emparé de la place et forteresse de Saint-Étienne-de-Mer-Morte de sa propre autorité et à main armée, alors que Geoffroy Le Féron en était seigneur et en était en possession par un transport que ledit sire lui en avait fait auparavant ; et il reconnut que, devant ladite place, il avait contraint et obligé Jean Le Féron à la lui rendre et qu'audit lieu de Saint-Étienne, il s'était emparé de la personne dudit Jean Le Féron, et qu'il l'avait fait mener à Tiffauges, hors de ce duché, où il avait été longuement détenu, jusqu'au jour où il avait été délivré par l'intervention de monseigneur le connétable. De même, il reconnut qu'il avait désobéi aux injonctions à lui faites de par mondit seigneur le duc, qui lui demandait de rendre et de vider ladite place et de mettre en liberté Jean Le Féron, sous peine de cinquante mille écus d'amende. Il reconnut encore, en faisant montre de grands remords et d'une grande douleur, qu'il avait tué un grand nombre de petits enfants mâles, qu'il les avait fait brûler et mettre en poudre, afin de supprimer les traces de ses crimes et d'éviter les révélations desdits enfants et que, de plus, il avait commis les autres crimes décrits dans sa confession : de laquelle il lui fut alors donné lecture et qu'il reconnut et confessa être véridique.

Après cette confession, mondit seigneur le président demanda l'avis de plusieurs prud'hommes et de membres du conseil assistant à ce jugement ; ceux-ci déclarèrent qu'il était digne de la mort, les uns demandant qu'il la souffre de telle manière, les autres d'autres manières. Après avoir ainsi tenu conseil avec lesdits prud'hommes et assistants, mondit seigneur le président et commissaire du duc jugea et déclara, en ce qui concernait le premier cas, que ledit sire avait encouru les peines pécuniaires déjà mentionnées, et que celles-ci devraient être payées au profit de monseigneur le duc, et prélevées sur les biens et les terres dudit sire, avec modération de justice. Et en outre, en ce qui concernait les autres crimes commis et confessés par ledit sire, mondit seigneur le président et commissaire du duc jugea et

1. Extrait des « Minutes du procès ».

déclara que ledit Gilles de Rais devait être pendu et brûlé. Après quoi, il dit et déclara audit Gilles, afin qu'il criât merci à Dieu et se préparât à mourir en bon état, avec beaucoup de regrets d'avoir commis lesdits crimes, que, le lendemain, ladite sentence serait mise à exécution à onze heures. Alors ledit sire remercia Dieu et monseigneur le président de lui avoir notifié l'heure de sa mort. Il adressa ensuite cette requête à mondit seigneur le président : lui et lesdits Henriet et Poitou, ses serviteurs, ayant commis ensemble les horribles et énormes crimes pour lesquels ils étaient condamnés à mort, qu'il plût à mondit seigneur le président que lui et ses serviteurs, à la même heure et le même jour, souffrissent l'exécution de la sentence, afin que lui, qui était la principale cause des méfaits desdits serviteurs, pût les réconforter, leur parler de leur salut à l'heure de l'exécution et de les exhorter par exemple à bien mourir ; il redoutait, disait-il, que, s'il en était autrement, et que sesdits serviteurs ne le vissent pas mourir, ils pussent tomber dans le désespoir, imaginant qu'ils mouraient ; mais que lui, qui était la cause de leurs méfaits, demeurait impuni : il espérait au contraire, de la grâce de Notre-Seigneur, que lui, qui leur avait fait commettre les méfaits pour lesquels ils mouraient, serait la cause de leur salut.

Mondit seigneur le président accéda à cette requête, et en outre, tenant compte de cette profonde contrition, il accorda cette grâce audit Gilles : la dite exécution faite comme il est dit ci-dessus, il permit que son corps ayant auparavant été ouvert et embrasé par le feu, soit mis dans un cercueil et enseveli dans cette ville de Nantes, en telle église que ledit Gilles désignerait. Ce dont celui-ci remercia mondit seigneur le président, demandant que sondit corps soit enseveli dans l'église du monastère de Notre-Dame des Carmes de Nantes. Mondit seigneur le président se montra satisfait de cette solution. Et en outre ledit Gilles demanda à mondit seigneur le président de vouloir bien prier l'évêque de Nantes et les gens de son église de faire une procession générale pour demander à Dieu de maintenir en lui et en sesdits serviteurs le ferme espoir du salut ; ce qui, semblablement, lui fut accordé par mondit seigneur le président.

Ainsi signé : *De Touscheronde*

Arrêt rendu contre Gilles de Rais, coupable d'hérésie

Au nom du Christ,

Nous, Jean, évêque de Nantes, et frère Jean Blouyn, bachelier en sainte écriture, de l'ordre des Frères Prêcheurs de Nantes, vicaire dudit inquisiteur de l'hérésie pour la ville et le diocèse de Nantes, siégeant en tribunal et n'ayant en vue que Dieu seul, attendu le conseil et l'assentiment des révérends pères, seigneurs évêques, légistes, docteurs et maîtres en théologie, par cette véritable sentence définitive que nous mettons dans ces écrits, attendu les dépositions des témoins cités par nous et par notre promoteur, en cette partie par nous délégué en la cause de la foi, contre toi, Gilles de Rais, notre sujet et notre justiciable, en cette partie produits et diligemment examinés, et les dépositions fidèlement rédigées de ces mêmes témoins, attendu ta confession spontanément faite devant nous, et les autres attendus et les points considérés en cette partie qui ont justement ému nos âmes, nous décrétons et déclarons que toi, Gilles de Rais susdit, devant nous présent en jugement, t'es rendu coupable de la perfide apostasie ainsi que de l'horrible évocation des démons, que tu as méchamment perpétrées, et que tu as encouru pour cela la sentence d'excommunication et les autres peines de droit, afin de te punir et de te corriger salutairement et afin que tu sois puni et corrigé selon que l'exige le droit et le décrètent les santions canoniques.

Signé : *Delaunay, J. Petit, G. Lesné.*

ARRÊT RENDU CONTRE GILLES DE RAIS
« COUPABLE DE CRIME ET DE VICE CONTRE NATURE
AVEC DES ENFANTS »

Au nom du Christ,

Nous, Jean, évêque de Nantes, en tribunal siégeant et n'ayant en vue que Dieu seul, étant examinés et instruits par nous les motifs légitimes et les développements de la cause de la foi parvenus devant nous de la part de notre promoteur, en la cause par nous député, demandeur contre toi, Gilles de Rais, notre sujet et notre justiciable, en cette partie accusé, attendu les dépositions des témoins pour leur part et celle de notre promoteur, en cette cause produits, assermentés et diligemment examinés ; attendu la rédaction fidèle de leurs dépositions, attendu ta confession, par toi spontanément faite en jugement devant nous, et publiquement énoncée, et tous autres attendus et tous points considérés, qui, du point de vue canonique, ont préoccupé notre esprit ; ayant pris conseil des révérends pères et des maîtres de théologie et des légistes, par cette sentence définitive que nous portons dans ces écrits, nous te décrétons et te déclarons, toi, Gilles de Rais susdit, comparaissant personnellement en jugement devant nous, coupable d'avoir commis et méchamment perpétré le crime et le vice contre nature avec des enfants de l'un et de l'autre sexe, selon la pratique sodomite, et pour cela dans ces écrits, nous t'excommunions et nous décidons que tu as encouru les autres peines de droit, afin de te punir et de te corriger salutairement, et afin que tu sois puni et corrigé selon que l'exigent le droit et les sanctions canoniques.

Signé : *Jean Delaunay, J. Petit, G. Lesné.*

Au seuil de cette nuit qui va s'inscrire parmi les grandes veilles expiatoires de notre Histoire, le maréchal de Rais a regardé une dernière fois les compagnons de son calvaire et les témoins de sa métamorphose. La console, les chandeliers, le Livre d'Heures, les hanaps, le lit accoté à la cloison de la chambre de torture. Cette table où il s'est penché et épanché tant de soirs. Et l'âtre où les feuilles des premières confidences se sont consumées dans son ventre, les chenets.

Il se prosterne, pour la dernière fois, sous le christ exsangue à la couronne peinte et aux genoux qui saignent.

Personne désormais ne peut plus lui apporter ni tourment ni torture. Il sait qu'il va être le héros de la grande parade des Pénitents, et que pour les siècles des siècles cette marche à la mort est promise à l'immortalité. Gilles a obtenu la procession du Grand Pardon pour meubler son chemin de croix. Ce ne sera pas une prière de commande mais la mobilisation de la chrétienté au chevet du repenti.

Les tavernes, les églises et les cierges vont rester allumés jusqu'à l'aube. On a peu dormi dans Nantes cette nuit-là. Ceux qui se sentaient les reins gourds et les genoux frileux se relevaient des dalles humides de la prière pour aller vider des chopes de cidre ou de claré *Aux Enfants de Bretagne* ou *Au Plat d'Étain*, et puis revenaient s'agenouiller à leurs bancs entre les flammes des luminaires et les saints coloriés des vitraux. À l'aube, dans sa cellule, Gilles s'est confessé sobrement, très vite, auprès du frère Juvénal qui a remis, la veille, le message scellé de Gilles à Pierre de Lhospital. Il a fait un brin de toilette avant de s'habiller en manant – une robe de serf violine, élimée, serrée d'une cordelière. Et puis il a suivi docilement le capucin et les hommes d'armes jusqu'à l'église.

À l'issue de la messe chantée, le 26 octobre à 9 heures, Messire de Malestroit est sorti de la cathédrale, paré de tous ses ornements épiscopaux. La mitre dorée, la mante dorée, la crosse à boucle d'or. Il avance solennel et hiératique, avec la majesté cruelle d'un grand sacrificateur.

Jean V le suit, engoncé dans son long manteau de vair et d'hermine. Derrière lui, les chanoines du chapitre, le clergé et le menu peuple. Les prisonniers ferment la marche.

La procession passe devant le château de la Tour Neuve et Gilles jette un regard furtif à la chambre haute, son aire d'envol pour l'éternité.

La procession se déploie à travers un brouillard gluant qui

noie les falaises grises des maisons d'où émergent, comme des sémaphores, les flèches gothiques des basiliques.

La route étroite qui mène de la Tour Neuve à l'île de Bouesse est jalonnée d'églises et de chapelles. Les fidèles massés sur les parvis entonnent des psaumes au passage de l'évêque, et s'agglutinent au cortège ondoyant qui étire ses anneaux bariolés et ses liturgies funèbres le long du fleuve gonflé par les pluies d'automne. L'or des parures, le noir du deuil, le bistre des bures...

... Et les petits garçons endimanchés menés cérémonieusement par les familles comme vers une communion solennelle. Les chœurs des prêtres ouvrent le cortège comme, dix ans plus tôt, les moines ouvraient le chemin de l'armée de Jeanne d'Arc au chant des cantiques sur les berges du même fleuve. À l'arrière de cette foule, entre leurs gardes, Henriet, Poitou et Gilles. Gilles qui peint l'avenir aux couleurs du Paradis. Gilles qui va s'accouder, ce soir, à la table des anges et qui marche à petits pas, les jambes entravées, les mains liées, les yeux irradiés. Et qui parle, qui parle, qui parle. De Dieu, de pardon, d'amour et d'éternité. Des corbeilles de lys et d'étoiles fleurissent ses paraboles.

« Et remerciez Dieu de vous avoir montré un signe manifeste de son amour, en ce qu'il a voulu que nous mourrions, en notre force de bonne mémoire, sans avoir souffert, que soudainement nous fussions punis de nos maléfices. Aimez Dieu, ayez un regret de vos crimes au point de ne pas craindre la mort de ce monde, qui n'est qu'un petit trépas sans lequel on ne peut voir Dieu en sa gloire. »

En traversant le pont de la Loire, il a exhorté une dernière fois les deux larrons : « Nous devons désirer être hors de ce monde, où il n'y a que misère, pour aller en gloire perdurable : ensemble nous avons pêché tous trois mais incontinent que nos âmes seront séparées de nos corps, tous les trois nous entrerons en gloire avec Dieu au paradis... Pour cette gloire du ciel, je vous en prie, ne faiblissez pas, persévérez encore un peu, l'espace ne sera pas long désormais : ne perdez pas cette gloire qui vous attend et qui ne vous manquera jamais. »

Tout en devisant de leur proche arrivée au ciel, au terme de deux heures de marche lente, ils ont abordé la prairie de Bouesse. C'est une île poreuse et herbue où le souffle de l'océan a décoiffé les joncs rouillés, escale spongieuse des oiseaux migrateurs, des albrans s'y sont posés cette nuit pour repartir à l'aube vers les sables solaires du grand sud. L'air sent le fucus, le limon et la marée.

Le pâle soleil d'octobre se rince dans les ressacs du mascaret. Sur l'île grouille le peuple enfant des grandes fêtes tribales, en guenilles du dimanche. Trois mille hommes et femmes sont massés sur l'île : le peuple extatique des départs de croisades. Et les petits dans leurs surcots de velours, des centaines de garçons et filles remorqués par la main des femmes noires ou juchés sur les épaules des pères.

Des tignasses ébouriffées, des frimousses ensommeillées, des cous emmitouflés. On les traîne à la Bouesse comme à la Fête-Dieu ou pour le défilé des Reposoirs. On leur a dit qu'on allait brûler un grand pécheur...

Ce soleil voilé verse sur les potences une lumière ombreuse à reflets tournoyants. Au pied du batardeau, les baves d'écume accrochées aux séchoirs des filets démaillés, et les relents de vasières des eaux basses. Une carène ensablée dont l'entrave arborescente disparaît sous les souches et les ronces. Un vol erratique de plumes blanches tournoie autour des gibets. Les moines juchés sur les premières marches battent des bras la mesure des cantiques.

Des pistes osseuses se perdent dans le terrain vague semé d'écailles et de pelages, de cadavres d'oiseaux et de poissons morts. Loin des valets de feu qui s'activent autour des rondins, un grand homme gris et voûté, à la barbe de prophète marche solitaire et pensif le long de la rive. Ses pieds s'incrustent, entre les roseaux transis, dans le sable de la lagune où scintille la nacre noire et bleue des coquilles d'anodontes. Pierre de Lhospital a lu et relu toute la nuit la brûlante confidence de l'homme qui va mourir. Sur les feuillets, des grains de sable du séchoir étaient restés collés aux lunules des larmes. Et maintenant, il entend monter, entre les chevaux du fleuve et les abois du vent, la voix qui lui disait hier :

« Hélas, Messire, vous vous tourmentez et moi avec... » Il avait répondu : « Je ne vous tourmente pas, mais je suis très étonné de ce que vous me dîtes. Et ne peux simplement m'en contenter. » Et le soir, à l'issue du procès, Gilles avait dit : « Aujourd'hui je suis encore séparé de Dieu par un carreau de ciel à mon toit. Demain j'aurai passé derrière ce miroir...

» ... Une seule once de cendres d'enfants, Messire, et je me reconnaîtrai coupable devant Dieu et devant les hommes.

» Ne souillez pas votre âme, Messire, il est encore temps de refuser de signer les feuilles des aveux. »

Comme les matins d'automne sont frileux sur les rives du fleuve, Messire de Malestroit a fait édifier, dans la nuit, une tribune de bois peinte aux armes de Bretagne. Il s'y assied aux côtés de Jean V et des dignitaires. La place de Pierre de Lhospital va demeurer vide jusqu'aux instants qui précèdent l'exécution.

Gilles a déjà un pied sur l'échelle. Il se tourne vers Poitou et Henriet et sa voix de métal sonore s'élève, couvrant la prière des agonisants. Et d'un bout à l'autre de l'île, court dans les rangs pressés le mot de passe : « Chut, écoutez... »

« Je vous demande d'être forts et vertueux devant les tentations diaboliques et d'avoir un grand regret et une grande contrition de vos méfaits, mais aussi d'avoir confiance dans la miséricorde de Dieu et de croire qu'il n'est ni grand péché qu'un homme put commettre, que Dieu ne pardonne dans sa bonté et sa bénignité, à condition que le pécheur ait en son cœur un grand regret et une grande contrition et lui en demande merci avec beaucoup de persévérance. »

Les hommes et les femmes se signent.

Le vent qui vient de mer caresse les aulnes et les potences. Caresse les chevelures d'enfants brandis à tour de bras pour mieux voir le pénitent gravir les degrés de bois.

Des grands seigneurs et de hautes dames en velours d'apparat se pressent autour des condamnés.

De cette foule énorme et recueillie s'élève le bourdonnement de confuses prières. Sur l'océan des têtes, se dressent les trois gibets, avec à leur pied, les fagots entassés pour les bûchers.

Le bourreau rumine, hiératique au pied de l'estrade. Un silence de cathédrale descend du ciel laiteux. Gilles gravit les marches, pieds nus, jambes nues sous sa robe violine, et le bourreau le pousse vers l'escabel. Et là, les yeux au ciel et les cheveux au vent, il a dit :

« Ô vous tous qui êtes présents, par la passion de Notre Seigneur, je vous en supplie, priez Dieu pour moi de bon cœur. » Et puis, il a appelé saint Michel qu'il voyait chevaucher les nuages de l'estuaire : « Quand mon âme sortira de mon corps, veuillez la recevoir et la présenter à Dieu. Et vous Seigneur, une dernière fois, prenez-la dans votre miséricorde, sans la punir de ses fautes. »

Le regard de Gilles embrasse furtivement les dernières images de son royaume terrestre. Le soleil d'automne sur les écharpes vertes du fleuve, les clochers, les remparts et les tourelles de son château de La Suze. Et le ciel déchiré de corbeaux et de carillons.

Contrairement à la coutume, il n'y a ni sermon ni sentence, mais un immense murmure qui part de ceux qui prient vers celui qui va mourir. À l'instant où les valets de feu enflamment les rondins s'élève une longue plainte enfantine dont le sanglot troue le silence d'avant la mort. Comme si l'âme du condamné s'exhalait dans un cri d'enfant.

Le bourreau a placé l'escabel sous les pieds de Gilles, a resserré la corde autour de sa nuque. Et on a entendu un grand cri : Haa, haa, haa, qui s'éteint dans un râle étouffé. Et le corps du maréchal de Rais s'est balancé au-dessus des flammes. Le col brisé, la tête affaissée, la bouche ouverte, la langue pendante.

« En ce jeune homme ont fait pour un temps alliance les rouges sèves de la terre et les parfums de l'esprit[1]. »

Cette alliance et ce temps sont à jamais rompus.

Les premières mèches de feu lèchent les jambes et embrasent la bure qui se consume doucement en rougeoyant comme de l'amadou.

Brusquement, une flamme monte du brasier, une haute flamme jaune et bleue jaillit jusqu'à la corde qui se dénoue. Et le corps inerte retombe sur les braises. Alors, comme au Golgotha, les femmes de douleur se précipitent à travers les spirales d'âcre fumée et arrachent le corps aux brandons.

« Les demoiselles de son lignage rejetaient les cendres et les brindilles, arrachaient l'étoffe qui continuait à brûler à petit feu, essuient le visage et les cheveux avant d'arroser le front de leurs larmes. Elles lavent le corps nu et l'ondoient, tandis que les religieuses se pressent à leurs côtés pour l'ensevelir d'une châsse qu'elles avaient emportée tout exprès[2]. »

Et sur cette châsse devenue suaire, tournait un grand vol de mouettes aux cris fêlés, relayées par le chant noir et gris d'un macareux sur le fleuve. Et les cloches dans toutes les églises sonnèrent à toute volée, si fort, si longtemps qu'on ne

---

1. Joseph Delteil, *Jeanne d'Arc*, Grasset.
2. Monstrelet, *Chroniques*.

distinguait plus les glas des complies et les baptêmes des tocsins. À l'odeur de lin pourrissant de la prairie de la Madeleine se mêlaient des relents de corne brûlée. Comme à Machecoul après le cloutage des chevaux. Comme à Tiffauges aux fumées de l'athanor. Et la foule restait longtemps à genoux avant de s'écouler dans un silence gorgé de larmes et de prières. Messire de Malestroit revint lentement jusqu'à la rive, en silence, aux côtés du duc de Bretagne.

La robe roussie et la tête inerte ballottent sur les épaules des porteurs. Le cortège des femmes a passé les ponts de la Loire.

Le chant des Psaumes de la Pénitence se mêle au grondement du fleuve. « Beati quorum remissae sunt inquisitates et quorum tecta sunt peccate. » Heureux sont ceux dont les iniquités ont été pardonnées et dont les péchés sont effacés !

Le corps du supplicié est pieusement déposé dans la crypte de la Trinité des Carmes. Le torrent mélodieux des syllabes latines ruisselle sous la nef. Et Gilles va rejoindre, à la droite de Dieu, les princes du sang et les princes de l'Église, gisants de pierre grise dans leurs tombeaux sculptés. En attendant que viennent s'étendre auprès de lui, comme pour conforter son immortalité dans la pierre, Marguerite de Bretagne, François II, Marguerite de Foix...

... Et Anne de Bretagne, la duchesse en sabots.

Leur sanctification minérale va durer trois siècles. En 1792, les « patriotes » saccagent l'église, brûlent les monuments, éventrent les cercueils et dispersent les restes des seigneurs.

Les os dans la Loire et les cendres dans le vent[1].

1. Les marbres du tombeau de Gilles seront dispersés et reconvertis en tablettes de cheminées. Il faudra attendre cinq siècles pour que « l'immolé » renaisse de ses cendres.

distinguait plus les gens des comptes et les laquais des [illegible] autour de lui [illegible] en passant (1). La [illegible] de la Madeleine [illegible] de bronze [illegible]. Comme [illegible] aux [illegible] de la [illegible] en temps [illegible] dans un [illegible] de [illegible] et de [illegible]. [illegible] Madeleine [illegible] la [illegible] du duc de Bretagne.

[illegible] sur le [illegible] de [illegible] les [illegible] de la [illegible].

Le [illegible] de la [illegible] au [illegible] (1), [illegible] sont [illegible] et [illegible] dont les [illegible] sont [illegible].

Le corps du [illegible] est [illegible] dans la crypte de la Trinité des Carmes. [illegible] sous la nef [illegible] de Dieu, les [illegible] de [illegible] dans leur tombeau [illegible] que [illegible] dans la [illegible] (1). [illegible]

(2) Anne de Bretagne, la duchesse [illegible].

[illegible] 1792, [illegible] les monuments, [illegible] les [illegible] de [illegible].

Les [illegible] dans [illegible] de [illegible].

(1) [illegible] du tombeau de [illegible] [illegible] de [illegible] [illegible] que [illegible] de [illegible].

III

J'ACCUSE

Somme toute, l'ensemble de cette procédure n'aura abouti à rien, si ce n'est à offrir un prétexte à un procès, et à la confiscation des biens de Gilles.

Charles Léa,
Histoire de l'Inquisition

Bourreaux, guichetiers, législateurs, racaille tonsurée, que ferez-vous quand nous en serons là ? Que deviendront vos lois, votre morale, votre religion, vos potences, votre paradis, vos Dieux, votre enfer, quand il sera démontré que tel ou tel cours de liqueurs, telle sorte de fibres, tel degré d'âcreté dans le sang ou dans les esprits animaux suffisent à faire d'un homme l'objet de vos peines ou de vos récompenses ?

Marquis de Sade

Mon manuscrit a dormi un an dans les tiroirs. « En attente ».

Je n'osais pas le proposer à un éditeur, parce que j'étais hanté par l'échec de tous ceux qui dans le sillage de Voltaire avaient tenté de rétablir la vérité historique : Salomon Renach, Fernand Fleuret, Maurice Garçon, Charles Langlois et quelques autres...

Leur démarche s'était heurtée aux incrustations de la Légende, aux traditions routinières des trissotins de l'Histoire et aux anathèmes des bateleurs de Barbe-Bleue.

Leurs tentatives n'avaient suscité que sarcasmes et réprobations. C'était : « une fantaisie, une provocation, un pamphlet », disaient les cuistres.

Quand, plus tard, des historiens de grand talent, Facon, Parent, Coetlan avaient tenté à leur tour d'éclairer le cloaque, leurs ouvrages avaient été noyés entre l'indifférence et l'hostilité, entre la casuistique et les ricanements.

Il leur avait manqué les moyens de se faire entendre. Mais quels moyens de forcer le barrage des cagots ?

Ah, si Maurice Garçon avait été encore parmi nous, avec sa magie dialectique et sa conviction torrentueuse ! Lui, aurait pu démontrer. Et démonter... Lui aurait pu plaider, lui aurait pu imposer la vérité à un tribunal. Mais quel « tribunal » ? Le mot s'était emparé de moi, m'avait investi, subjugué.

Le lendemain, je prenais le train pour Paris et j'allais frapper à la porte de mon ami Jean-Yves Goeau-Brissonnière, avocat de réputation internationale et de culture encyclopédique. Depuis trente ans, avocat-conseil du ministère des Affaires étrangères.

Il m'a écouté pendant une longue soirée en griffonnant des notes sur un agenda.

– Laisse-moi ton manuscrit, reviens me voir dans trois jours.

Trois jours plus tard, il acceptait d'être le défenseur de Gilles de Rais. L'idée du procès du procès historique était née.

– J'ai vu le président de la Commission de la Cour internationale des Droits de l'Homme. J'avais pensé d'abord à un recours à Strasbourg. Il m'en a dissuadé : « Nous ne sommes pas concernés par les procès de l'Histoire. Et il nous faut trois ans pour rendre un verdict... ». Il m'a conseillé de faire appel à une autre forme de justice. Très rare en vérité. On en compte trois ou quatre par siècle. Il s'agit d'une juridiction civile, composée de sept ou neuf hauts magistrats qui se constituent en Cour Arbitrale et rendent leur verdict en toute indépendance. Et leur sentence fait autorité. J'entends « autorité légale et morale ». C'est la seule forme de justice habilitée à juger le procès en réhabilitation du maréchal de Rais.

– Et comment peut-on les recruter ?

– Voilà ce que j'ai pensé. Je vais extraire de ton mémoire la quintessence de tes arguments. Je les remettrai en forme juridique et je les soumettrai à dix hautes personnalités – légistes, juristes, magistrats – membres du Conseil d'État, membres du Conseil Constitutionnel, présidents de Cours d'Assises ou de Cassation. Si sept d'entre eux jugent notre argumentation assez convaincante, je leur demanderai de se constituer en Cour Arbitrale et je plaiderai devant eux. On peut prévoir une audience publique.

– Où ?

– Pas au Palais de Justice... il faudrait envisager un haut-lieu de valeurs spirituelles, étranger aux pressions et aux contraintes.

– À quoi penses-tu ?

– À l'UNESCO.

– Pourquoi l'UNESCO ?

– Parce que notre juridiction Arbitrale, ce n'est plus le Tribunal des Droits de l'Homme, c'est « la Cour des droits de l'âme ». Je plaiderai donc pour la réhabilitation de Gilles de Rais. Mais il faut que tu me prépares le dossier, chapitre par chapitre, que tu éclaires les minutes et les audiences du Tribunal de Nantes de façon à dégager ses truquages, ses faussaires et ses violations. C'est donc toi qui assumeras, dans un premier temps, le déroulement, les points d'orgue, la documentation et l'argumentaire du plaidoyer. Nous le composerons ensemble, et je lui donnerai sa tonalité juridique. »

C'est cette plaidoirie – je veux dire, ce réquisitoire, qu'il a dédié à Maurice Garçon – que Maître Goeau-Buissonnière a prononcé, en mai 1992, devant les hauts magistrats de la Cour Arbitrale, dans le grand amphithéâtre de l'UNESCO.

Elle marque une date dans l'histoire de Gilles de Rais. Et dans notre Histoire. J'ai tenu à ce que l'essentiel de cette plaidoirie figure dans ce livre de la « malemort » de Gilles de Rais.

MAI 1992 :
PROCÈS EN RÉHABILITATION
DE GILLES DE RAIS

Les membres du Collège Arbitral désigné pour se prononcer sur la valeur de la sentence de mort exécutée le 26 octobre 1440, sont installés sur la tribune de l'amphithéâtre à l'UNESCO. L'huissier annonce au micro que le procès en réhabilitation du maréchal Gilles de Rais va être débattu. Le président a résumé pour ses collègues le sens de la démarche entreprise pour remettre en cause, dans l'intérêt de la vérité historique, une condamnation contestable. Il appartient à l'avocat posthume de « Barbe-Bleue » d'établir dans sa plaidoirie l'innocence de Gilles et, à tout le moins, la machination dont il fut la victime.

L'officier ministériel invite Maître Jean-Yves Goeau-Brissonnière à gravir les marches qui le séparent de l'estrade. La soixantaine svelte, les yeux vifs et clairs, le front évasé, le visage lisse aux méplats anguleux, l'avocat dépose sur le pupitre une lourde serviette et quatre antiques in-folio. De son cartable, il extrait les liasses de feuillets qu'il déploie en éventail.

Il esquisse un sourire crispé, sa main tremble un peu en classant ses papiers. Il cherche sa voix comme un chanteur avant l'audition. Elle s'affermit vite au fil des phrases.

– Monsieur le Président, Messieurs les magistrats, je vous assure d'abord de la gratitude du Comité pour la réhabilitation du maréchal de Rais, et par conséquent de la mienne, ceci pour avoir accepté, sur la base des dossiers qui vous ont été remis, d'écouter un plaidoyer qui va ressembler à une explication de textes.

Après un bref silence, il regarde posément le président et ses collègues puis, sur un timbre plus haut, solennel comme s'il prêtait serment, il lance :

– Le 3 janvier 1443, à l'heure où je vous parle, le roi de France dénonçait le verdict du tribunal piloté par l'Inquisition :

Charles VII adressait au duc de Bretagne les lettres patentes dénonçant la machination du procès du maréchal : « Indûment condamné », tranche le souverain. Cette démarche a été finalement étouffée par l'Inquisition et les intrigues des grands féodaux. Elle nous apporte aujourd'hui le substrat de notre supplique. Nous en avons repris le fil après cinq cent cinquante années. C'est long... Aussi long que la canonisation de Jeanne d'Arc, béatifiée cinq siècles après son martyre...

L'abbé Bossard, faussaire évangélique, à qui nous sommes redevables des premiers écrits de la fabulation a proclamé – un peu à la légère – « Il ne se trouvera jamais chez aucun peuple, dans aucun temps un homme assez misérable pour entreprendre l'apologie de Gilles de Rais. »

– Messieurs, je ne suis ni misérable ni apologiste, mais je veux être devant vous l'homme qui remet en cause un crime judiciaire.

Une brève pause, comme pour laisser s'envoler sa phrase, un tapotage machinal des feuillets, il enchaîne :

– Le gouvernement légal de la France a proclamé par la voix du roi, l'innocence du maréchal de Rais. J'estime que le gouvernement actuel, s'il n'incarne pas la continuité dynastique du roi Charles VII, représente son héritage légitime.

Si vous accueillez ma requête, il appartiendra au ministre de l'Éducation nationale de rétablir dans les manuels scolaires la vérité historique. Celle qui proclame le rôle primordial du maréchal de Rais dans la libération de la patrie française, en 1429. Cette réparation mettra un terme à la légende extravagante de Barbe-Bleue, qui entretient cette délirante confusion entre le monstre et le héros.

Donc, à l'automne de l'an 1404, naissait à Machecoul, dans la tour Noire du château, un enfant prénommé Gilles, qui va connaître le terrifiant destin qui fait l'objet de ce débat.

Rien, jamais, dans les annales judiciaires, ni Pierre Paul Sirven, ni Jean Calas, ni Jean Huss, ni Michel Servet, ni Alfred Dreyfus, rien ne se peut comparer à la formidable machination dont je vais vous démonter les rouages. L'Inquisition a retiré un héros à l'Histoire pour offrir un monstre à la Légende.

Je vous rappelle les grandes lignes de l'affaire. La source se situe, en 1426, à Saint-Jean-de-Beuvron où Jehan de Malestroit, évêque à la solde des Anglais, trahit la France pour livrer la place à l'ennemi. Le connétable de Richemont réussit à rattraper le traître et le jette en prison au manoir de La Touche.

« Les prisonniers anglais, dit l'historien Jean Chartier, furent tous mis à finances, mais ceux de la langue de France qui s'estoient rendus à la volonté d'iceux seigneurs de Rais et de Beaumanoir furent tous pendus. »

Gilles souhaitait pendre Malestroit, mais Arthur de Richemont préférait le garder comme monnaie d'échange. Ici se noue la génèse du drame. Ici le premier germe de la tragédie. Le félon libéré – il est toujours évêque de Nantes – va vouer à Richemont et à Gilles une haine inexpiable. Il mettra quinze ans à l'assouvir.

Dans un premier temps, il tend un piège à Gilles de Rais qui s'y englue. C'est l'affaire de Saint-Étienne-de-Mer-Morte. Affrontement mineur mais qui sert de prétexte au procès qui amène Gille devant le tribunal ecclésiastique de Nantes que préside Jehan de Malestroit. Motif d'inculptation : violences publiques dans une église sur un clerc tonsuré.

Gilles hausse ses larges épaules et fait front. En acceptant ses juges sur un problème de préséance religieuse, il ignore qu'il s'est livré à son bourreau. Le piège de l'évêque s'est refermé sur celui qui voulait le pendre.

J'ai longuement étudié les « Minutes du Procès », j'ai pesé chaque témoignage, j'ai analysé les pièces de l'accusation et je n'ai rien trouvé en dehors des aveux extorqués sous la menace de torture.

Aussi je vous demande l'autorisation de procéder devant vous à une brève récapitulation puisque, selon la formule d'un de nos illustres confrères, Maurice Garçon, aucun tribunal contemporain n'aurait osé condamner Gilles à six mois de prison avec sursis.

Donc, dans un premier temps, trucage de la procédure. On demande à l'accusé s'il reconnaît le tribunal. Oui, dit Gilles. Il reconnaît le tribunal pour être jugé pour hérésie, et il se retrouve inculpé de meurtre. C'est un peu comme si nous convoquions un délinquant primaire – coupable de vol à l'étalage – au tribunal de simple police. Il se rend libre à l'audience et se trouve attrait devant le Cour de Sûreté de l'État pour haute trahison. Comme ce fut le cas avec les Sections spéciales de Vichy où une demi-douzaine de traîne-patins qui purgaient quelques mois de prison pour marché noir, se sont retrouvés guillotinés place de la Concorde.

C'est, par conséquent, un tribunal de l'Inquisition qui va juger Gilles de Rais. Au filigrane de l'acte d'accusation s'inscrivent les invisibles volets d'un tryptique de tragédie : la passion, la politique et l'intérêt.

1. La passion : l'évêque de Nantes voue une haine mortelle à celui qui voulait le pendre quand il était prisonnier du connétable de Richemont.

2. L'affairiste sans scrupules qui a trahi la France au profit de l'occupant, n'a jamais pardonné au chef de guerre la défaite de ses employeurs.

3. La fortune de Gilles a toujours agi comme un aimant sur la convoitise de Malestroit. Il faut préciser que bien qu'amputée par des ventes massives et des bradages hatifs, cette fortune demeure considérable. Ces trois ferments vont mûrir au fil des années. Malestroit attend patiemment l'occasion d'assouvir sa vengeance. Et, dix ans après la Campagne de France, Gilles de Rais n'est plus le paladin d'Orléans, de Meung et de Jargeau. La mort de Jeanne a suscité en lui une trouble métamorphose. Il est devenu le seigneur obsédé d'alchimie, affamé de pierre philosophale, entouré de faux-monnayeurs et de vrais charlatans. Il dilapide sa fortune dans cette course au Graal. Et Jehan de Malestroit l'aura « à l'usure ». À l'usure au double sens du terme. User l'adversaire avec une stratégie d'usurier : prêts sur gages, ventes à tempérament, rachats en sous-main par des hommes de paille pour préparer main mise et Main Morte. Salomon Reinach a magistralement exposé le mécanisme de l'entreprise.

« Le duc de Bretagne, Jean V, et Jehan de Malestroit croyaient comme tous les hommes de leur temps, à la possibilité de transformer les métaux en or ; sachant que Gilles était très occupé d'alchimie, ils tremblaient de le voir redevenir riche et reprendre possession de ses biens. Mais comment perdre un si puissant seigneur, lieutenant-général de Bretagne ? L'assassiner n'eût servi de rien ; c'eût été mettre un terme à ses prodigalités. Il fallait le faire condamner à une peine qui entraînât sa déchéance et justifiât la confiscation de tous ses biens. »

Pendant que Malestroit tisse sa toile, Gilles poursuit sa quête effrénée. Ce n'est plus le preux de Beaugency, c'est le héros de Balzac, Balthazar Claes dans *La Recherche de l'absolu.* L'evêque a battu la campagne. Encore un mot à double sens, comme si souvent lorsqu'il s'agit de Malestroit. J'entends l'exploration et l'intoxication des villages. Et c'est au cours de sa « tournée pastorale » qu'il découvre le cadeau du hasard : les rapts d'enfants. Il fera de ce fléau si largement répandu dans toute la France médiévale un acte d'accusation diaboliquement élaboré.

Je résume le processus et le cheminement de la machination.

Premier temps : Gilles découvre qu'il est odieusement berné dans les tractations de la vente de Saint-Étienne-de-Mer-Morte. Berné et bafoué. Le cliché qui vient à l'esprit, c'est la banderille sur le taureau. Gilles voit rouge, il fonce, malmène Le Féron, et la porte de la prison se referme sur celui-ci.

Les premiers jours, dans sa cellule, il piaffe, rue, menace, hurle et injurie ses juges « ribauds et simoniaques » jusqu'au moment où s'opère lentement la prise de conscience. Il a fini par comprendre la manœuvre. D'où la première transformation qui s'opère en lui. La seconde viendra de la torture et de l'excommunication. Voilà les grandes lignes de l'affaire. Avant d'entrer dans l'énumération des iniquités et des violations, je voudrais écarter une objection qui ne manquera pas d'être soulevée, je veux parler du « contexte » de l'époque. Comment pourrions-nous aujourd'hui, avec nos mœurs, notre code et nos lois, juger en toute sérénité, en ignorant les coutumes, le climat particulier, la primauté du droit divin sur le droit civil, c'est-à-dire l'immixtion du religieux dans le juridique ?

Au nom de quoi allons-nous opposer à ce concept féodal notre justice contemporaine et ses règles démocratiques ? Eh bien, Messieurs, au nom des constantes de l'espèce. Je veux parler du droit naturel, c'est-à-dire l'ensemble des usages basés sur le bon sens. Au nom du droit public, celui qui régit les relations des particuliers et des gouvernements. Enfin et surtout au nom des Droits de l'Homme que vous défendez. Oui, vous êtes en mesure de réviser un jugement, non pas seulement avec des arguments de code, mais au nom des principes qui, depuis qu'il y a des hommes, régissent sinon la

Justice, au moins l'équité. C'est au nom de l'équité que je vous demande de déclarer que les juges de Nantes ont violé les lois humaines et divines.

Je sais que c'est aujourd'hui une sorte de rituel, pour un avocat qui plaide pour un coupable, d'imputer son crime aux malheurs de ses premiers âges, en dressant un tableau pathétique du foyer familial, entre le père ivrogne et la mère incestueuse. Ou l'inverse. Moi qui plaide pour une victime, je voudrais seulement vous rappeler la malédiction qui pèse sur Gilles dès l'enfance. Je n'ai ni les moyens ni l'intention de me livrer à un essai psychanalytique. Je voudrais seulement ébaucher une radioscopie élémentaire de Gilles.

Imaginez cette cité de pierre et d'ombre, ces murailles géantes, les archères qui les couronnent, les corbeaux qui les encorbellent, ces hautes cheminées luisantes de calcin, ces embrasures crénelées, le grand vent dans les galeries. Cette lugubre forteresse abrupte et hérissée, saillies, escarpes, bretèches, échauguettes... Au réveil de l'enfant, les salives de la nuit et les suints de la pluie aux fenêtres tréflées de la chambre obscure qui s'ouvre sur la cour intérieure et la herse du pont-levis. Et cette lumière grise, inerte, qui semble filtrée par une verrière.

Les spirales pavées des colimaçons descendent vers les cachots et les oubliettes, avant de s'enfuir sous les voûtes humides et poreuses des grands souterrains qui vont émerger très loin au soleil, entre les racines des yeuses et les feuillards des tauzuns.

Si je plante ce décor étouffant, c'est pour vous rappeler que l'enfant est livré à cette caserne féodale, entre meneaux et machicoulis. Livré au vertige du vide, au silence scandé par les appels des guetteurs. Voilà donc, Messieurs, l'« environnement » de Gilles. Il a pour lui ses lectures, son précepteur et la chapelle où s'éveille sa passion du grégorien. À 10 ans il parle le latin des lettrés. Il n'a pas d'amis. Il joue à la guerre avec les pages et les petits paysans. Et déjà son « vice » commence à éclore ses baies vénéneuses et à imposer ses désirs impérieux à ses compagnons de jeux.

Tout enfant est relié par le cœur et par le sang à des figures tutélaires qui nourrissent sa tendresse et ses rêves, qui essuient les larmes, qui inventent des jeux, qui enseignent les chansons, qui montent la garde à la fenêtre de la chambre. Pour Gilles, trois visages veillent au seuil du sommeil, entre le vol des phosphènes et la caverne des songes. Son père, Guy de Laval, qu'il adore. Son oncle, Amaury de Craon qu'il admire. Sa mère, Marie, qu'il révère. Et qu'il craint. En six mois son univers affectif ne sera plus qu'une cathédrale engloutie. Amaury de Craon meurt à Azincourt. Guy de Laval est éventré par un sanglier. Et Marie, sa femme, la mère de Gilles, se sauve très vite du château, et se marie avec Charles d'Estouteville.

Et ça, c'est le coup de grâce. Combien d'enfants gardent toute leur vie, dans une châsse de leur mémoire, l'image embaumée de la mère sanctifiée. Gilles n'a pas enchâssé le souvenir de sa mère. Il l'a répudié. Comme nous l'explique Michel Bataille, le meilleur analyste de la jeunesse de Gilles :

« "Au contraire, s'il la vit sans attendre dans les mois suivant la mort de son père, – puisque de toute façon elle quitta la scène à cette date – se remarier avec un homme qui fut nécessairement pour lui l'intrus, sinon l'ennemi (analyse en partie plausible mais pleine de pans d'ombre), il n'est pas improbable qu'il conçut pour elle du ressentiment, un mépris distant et, enfin, se défiant ainsi de celle qui était pour lui la plus éminente de toutes les femmes – sa mère – qu'il ait débouché dans le mépris de toutes les femmes."

» Que Gilles ait reporté plus tard, inconsciemment, sur Jeanne d'Arc des sentiments obscurs, sans pour autant être ceux qu'un fils témoigne à sa mère, la chose est possible.[1] »

Tels sont le décor, le climat et les horizons de cette enfance. Ceux qu'il aimait se sont déjà effacés de ces horizons... Reste cette solitude peuplée de chevaux et de reîtres, d'orgues et de jusarmes, de livres latins et de rêves troubles.

Ses trois morts lui font une âme orpheline. Si pour Freud tout homme passe sa vie à essayer de se guérir de son enfance, Gilles essaiera longtemps et n'en guérira jamais.

Il a 11 ans.

L'enfant qui grandit solitaire, sans amis et sans amour, à l'ombre des tours n'a plus de chaleur humaine autour de lui. Il cherche des compensations. Il ne trouve d'abord que l'exercice du plaisir solitaire qui « dégénère rapidement en vice ».

On a souvent écrit : Gilles est né homosexuel. Moi, je pense

1. Michel Bataille, *Gilles de Rais*, Mercure de France.

que cette homosexualité a été façonnée et accélérée, sinon déterminée par sa solitude et son mode de vie. Mais si on peut réprouver la pédérastie au nom d'une éthique sociale, la dénoncer au nom de la reproduction de l'espèce, au nom de quoi la condamner ? Au nom de la morale ? Au nom de la nature ? Comme dit Goethe : « On dit que la pédérastie est contre nature, alors qu'elle est partout répandue dans la Nature. »

Et ses compagnons de jeux - pages et paysans – vont devenir ses compagnons de lit. Des lits de joncs ou des meules de foin.

À 15 ans Gilles est pétri de contrastes. À la fois taciturne et faraud, athlétique et délicat, tyrannique et généreux. Mais déjà s'éveille en cet adolescent pugnace et rêveur le cavalier vif argent, habile au jeu de la quintaine, maître des joutes du dimanche qui va faire de lui cinquante ans après la mort de son oncle Bertrand du Guesclin, le premier capitaine de son temps. Je dis bien le premier de son temps. Je mesure votre étonnement et je vais m'efforcer de le dissiper.

JEANNE

J'ai eu la curiosité de relire les manuels d'Histoire de France, depuis le « Mallet et Isaac » de notre jeunesse, jusqu'aux récentes éditions distribuées dans nos collèges et lycées, sous le contrôle du ministère de l'Éducation nationale.

J'ai lu les chroniqueurs, les historiens et les biographes qui ont traité de cette fabuleuse Campagne de France du printemps 1429 où les victoires s'égrenaient comme une symphonie alexandrine des Châtiments : Orléans Beaugency Meung Patay Jargeau... Et j'ai été surpris, pour ne pas dire offusqué, de la volonté de ces écrivains – volonté inconsciente ou délibérée – d'occulter le rôle primordial de Gilles de Rais au cours de cette épopée. Certains le citent, la plupart l'escamote, d'autres le relèguent au rang de comparse. Pourquoi ? Parce que son nom tinte désormais comme une clochette de lépreux. Gilles de Rais sent le soufre. Oublions le pestiféré : un monstre n'a pas sa place dans cette marche à l'Étoile. Pour en avoir le cœur net, j'ai effectué un pèlerinage aux sources. Monstrelet, Jean Chartier, le *Mémoire de la Pucelle*, et les chroniques anglo-normandes du XVe siècle. Je vais vous donner lecture de quelques extraits particulièrement édifiants de ces chroniques, pour qu'il ne reste aucun doute dans votre esprit : le compagnon d'élection de Jeanne d'Arc, le héros pensant, le stratège de cette campagne se nomme Gilles de Rais...

L'avocat saisit quelques feuillets dans ses dossiers et commence la lecture à voix lente et recueillie, ponctuée de silences, et détachant au passage les morceaux de bravoure.

« Aussitôt que Charles VII eut accepté les services de la Pucelle, le premier auquel il songea, en effet, à la confier, fut Gilles de Rais.

« Environ la fin d'avril, fut baillé à ladite Jehanne Messire de Rais, Maréchal de France. »

Gilles de Rais fit partie du premier convoi par lequel Jeanne réussit à ravitailler la ville d'Orléans. Il la conduisit par la Sologne au point où l'on devait embarquer ces vivres pour leur faire redescendre la Loire jusqu'à la ville assiégée.

« Une fois à Orléans, le sire de Rais se montra un des héros du siège. Comme on le voit sur les registres de la ville de Tours, comme dans les chroniques contemporaines, le nom du sire de Rais figure toujours avec celui de Jeanne d'Arc, souvent à l'exclusion des autres, dans le récit de la délivrance d'Orléans.

[...] À partir de ce moment, jusqu'au sacre de Charles VII à Rheims, il joue dans notre histoire, en la compagnie de Jeanne d'Arc, un rôle dont on ne soupçonnerait pas l'importance à la lecture des histoires générales de la France. Les noms des autres compagnons d'armes de la Pucelle, le duc d'Alençon, le Bastard d'Orléans, La Hire, Xaintrailles, ont trop fait pâlir sa gloire. »

Les chroniques contemporaines, soit locales, soit étrangères, sont plus justes à son égard, et c'est à ces chroniques anciennes qu'il faut recourir pour apprécier ce qu'il fût.

[...] À Rheims, le jour du Sacre, il fut un de ceux que l'on désigna pour aller chercher la Sainte Ampoule conservée à l'abbaye de Saint-Rémi.

On trouve des chroniqueurs qui lui attribuent à lui seul l'honneur de l'avoir apportée.

« Et fut apportée à l'abbaye de Saint-Rémy l'Ampoule en l'église de Notre-Dame par le sire de Rais, maréchal de France », dit Jean Chartier.

Cette assertion a été reproduite par quelques historiens ou biographes.

Elle montre que Gilles de Rais, dans cette circonstance comme dans les autres, a plus fixé l'attention de ses contempo-

> rains que ses compagnons d'armes et qu'on le regardait comme le chef de la délégation.
>
> Ce jour du 17 juillet fut glorieux, non seulement pour Charles VII, mais encore pour Gilles. Un des premiers actes du roi, après son sacre, fut de donner le bâton de maréchal à un guerrier qui, malgré sa jeunesse, avait déjà fait ses preuves de courage et s'était toujours montré l'un des plus fidèles des plus fermes soutiens de ses droits[1]. »

C'est encore à la demande de la Pucelle, que Gilles s'installe à Senlis, où Jeanne le rejoint.

> « Abandonnant le roi et ses conseillers, Jeanne et Gilles partent vers la capitale avec le duc d'Alençon et le maréchal de Boussac, pour l'assaut de Paris[1]. »

Quand Jeanne émerge du glacis et qu'elle sonde de la hampe de sa bannière l'eau croupie de la douve, une flèche lui perce la cuisse. Elle demande vainement à Gilles de donner l'assaut. Il refuse. Il est bouleversé à la vue du sang qui coule de la blessure. Il tient à la porter lui-même à l'abri des arbalètes, comme il avait volé à son secours et qu'il l'avait prise et enlevée dans ses bras lorsqu'elle avait été blessée à l'assaut des Tourelles. C'est cette mystérieuse tendresse qui relie Gilles à Jeanne qui va sauver Paris de l'assaut français.

Il est facile d'affirmer, et les faussaires ne s'en sont guère privés que Gilles s'est désintéressé du sort de Jeanne. Voyons la réalité des faits. À la Noël de l'an de disgrâce 1430, Gilles qui a levé à ses frais des centaines d'hommes d'armes, a rejoint à Louviers la garnison qui vient de s'étoffer des troupes de Dunois.

Pourquoi Louviers ? Parce que la cité est à quelques lieues de Rouen. Et qu'à Rouen, Cauchon et les Anglais torturent Jeanne. Louviers n'a pas grand intérêt stratégique. C'est une place-forte isolée du royaume qui ne commande aucune voie de communication.

Je vous lis le texte de la chronique qui nous atteste la présence de Gilles à Louviers et l'organisation de son armée. Gilles a choisi Louviers parce qu'en ce novembre frileux et

1. Chroniques anglo-normandes du XVe siècle (médiathèque de Nantes).

givré de 1430 est parvenue à Tiffauges une nouvelle qui l'a fait trembler et qui a précipité son départ.

> « Il y avait, en effet, à Louviers, une véritable armée dont l'un des corps avait été équipé, comme pour l'attaque de Jargeau et la campagne de la Loire, par les soins et aux frais du maréchal de Rais. Lui-même nous l'apprend par un acte authentique signé de sa main, et jusqu'ici inconnu, dans lequel il dit et reconnaît "qu'il doit à Rolland Mauvoisin, son écuyer, capitaine du Prinçay, la somme de huit vingt écus d'or pour achat d'un cheval moreau, sellé et bridé, qu'il a promis à son très cher et bien-aimé écuyer Michel Machefer, capitaine de gens d'armes[1]". »

Je referme, avec Louviers, le Livre d'Or du conquérant : « Il a joué dans notre Histoire un rôle dont on ne devine pas l'importance à la lecture des *Histoires Générales de la France*. »

C'est le moins qu'on puisse dire : Gilles a été exécuté deux fois. La première par Malestroit, la seconde par les historiens. Comment un écrivain aussi talentueux, aussi consciencieux, aussi documenté que le professeur Herubel ose-t-il écrire à propos de la valeur militaire du maréchal de Rais : « On ne peut la juger mince. » Ici nous respirons à plein nez les relents de soufre. Il n'est pas convenable que Barbe-Bleue ait été un preux chevalier.

C'est l'effet inverse du constat de M. de Chateaubriand pour Napoléon : « L'Histoire a oublié le tyran pour ne plus connaître que le héros. » Ici les historiens veulent oublier le héros pour ne plus connaître que le tyran.

Je reprends la conclusion des chroniques :

« Gilles a fixé l'attention de ses contemporains plus que ses compagnons d'armes, et on le représente comme le chef de la délégation. »

Ce que confirme l'Institut national de Documentation.

« Des quatre maréchaux, Boussac était pauvre, Richemont en disgrâce : Roux, prisonnier des Anglais. C'est Gilles de Rais qui fut le véritable maître des troupes royales. » Inutile de multiplier les exemples. J'ouvre seulement une brève parenthèse sur les liens mystérieux qui unissent Gilles à

1. Idem.

Jeanne, et qui ont suscité tant de mythes littéraires et de fables amoureuses.

Entre Jeanne et ses chefs de guerre, filtre un trouble sentiment tissé de tendresses impalpables et de courants magnétiques. Quoi ! cette fille flexible et drue, cette princesse brune aux cheveux courts, aux seins lourds, « baraquée comme un modèle de statuaire » et qui « lave dans le sang le trouble énervement de ses sens » et tous ces vieux fauves au poil rude et aux mains voraces dont la vie s'est partagée entre folles chevauchées et filles chevauchées, ils cotoient chaque jour cette radieuse femelle habitée par la Grâce, et ils n'ont pas envie de la toucher ? Ils ont subi son enchantement, respiré sa sueur, essuyé ses larmes, étanché le sang de ses blessures. Et pas la moindre tentation ? Il faut croire que son « aura » interdit aux compagnons de Jeanne les imaginations charnelles et les abois du sang.

Et Gilles ? Son cousin Guy de Laval écrit à sa mère : « Il semble chose toute divine à la voir et à l'entendre... Nonobstant qu'elle fut une jeune fille belle et bien formée et que par plusieurs fois, tout en l'aidant à l'armer que autrement et en la faisant appareiller à ses plaies, Gilles approchait souventes fois... » Il approchait souventes fois...

Dans la fascination que subit Gilles, il ne s'agit pas d'amour romanesque. Ni Table ronde ni Cycle d'Arthur. Il subit cette mystérieuse aimantation qui laisse les chevaliers de l'escorte les jambes molles et le cœur chaviré.

Jeanne demeure la clef de voûte de la tragédie. Clef de voûte et d'envoûtement. Son « charme » a irradié Gilles, l'a galvanisé, transcendé. Et la mort de Jeanne le révolte, le révulse, le ravale à cette mélancolie organique qu'il traîne depuis l'enfance et qu'il va s'efforcer d'exorciser par la magie.

Jeanne et Gilles. Gilles et Jeanne... laissez-moi vous lire une page du plus beau livre jamais consacré à la Pucelle. Je veux parler de la *Jeanne d'Arc* de Joseph Delteil.

« Jeanne sentait son âme se fendre, sa chair se fondre dans l'air. Jeanne fille de la terre, est toujours éminemment sensible aux forces, aux grâces de la nature.

[...] Près de Jeanne est étendu Gilles de Rais. Il dort déjà comme un grand enfant blanc et dépoitraillé ; et Jeanne comme en songe considère sa poitrine plate et dure, cette poitrine de jeune homme éclatant.

[...] Il dort la bouche entrouverte vers le ciel, attendant

quelque colombe mystique. Son jeune visage rose, ses joues fraîches paraissent nourries de candeur, d'ambroisie et de viandes de bœuf. Son torse ivre de santé répond aux lois de la composition et de la plénitude. Il est imberbe, tendre, pétri de grâce et de force. De ses longs cils, lisses comme les ouïes des poissons, à ses longs doigts, fins comme les pattes des merles, tout témoigne de son accomplissement, tout respire cet accord d'épaisse substance et de minces attaches où se reconnaît l'être des privilèges. En ce jeune homme ont fait pour un temps alliance, les rouges sèves de la terre et les parfums de l'esprit. Il dort, monceau de merveilles, assemblement d'atomes de choix, amas d'âme et de chair ; il dort insensible sous le soleil... »

On peut toujours broder et brocarder l'idylle de Gilles et de Jeanne. Mais voilà le témoignage irréfutable, le grand cri d'amour meurtri, la blessure secrète exorcisée par la fête populaire : *Le Mystère d'Orléans*. Gilles a ressuscité Jeanne à travers la plus fastueuse mise en scène de l'histoire du Théâtre. Ce formidable déploiement d'hommes de masques et d'épées qui mêle la Passion à la frairie, le Mystère à la sotie et la kermesse à la retraite aux flambeaux.

Cette immense clameur de la ville délirante où se confondent les cris de joie et les cris de guerre, c'est le plus fabuleux chant d'amour jamais orchestré par un chevalier pour sa dame :

« Je suis prêt aussi par mon âme
À aller quand elle voudra[1]. »

GILLES

L'homme qui chevauche les blés et les nuages dans l'été brûlant de la Touraine et du Valois, l'homme – le seul homme – qui cherche à libérer Jeanne, et dont la vie avant le bûcher de Rouen s'exalte entre les fanfares de l'héroïsme, les ailes sonores de te deum et les vivats sans fin dans les villes

1. Le manuscrit du *Mystère d'Orléans* est déposé à la Bibliothèque du Vatican.

pavoisées – Ah, Orléans et les jonchées de fleurs sous les pas des chevaux – n'est plus qu'une âme en peine. Et aussi une âme en quête d'autres rivages. Il cherche désespérément une autre marraine, une autre merveille, un autre miracle.

C'est Alain Fournier qui dit : « Un homme qui a fait un bond dans le Paradis, peut-il s'accommoder de la vie de tout le monde ? »

Non, Messieurs, il est obligé de chercher autre chose. Une autre pâture à ses rêves, d'autres gloires et d'autres vertiges. Et voilà comment il se tourne vers l'Au-delà, parce que ce qu'il a connu et éprouvé avec Jeanne, il sait qu'il n'en retrouvera jamais l'équivalence terrestre. Il brise le tain du miroir enchanté pour regarder au verseau du biseau, là où l'incantation devient le véhicule du merveilleux.

« Du mysticisme exalté au satanisme exaspéré, il n'y a qu'un pas, dit Huysmans, dans l'Au-delà tout se coudoie. » Et l'âme de Gilles est un chaudron de sorcière où bouillonnent Ariel et Caliban, Isis et Osiris, l'Archange et Lucifer.

Gilles a recopié la flamboyante prière de Nicolas Flamel[1] mort à Paris vingt ans plus tôt. Nicolas Flamel à qui le peuple de France attribuait le pouvoir suprême qui change les pierres en or. Et dont la mémoire était révérée comme celle d'un apôtre magicien. La prière de Nicolas Flamel, Gilles la répète à genoux dans sa chapelle, la nuque inclinée et levant de temps à autre les yeux vers le christ de bois sculpté.

« Je vous le demande par Jésus-Christ, la pierre céleste, angulaire, miraculeuse et fondée de toute éternité qui commande et règne avec vous... »

C'est parce que Dieu restait sourd à cette prière que Gilles s'est retourné vers le Prince des Ténèbres, mais sans vouloir engager son âme et sa part de salut.

C'est le silence de Dieu qui lui ouvre les dialogues du Démon. Et c'est le Démon qui lui verse l'odeur du soufre qui va lui coller à la peau comme une tunique de Nessus, cette odeur du soufre qui va devenir la puanteur du crime.

Je vous demande de vous reporter par la pensée, j'allais dire par la narine, dans cette chambre basse où les mofettes de soufre se mêlent aux vapeurs de mercure, aux remugles –

---

1. Nicolas Flamel, mort vingt ans plus tôt (1418), a construit l'église de Saint-Jacques-de-la-Boucherie grâce à *l'or de la pierre philosophale*.

sueur des hommes et sueur des métaux –, et le feu, toujours le feu. À force de voir s'affairer les chaufourniers de l'enfer, comment s'étonner que les esprits simples s'imaginent voir les feux follets hanter les souterrains.

Quand on balaie les cendres, les rifles et les copeaux, le mystère demeure. Les valets en parlent, entre eux à la cuisine, de ces cendres et de ces odeurs. Eux n'ont jamais parlé de sacrifices humains. Mais, dans les villages, la rumeur « fait le pont », je veux dire l'amalgame entre les fourneaux et les démons, les odeurs et les disparitions d'enfants. Et Malestroit n'aura qu'à souffler sur les braises pour que le feu des alchimistes devienne la cuisinière de Landru.

À en croire les menteurs – et les bonimenteurs – de « Gilles-de-Rais-Barbe-Bleue » on ne peut jamais entrer dans la forteresse à l'improviste. Le Maréchal en proie à ses lunes de sang, occupé à découper le garçonnet du jour, fait interdire l'entrée du château par deux cents spadassins. Un jour de 1438, où il force les feux dans la salle basse du château, un seigneur se présente à Tiffauges à la tête d'une forte escorte de cavaliers et demande à le voir.

– On ne passe pas, dit le capitaine des gardes.

– Je suis Louis de Valois, Dauphin de France, je veux voir le maréchal de Rais.

Le capitaine blémit :

– Je vais avertir Messire.

Panique chez les bourreaux. Où cacher les cadavres ?

Dom Lobineau nous apporte la réponse dans son *Histoire de Bretagne* : « Ce jour-là, Gilles de Rais s'affole à l'idée d'être surpris dans l'exercice de sa philosophie métallique. » Il va falloir éteindre les fourneaux et effacer les caractères cabalistiques tracés sur le sol. Ouvrir les fenêtres pour chasser les bouffées suspectes, éteindre les grands cierges blancs qui éclairent les évocations.

Tandis que le futur Louis XI fait les cent pas dans la cour du château, Gilles, Poitou, Blanchet se ruent sur les alambics. Il faut planquer le *Grand Livre* et camoufler le vif argent, déménager la soufflerie, escamoter les cornues.

– Alors ? s'impatiente Louis.

Gilles arrive, rouge, essoufflé et confus. Il s'excuse :

– Pardon pour ce retard, Messire, nous avons fait une longue battue cette nuit et je dormais.

Le Dauphin entre, respire une odeur insolite, vapeurs de

l'hydragire et relents de l'ignition. Les poussières et les copeaux jonchent encore le sol. Ainsi l'héritier du trône de France entre au hasard dans l'antre du monstre qui le fait patienter vingt minutes. Et pendant son séjour, il ne respirera que des fumées de métaux et de myrrhe. Jamais l'odeur des corps décomposés.

Voilà Gilles livré aux démiurges de la démonerie. Mais ce n'est pas le dialogue de Goethe :

– Donne-moi ton âme, dit le Diable à Faust, et je te rends ta jeunesse.

– Donne-moi de l'or et je donne tout sauf mon âme et ma part de salut, répond Gilles.

Et cette restriction nous donne la mesure des courants contradictoires et tumultueux qui circulent en lui.

Le jour, occupé aux offices, aux offrandes, aux chorales, aux aumôneries et aux dévotions. Et la nuit, livré aux anges nécromants. C'est de cet affrontement et de cette dualité que va naître le deuxième Gilles. Je ne dis pas que Mister Hyde sort du Dr Jekyll. Je dis seulement que l'homme fasciné par la pierre philosophale, lanciné de regrets, livré à ses fantasmes et à ses illusions n'a plus grand-chose de commun avec le chef de guerre préféré de Jeanne. Il a gardé le ressort de ses colères, la pulsion de ses tentations, la ferveur de ses prières, mais c'est un homme ballotté, déchiré, déboussolé. Quoiqu'il fasse il a toujours une moitié de lui en exil. Et, en même temps, son caractère s'est délité. Le voilà en proie à l'idée fixe : la poudre d'or, le lingot d'or, le serpent d'or. Et c'est cet homme affaibli, diminué jusqu'à l'innocence, tourmenté jusqu'au désespoir, c'est cette ombre de Gilles que va venir cueillir le capitaine Jean Labbé. Imaginons le Gilles de 1430. La tête de Jean Labbé aurait roulé sur le pavé de la cour avant qu'il ait achevé sa sommation. Mais non, il est tellement imprégné de sa foi, et de son droit, qu'il va suivre docilement le messager de la mort.

À propos de l'irruption de Jean Labbé dans la cour de Tiffauges, si nous reprenons l'histoire à son tournant, c'est-à-dire le 15 mai 1440 lorsque Gilles de Rais entre dans l'église de Malemort, c'est un geste infiniment grave en regard du droit canonique. Mais les accusateurs n'oublient qu'un détail. Ce n'est pas un soudard qui s'attaque à un vicaire, c'est un *chanoine* qui appréhende un clerc tonsuré. Car Gilles de Rais est *chanoine*, ce qui change évidemment la nature du délit : il s'agit d'un affrontement d'ecclésiastiques et non d'un viol d'église par un reître.

Si on considère sa fidélité sans faille aux Saints Offices, la création de sa Collégiale, son rétablissement des legs à l'aumônerie, ses concerts de grégorien et son vœu maintes fois affirmé – et interrompu par Malestroit – de prendre son bâton de pèlerin pour aller prier sur le tombeau du Christ, le chanoine de Rais nous donne, tant par sa ferveur, tant par son prosélytisme que par sa dévotion à la Vierge, l'image d'un chrétien exemplaire. Il est tellement imprégné de sa foi, de sa piété et de ses œuvres que lorsqu'on lui remet l'assignation pour être jugé pour hérésie, il se précipite au-devant de ses juges pour leur démontrer l'inanité de l'accusation.

Le trait majeur de ce caractère qui s'effrite progressivement entre les cercles de feu des évocateurs et la poussière d'or des alchimistes, c'est cette crédulité qui fait de lui une victime désignée pour les aigrefins, les illusionnistes et les thaumaturges. La manière dont il se laisse dépouiller de ses biens annonce et préfigure la façon dont il se laissera dépouiller de son honneur et de sa vie.

Cette crédulité aveugle nous la retrouverons à chaque tournant de cette vie délirante, qu'il s'agisse de magie, de démonerie ou de marchés de dupes dans la vente de ses domaines.

Un de ses hommes, anglais ou picard d'origine, appelé Jean, lui demanda un jour, au nom de Satan, une cédule écrite de sa main et signée avec le sang tiré de son petit doigt. Gilles se prêta à cette exigence du Démon. Il se fit piquer le petit doigt avec un instrument pointu, et, au bas de la lettre, écrite tout entière de sa main, de sa plume trempée dans son sang il écrivit en toutes lettres son nom

Mais jusqu'au jour de son excommunication, Gilles n'est pas fou au sens médical du terme. Il n'a pas perdu la raison. Il a cultivé la déraison.

Il se meut dans un monde étranger à nos logiques et à nos morales et sa sphère de mouvance est pavée de surnaturel. Ce qui nous éclaire déjà sur son vagabondage à travers ses ténèbres mentales.

L'homme qui se débat devant ses juges est encore harcelé par ses dialogues avec l'Au-delà, par son négoce avec le Diable et par sa crainte de Dieu.

Que dit d'abord Gilles à ses juges ? Il reconnaît les évidences, mais il dénonce les pièces fabriquées. Il reconnaît avoir investi l'Église de Saint-Étienne-de-Mer-Morte et malmené Le Féron. Il reconnaît s'être livré à l'alchimie et à la simonie. Mais il crie son innocence pour les crimes, rejette les complicités : « je n'aurais jamais toléré de criminels chez moi ! »

Notons encore un détail d'intoxication, mais chaque détail a son prix dans cette tragédie, et celui-là pèse un poids de peur et de mort sur le sort d'un justiciable. J'entends que la cloison où est accoté son lit de camp est le mur mitoyen de la chambre de torture. Ce raffinement a été voulu et ordonné par Messire de Malestroit.

Gilles qui mange et dort dans cette chambre de la Tour Neuve, sait que derrière le mur se dressent la roue, le chevalet, les verges et le carcan qui ont serré tant de torses, mutilé tant de genoux, fait craquer tant d'os et de volontés.

Habité par cette « imagination de l'angoisse », comme dit François Mauriac, il ne peut pas détacher sa pensée de la présence obsédante. La trouvaille subtile et démoniaque de Malestroit, c'est cette cohabitation de Gilles et de l'arsenal de la mort lente.

Les nuits de Gilles de Rais hantées des neiges noires des insomnies, je vous demande d'y penser. Les nuits où il se réveille en larmes en criant son innocence. Car on a eu l'obligeance de lui indiquer dès le premier jour la nature et la vocation de son voisin de palier. Cette hantise qui va régner sur son sommeil et sur ses songes joue un rôle insidieux dans la métamorphose qui va ravaler le seigneur superbe et arrogant en homme brisé et résigné à toutes les humiliations. Et à toutes les auto-accusations qu'on attend de lui. Et bien au-delà. Quand Gilles supplie ses tourmenteurs de différer l'exécution au lendemain, il déclare qu'à propos des crimes et délits contre lui proposés, il rendrait ses juges tellement contents qu'il ne sera pas nécessaire de le soumettre à la « Question ». Ah le misérable, comme il tremble dans sa chair... Il sait ce que crie la chair devant la mort. Et quand Gilles enchaîné, les jambes entravées par de lourdes cadènes a descendu à petits pas, soutenu par deux soldats, l'escalier humide et noir qui débouche sur la salle basse de torture, il a levé les yeux et découvert le décor et les acteurs. Le bourreau et ses aides, chape rouge et chausses noires – debout, les bras croisés devant les étaux de fer et les brodequins.

Les griffes, les nœuds et les poulies de l'estrapade...

Il sait qu'il va être ligoté par une corde de chanvre, pieds et poings liés, hissé au sommet par le palan et balancé par saccades jusqu'au-dessus des brasiers dont les aides activent les flammes.

Il sait qu'on va chauffer et brûler ses membres. Qu'on va lui couler du plomb fondu dans les oreilles, qu'on va lui planter un entonnoir dans la gorge. Il connaît bien le processus des tourments de la Question. Il tremble dans sa chair en révolte, comme il a déjà vu trembler d'autres suppliciés. Alors, comme diront le scribe Lesné et le notaire Delaunay, il se tourne vers l'évêque et le supplie humblement de différer l'exécution jusqu'au lendemain.

Qui dira jamais la secrète jouissance de Messire de Malestroit : l'homme qui voulait le pendre est à sa merci, tremblant, à genoux. Demain ses châteaux seront à lui, Malestroit.

– Entendu, mais jusqu'à tantôt.

Et quelques heures plus tard les trois « seigneurs commissaires » se retrouvent dans la salle de torture afin de recueillir les aveux du condamné.

Pour Gilles l'alternative est simple, ou il parle de son plein gré, ou il sera livré à ses bourreaux. Il n'a plus le choix. Et il parle, il parle en pleurant, il parle en tremblant. Il sait qu'il vaut mieux dire n'importe quoi *avant* plutôt que dire n'importe quoi *après*. Il parle, il va bien au-delà des accusations portées contre lui puisqu'il revendiquera huit cents enfants morts, alors que l'accusation n'en compte que cent quarante :

– Je vous en ai dit assez pour faire mourir dix mille hommes.

Le 14 octobre, Gilles se trouve pour la première fois confronté à ses juges. Il est impossible d'oublier que le tribunal est composé d'hommes à la dévotion de l'évêque, résolus à la perte de l'accusé. Gilles aurait pu crier deux siècles avant Malesherbes : « Je cherche en vous des juges et je ne vois que des accusateurs. »

Michelet lui-même, si sectaire, si obstiné, si déchaîné contre

Gilles écrit : « On ne pouvait nier que ses juges fussent ses ennemis. C'est pourquoi il les récusa. »

On ne peut pas comprendre le déroulement du procès si on oublie que le clergé seul, en l'occurrence Malestroit, dirige les débats et corrige les comptes rendus d'audience. Les textes qui nous sont communiqués ont tous reçu le visa de l'évêque avant l'« imprimatur ». Dans ce récit censuré, il n'a laissé transparaître que ce qui est conforme à SA vérité. Les « Minutes du Procès » sont truquées comme la procédure. On ne peut pas inférer des conclusions juridiques à partir d'un texte falsifié et qui est cousu de « blancs ». Pour ne pas dire de fil blanc. J'appelle à la barre le Dr Hernandez[1].

« Huit témoignages étaient allégués, émanant de gens du bas peuple, dont sept femmes demeurant à Nantes, qui se plaignaient d'avoir perdu des enfants. C'était au cours d'une récente tournée dans son diocèse que l'évêque avait recueilli ces accusations « fortifiées par les dépositions de témoins et d'hommes sûrs ». Ces témoins et hommes sûrs, il se garda bien de les nommer, ce ne pouvaient être que des serviteurs de Gilles, soudoyés et chapitrés par l'évêque. Les huit témoignages qu'il fit connaître étaient d'une insignifiance absolue. Ainsi, dès le début de la procédure, nous sommes en présence d'un « dossier secret » et d'une frauduleuse machination. Les monitoires n'avaient d'autre but que de délier les langues des vieilles commères, de mettre en mouvement les amateurs de scandales, donner carrière aux inimitiés privées. Gilles était officiellement désigné aux médisances et aux calomnies des hommes dont il avait été jusque-là le bienfaiteur. »

Gilles de Rais est respecté. Et craint : « Il fallait, dit Salomon Reinach, changer ces sentiments en horreur et en haine. » Le tribunal va donc juger, dans un premier temps, les évocations diaboliques ; dans un second, les crimes monstrueux, d'où les étapes de la manipulation, la spéculation sur la crédulité des campagnes, l'angoisse inhérente aux disparitions d'enfants, la dissociation des procès... L'inculpation d'hérésie n'intervient que pour lui retirer le droit d'un avocat. »

À défaut de défenseur, il y a l'accusateur public, Guillaume

---

1. « Le Dr Hernandez » est le pseudonyme de Fernand Fleuret, ami d'Apollinaire et auteur d'un essai de réhabilitation sur Gilles de Rais qui fut étouffé.

Chapeillon, affublé du doux nom de « promoteur », et qui a pour charge de questionner l'accusé et d'interprêter ses réponses.

La Question a un double sens, les appareils de la torture physique et le cheminement des tortures morales. Je vous laisse mesurer ce que représente cette déclaration du promoteur « attendu la confidence dudit Gilles la production des témoins, leur déposition, il est suffisamment apparu de son intention ».

Or, Gilles n'a pas encore fait de confession. Mais le subtil exégète induit de cette confession qu'il présume – et que Gilles n'a pas faite – « Il est suffisamment apparu de son intention. » Le tout à l'avenant.

LE TRIBUNAL

M. Émile Gaborit, qui fut un des premiers à analyser les dossiers, constate que les comptes rendus d'audience sont incomplets. Il manque dix pages. Il manque des témoignages. Il manque... Il manque tout ce que Malestroit a jugé bon de supprimer pour que les commentateurs du futur ne soient pas tentés d'éclairer les zones d'ombre.

Le duc de Bretagne et Malestroit n'ont pas attendu que la sentence soit rédigée pour ordonner la saisie des biens et domaines de Gilles de Rais. Ce qui va susciter la levée de boucliers des héritiers qui se réfèrent au droit breton : les héritiers d'un condamné à mort ne sauraient être spoliés de leur héritage s'ils étaient ignorants des délits du défunt. Et dix ans plus tard, François II, duc de Bretagne qui a succédé à Jean V, restituera à Marie de Rais les biens de son père.

Comme vous le savez, Gilles affronte d'abord un Tribunal ecclésiastique puis un Tribunal séculier, celui-ci n'étant constitué que pour entériner les conclusions du premier et pour faire exécuter la sentence.

Ce tribunal civil est représenté au procès ecclésiastique par le président Pierre de Lhospital, premier magistrat du duché de Bretagne, assisté d'un avocat laïc, Maître Gouraud.

Nous n'insisterons jamais assez sur les réticences de Pierre de Lhospital qui pressent, sinon découvre, devine sinon formule, les manœuvres frauduleuses de Malestroit. J'emprunte à Roger Facon et Jean Parent une notation négligée par la plupart des historiens :

« Mais un homme a *déjà* obtenu les aveux de Gilles de Rais avant la fameuse confession hors du jugement du 21 octobre 1440, et cet homme n'a pas estimé utile d'en référer à l'évêque de Nantes...

Le nom de ce cachottier ? Le président Pierre de Lhospital en personne !

Le notaire Jean Petit le révèle ingénument : Gilles de Rais a *récemment* fait des confidences au seigneur président... Mais qu'entend-il, l'ami Jean Petit, par récemment : combien de jours ou d'heures ? Et quelles sont ces fameuses "autres personnes" auxquelles il fait allusion ? Pour qui travaillent-elles ? Combien sont-elles ?

Enfin que signifie l'expression « autres choses » également utilisée par J. Petit ? Quelles ont été ces confidences qui ne présentent, *a priori*, aucun caractère démoniaque ou criminel ? Qui ne relèvent ni du tribunal ecclésiastique ni de la cour séculière, tout en revêtant une importance indubitable : n'ont-elles point incité le président de Bretagne à agir à l'insu de Malestroit et à garder le silence ? »

Attitude surprenante de la part d'un président de tribunal. Mais cette attitude peut nous aider à comprendre pourquoi il ne se montre pas, contre toute attente, hostile à l'accusé.

Les doutes de Pierre de Lhospital ont été confirmés par un autre historien attentif et scrupuleux, Coetlan, auteur de *La Scandaleuse Affaire Gille de Rais* :

« Mais un fait nouveau se produit. Messire de Lhospital, Grand Juge de Bretagne, président du Tribunal laïque, qui attend la fin du procès inquisitorial, pour prononcer une sentence, au nom de la justice ducale, Messire de Lhospital, donc, qui assiste à chaque audience comme observateur et qui doit singulièrement dégoûté par toute cette cuisine judiciaire, fait savoir qu'il en a assez. Si le tribunal inquisitorial n'aboutit pas, rapidement, à prouver la culpabilité du baron de Retz, il congédiera les membres de son propre tribunal, ce qui fait qu'aucune sentence ne pourra être prononcée ni exécutée.

Cette menace, Messire de Lhospital est en droit de la proférer et tout Chancelier de Bretagne qu'il soit, l'évêque-président de Malestroit ne peut rien contre cette décision du Grand Juge (c'est-à-dire à peu près un actuel Président de Haute-Cour). »

Quand Gilles a terminé sa pathétique autocritique et qu'il se rassied en pleurant la tête enfouie dans ses paumes, Pierre de Lhospital qui a menacé, à deux reprises, Malestroit de renvoyer ses assesseurs dans leur foyer, adjure Gilles en termes véhéments. Gilles semble foudroyé. Il répond d'une voix brisée :

– Hélas, Messire, vous vous tourmentez... et moi avec. »

– Je ne me tourmente point, mais suis moult émerveillé de ce que vous me dites et ne m'en puis bonnement contenter.

Les réserves du président Pierre de Lhospital débouchent sur un vice de forme qui à lui seul remet en cause la légalité du verdict :

« CHAQUE PAGE DOIT ÊTRE SIGNÉE PAR LE JUGE.
OR CENT PAGES SONT SIGNÉES.
UNE NE L'EST PAS.[1] »

Laquelle ? Eh bien tout naturellement celle où figurent les aveux de Gilles. Que signifie ce blanc ? Ce n'est pas une omission. C'est un désaveu. Ce n'est pas un oubli. C'est un refus. Pierre de Lhospital n'a pas signé la feuille des aveux de Gilles ce qui rend, au regard de la justice, le verdict nul et non avenu.

Dans le sillage du président Lhospital, nous allons examiner les preuves relevées contre Gilles, et cet examen sera d'autant plus bref qu'on n'en a jamais trouvé aucune.

À s'en remettre aux déclarations des témoins et aux divagations des biographes, Tiffauges et Champtocé, ce ne sont là que crânes, ossements, viscères, troncs mutilés, têtes coupées, yeux crevés, fœtus sanguinolents : huit cents enfants dépecés, disséqués. Bien sûr, on a procédé discrètement à des fouilles. Qu'a-t-on trouvé ? Rien. Jamais rien. Pas une fontanelle, pas un fémur, pas une dent. Pas un cheveu.

Alors que fait Malestroit ? Il décide de passer sous silence ces fouilles infructueuses (dont le récit se situe peut-être dans les pages déchirées des « Minutes »). Et comme dira le suave abbé Bossard, le tribunal n'avait pas besoin de preuves matérielles... Dont acte. Il avait la parole de l'évêque et le serment des témoins... Connaissant Malestroit, j'imagine que la tentation a dû tarauder ses nuits, de glisser quelques os et quelques crânes dans les fossés de Champtocé. Mais ce n'était

1. Coëtlan, *La Scandaleuse Affaire Gilles de Rais.*

pas si simple. On a donc préféré s'en tenir à « l'absence de preuves matérielles ».

On va se rabattre sur des « témoins » dûment préparés à leurs témoignages dans des salles de torture.

Ainsi, pendant quatre jours, Henriet et Poitou vont grincer et hurler entre des tenailles et des brodequins. Le premier jour, quand on les ramène dans leur cachot, roués, haletant, la chair roussie et la langue pendante, on les laisse récupérer jusqu'au lendemain avant de leur souffler leur réponse après avoir soufflé sur les braises :

– Tu as vu, tu as entendu. Tu as balayé le sang. Tu as brûlé les cendres. Tu as pilé les ossements. Tu as jeté les corps dans la Sèvre. Tu as transporté les cadavres dans une barque. Tu as vu ton maître arracher la cervelle des petits et se barbouiller de sang...

– Non, hurle le supplicié, je ne l'ai pas vu !

– À demain, la nuit porte conseil.

Et pendant quatre jours, les deux loques pantelantes, les yeux en sang, les membres écrasés, sont rejetés chaque soir sur leur paillasse.

– Tu l'as vu tuer des enfants ! rappelle-toi. Il leur découpait le cœur avec son épée pour l'offrir au Diable...

– Non, faisait de la tête le misérable, incapable de parler.

Le deuxième soir ils ne répondaient même plus.

Le quatrième soir, ils se sont soumis. Ils se souviennent de la confidence d'Étienne Blanchet : « Il faudra dire que Gilles ne réussissait dans ses entreprises que s'il offrait au Diable le sang et les membres des enfants morts. »

Alors Henriet et Poitou vont craquer sous la douleur :

– Arrêtez, arrêtez, je vais tout vous dire...

On les ramène dans leur cellule. Et là commence le lavage de cerveau. Il va durer quatre jours et quatre nuits, et c'est seulement quand les deux témoins sont « présentables » après avoir digéré leurs traumatismes et enregistré leur « version » qu'on les présente au tribunal. Sinon, comment expliquer qu'on ait oublié de *produire* les deux témoins principaux alors que les audiences sont commencées depuis dix jours ?

Mais qui donc a soufflé à Henriet et Poitou leur extravagante confession ? Ont-ils vraiment cru qu'ils auraient la vie sauve s'ils se montraient dociles à la leçon ? Une seule certitude, il était difficile de condamner Gilles à mort sur la seule imputation de pédophilie. Il fallait que le viol d'enfants fût assorti de crimes monstrueux, de façon à frapper l'imagination et à assurer l'irréversible. Alors les deux misérables ont parlé, parlé, parlé. Plus le mensonge est gros, plus il a de chances d'être cru. Et Gilles est devenu, au fil des jours, l'héritier d'Héliogabale, le précuseur du Dr Mendelé, le modèle du marquis de Sade et le grand-père du Vampire de Dusseldorf.

Les dépositions de Poitou et d'Henriet sont tellement identiques dans leur débit, dans leur terminologie, dans leur chronologie, dans leur déroulement, tellement calquées l'une sur l'autre dans les chiffres et dans les dates qu'on les devine abreuvées à la même fontaine. Avec le leitmotiv « Et fut égorgé le dit enfant. » De temps en temps, un lapsus. Si léger :

– 36 ou 46 ?

Henriet s'arrête sur ce chiffre, hésite, se reprend, se râcle la gorge.

– Peut-être bien 46...

– Continuez.

Deux heures plus tard, Poitou :

– 36 ou 46, je ne sais plus...

Ces deux compères ont buté sur le même nombre. Et marqué la même hésitation qui atteste qu'ils avaient reçu la même leçon et que leur confusion prenait sa source dans le même enseignement.

Un enseignement prodigue en détails de Grand Guignol :

« Ledit Gilles quelques fois se vantait d'avoir plus grande délectation à égorger ou à faire occire lesdits garçons et filles, les voir lentement mourir, couper leurs têtes et membres et boire le sang, que de luxurier avec eux. »

Mais, à Nantes, sous Malestroit, comme à Paris sous Philippe le Bel, il peut survenir une « bavure » pratiquement inévitable au long cours des exposés dévidés par les récitants. De temps en temps, leur mémoire va flancher, ils vont se contredire. Écoutez la confidence de Poitou, devenu une sorte de robot à hoquets au sortir de la Question : « Il y avait au château de Champtocé des monceaux de cadavres d'enfants. Messire de Rais les fit extraire de la Tour, entasser dans une barque et navigua jusqu'à Machecoul pour les brûler... »

Nous passons encore une fois les frontières de la vraisemblance : le fleuve coule au pied du château. Et quel tombeau plus secret souhaiter pour quarante squelettes d'enfants que les sables et les vases des grands fonds ? Eh non, Gilles de Rais préfère godiller jusqu'à Machecoul avec sa barque dantesque. Et Machecoul est à six lieues de la Loire !

Et Henriet jure ses grands dieux que Gilles avait fait brûler les corps d'enfants après en avoir abusé. L'un tire sur les rames, l'autre souffle sur les tisons. J'emprunte à Tristan Bernard, cette image un peu triviale : « L'un et l'autre marchent à côté de leurs pompes funèbres. »

On leur a demandé où allait le sang, ces rigoles purulentes qui s'écoulent de la chambre dans les escaliers. Le témoin répond que le sol était « nettoyé »...

Les aveux de Poitou et d'Henriet doivent être confirmés par les autres inculpés. C'est pourquoi, le 5 octobre, d'autres témoins prêtent serment. Deux femmes, la veuve Robin Branchu, Perrine Martin. Les deux prêtres, François Prelati et Eustache Blanchet.

« Après ils furent emmenés dans une salle voisine pour y être interrogés l'un après l'autre par le greffier. »

Entendez par là qu'on demande à Henriet et Poitou de confirmer. Aux autres de répéter.

Censure, négligence ou confusion ? Ces aveux ont été égarés et ne figurent pas aux pièces du procès.

Nous arrivons à la question cruciale qui revient comme un leitmotiv : Que sont devenus les corps des victimes ? Reprenons l'interrogatoire de Poitou, réputé exécuteur des basses œuvres.

« – Que faisait-il des cadavres ?

– On les brûlait avec leurs vêtements.

– Qui les mettait au feu ?

– Moi et Henriet, nous le faisions souvent.

– Et en quel lieu les brûlait-on ?

– Sur les landiers, dans la chambre de Gilles de Rais, avec du gros bois. On disposait ensuite les fagots sur les cadavres où on allumait un grand feu. On posait ensuite les vêtements pièce à pièce sur le feu où ils étaient soulevés, en sorte qu'ils (les corps) brûlaient plus doucement et qu'on ne sentait pas la mauvaise odeur[1].

– Où jetait-on les cendres ?

– Quelquefois au cloaque, d'autres fois dans les fossés ou

1. Un cadavre qui brûle à petit feu dégage une puanteur plus forte et plus tenace (Dr Laurentin).

dans les douves, ou en d'autres cachettes selon la diversité des lieux.

– Quels étaient les lieux principaux où ces crimes étaient commis ?

– Quelquefois à Tiffauges et en d'autres lieux, mais pour la plus grande partie, à Machecoul[1]. »

On a d'autant plus de peine à imaginer la scène que personne n'a jamais retrouvé le moindre ossement. Ainsi huit cents enfants, selon les aveux de Gilles, je dis bien 800[2], dont les restes ont été disséminés à travers des fossés, des douves, des souterrains... Des « tonnes d'ossements », dit le suave Michelet. Et personne n'a retrouvé le moindre fragment, le moindre lambeau, pas un crâne, pas un vêtement ? Où donc les chairs calcinées ? Où donc « le dur et blanc dédain des os » ? Où donc les charniers, les oubliettes et les crématoires ? Huit cents enfants, ce sont des milliers de viscères enfouis entre la terre et la pierre, entre le feu et l'eau. Et les fouilles n'ont pas permis de retrouver un seul vestige ?

Un crime sans cadavre, c'est une énigme familière à Maigret ou à Sherlock Holmes. Huit cents crimes sans cadavres, c'est un polar surréaliste.

Eustache Blanchet, prêtre.

Lui non plus n'a rien vu, rien entendu. Comme tout un chacun il a *entendu dire*...

Blanchet a été envoyé à Florence pour embaucher le magicien Prelati. Mais par qui donc ? Il ne dira pas que c'est Gilles qui lui a payé le voyage. Il ne dira pas que c'est Malestroit... Cet indicateur défroqué n'a rien vu, mais il a beaucoup entendu...

« Item, dit avoir *entendu dire* à Maître François...

» Item, interrogé s'il a su ou *entendu dire* la cause dit avoir *entendu dire* audit François...

» Item, dit avoir *entendu dire* que lesdits esprits étaient de matière procrée par la Bienheureuse Sainte Vierge, sans doute par l'opération du Saint-Esprit (*sic*). »

Les évêques hochent la tête avec componction. Un peu

1. Extrait des « Minutes du procès ».
2. Plus de mille, selon Michel Bataille.

surpris tout de même de cet emprunt clandestin à l'Immaculée Conception.

Un prêtre peut en cacher un autre. François Prelati est une des figures de proue du procès. Nous parlions de la fusion et de la confusion du magique et du mystique. Lui, il est prêtre de vocation, et magicien de profession. Il prête serment, la voix fêlée et la main tremblante. Oui, il mesure la gravité de ses révélations... Oui, il a conseillé au Maréchal d'offrir au Malin des cœurs d'enfants juste échappés de la poitrine. Oui, il se reconnaît coupable... Oui, c'est lui qui a amené le Diable Barron, intercesseur de Satan, lequel Barron lui a remis la monnaie d'échange, une poudre jaune pilée par le Diable en personne. Il suffira au Maréchal de se frotter le thorax avec cette poudre et il pourra vaincre toutes les armées et s'emparer de toutes les forteresses...

Rappelons que ce complice majeur du « plus grand criminel de touts les temps » sera acquitté par le Tribunal. Je dis bien acquitté.

Mais voilà une déposition qui devrait faire frémir les saints magistrats. Ils restent de marbre :

« Item, dit et déposé que quand ledit Gilles ne pouvait à son plaisir trouver d'autres garçons et filles pour exercer ses misérables débauches, il les exerçait avec les enfants de sa chapelle. Interrogé s'il tuait ou faisait tuer aucun des dits enfants de sa chapelle, le témoin répond que non parce que les enfants gardaient ce fait secret. »

Ainsi les petits chanteurs de la manécanterie, ceux qui partagent la musique de Gilles le jour et ses caresses la nuit, voient passer des cœurs encore chauds, des pieds frais coupés, des rates sanguinolentes et aucun d'entre eux, *jamais*, n'en a soufflé mot ? À sa famille ou à ses amis ? Ils ont 8 ans, 10 ans, 12 ans. Et ils vont garder un silence compact, murés dans leur secret honteux. Et chaque jour, ils offriront leur bouche enfantine à cette bouche impure qui boit le plaisir aux lèvres de la plaie ? Ils peuvent poser leur regard sur les têtes coupées d'autres enfants placées sur la cheminée...

Les enfants de Jehan Brienc sont les favoris de Gilles. Ils reviennent de temps en temps dans leur famille :

– Alors tu es content, Perrinet ? demande maman.
– Très content.
– Il est gentil Messire ?
– Très gentil.

– Il t'a fait des cadeaux ? demanda papa.

– Oui, un daguet et des boucles.

Il ne parle pas d'oreilles coupées ni de verres de sang caillé. Encore une fois, qui peut croire ?

Qui peut croire que les enfants de la chapelle, les chevaliers, les majordomes, tout ce qui compose la Maison de Tiffauges ou de Champtocé, va vivre dix ans entre les cris et les crimes, les plaintes et les hurlements, l'épouvantable odeur des chairs décomposées, les mofettes d'ossements brûlés, et qu'en dix ans, personne n'a jamais parlé. Je pense à ceux qui ont quitté le château pour s'établir à la ville et qui n'ont jamais rien dit. Les autres n'ont jamais cherché à s'enfuir. Et le tribunal ne cherchera jamais à les entendre. Et pour cause, ceux-là risqueraient de dire la vérité...

Je vous demande donc de considérer, Messieurs de la Cour, que Gilles de Rais entretient à domicile environ deux cents personnes. Sa « domus ». Il y a là des prêtres, des musiciens, des moines, des écuyers, des servantes, des cuisiniers, des palefreniers. Il y a une troupe d'enfants, il y a encore le Prieur de Chemeré et le Sire de Gantelon, qui partagent leur vie. Et sur ces deux cents familiers, personne n'a jamais rien su. Personne n'a jamais rien dit.

L'Omerta de Tiffauges... Devons-nous juger ces deux cents hommes, femmes et enfants comme complices ? Ou comme muets du sérail ? Je vous le dis en pesant mes mots, s'il y avait une seule voix parmi ces habitants du château pour dire une seule fois, une seule, qu'il avait vu, qu'il avait entendu, qu'il avait respiré, nous n'aurions pas osé nous présenter devant vous. Mais rien. Pas un n'a parlé. Et pour cause, il n'y avait rien à dire.

Ainsi la garnison installée à Champtocé par René de La Suze, aura occupé trois ans le château sans jamais remarquer les odeurs pestilentielles qui ne peuvent manquer de s'exhaler de la fosse commune où ont pourri quarante cadavres.

J'ouvre une brève disgression sur le rôle trouble de René de La Suze, le frère cadet qui n'a reçu que des miettes de la force spirituelle et militaire de l'aîné. Des miettes de la gloire, des miettes de l'héritage. Toute sa vie s'est passée dans l'ombre de Gilles. Il n'attendra pas le jugement pour se mêler à l'halhali en attendant la curée. Comme il n'attendra pas la sépulture pour commencer à rédiger son mémoire où il revendique la belle-part de l'héritage. Toute sa vie, René de La Suze, le cadet obscur et inhibé a été gouverné par des complexes de compensation.

À tel point qu'il apportera, ou plutôt fera apporter, son faux témoignage par le seigneur Charles de Léon : « on » a découvert les ossements de deux cadavres d'enfants après la prise de Champtocé. René a, en commun avec Malestroit, un grand appétit de revanche et une volonté délibérée de s'approprier les domaines qu'il a convoités toute sa vie.

Nous touchons là à une des innombrables anomalies de la procédure. René de La Suze qui fait adresser au tribunal le constat de ses découvertes d'ossements d'enfants, ne demandera jamais à être entendu. Et il ne sera jamais sollicité. Dont acte.

Le seigneur Charles de Léon a bien raconté qu'on a retrouvé des ossements dans les soubassements de la forteresse. Ossements non identifiés ! Soldats égorgés, prisonniers de la tour ou ossements rapportés ? Charles de Léon, comme les rares témoins de première main ne sera pas interrogé par le tribunal. Les juges ont compris que l'accusation s'enlisait dans ces récits de complaisance annonés.

... À la barre, le cordonnier André Barbe, qui révèle qu'on lui a demandé à Saint-Jean-d'Angély si on mangeait encore les petits enfants à Machecoul.

« Item, dit avoir *entendu dire* à Guillaume familier et serviteur de Gilles qu'il faisait tuer beaucoup d'enfants en sa chambre et offrait leur sang et membres aux démons.

Item..., dit avoir vu un enfant de l'âge de six mois... La pédophilie sur nourrissons est un exercice acrobatique, sacrilège, et réputé physiquement impossible en raison de l'exiguïté des voies d'accès. Six mois ! Voilà que Gilles a inventé la fornification sodomique chez les nouveau-nés. Le greffier enregistre sans commentaire.

Item, dit *avoir entendu dire* à une certaine *La Picarde*, morte à présent etc.

Jean Hubert et sa femme ont entendu dire que Maître Jehan Brienc rentrant dans la cuisine de Gilles aurait vu un marmiton occupé à cuire le cadavre d'un nourrisson.

– Il va être trop cuit, il faut le retourner. »

Et le cuisinier docile fait tourner la broche. Et le greffier enregistre. Sommes-nous chez Alfred Jarry, ou chez Bokassa ?

« Maître Jean Brienc, notaire à Nantes, homme circonspect

et vénérable reçu juré pour rendre témoignage à la vérité. Dit et dépose... que la voix publique et rumeur commune dans les villes et diocèse de Nantes... était que Gilles de Rais, accusé, d'avoir pris et fait prendre frauduleusement plusieurs enfants tant de sexe masculin que féminin et avoir exercé sur eux l'abominable péché de sodomie, honteusement et abondamment. »

Or Maître Jean Brienc est le père de Perrinet Brienc, le mignonnet favori de Gilles, qui partage la couche du seigneur avec la bénédiction de sa famille. De quel nom décorer Maître Jean Brienc ? Quel prix accorder au témoignage de ce père de famille « circonspect et vénérable » qui apporte sa « caution morale » à Messire de Malestroit.

Et les massacres d'enfants ? Le témoin se trouble. Il n'y a jamais assisté personnellement. Il sait seulement que pour étayer le pacte avec son « associé », Gilles a fait porter dans sa chambre les mains, le cœur et les yeux d'un petit garçon fraîchement dépecé. Ce n'était peut-être pas pour le plaisir, mais uniquement pour mettre le Diable en confiance.

– Et que sont devenus les restes des enfans ?

On les a descendus en terre sainte, au bord de la chapelle Saint-Vincent.

– On pourrait peut-être...

Inutile. Le saint tribunal refuse d'envisager une fouille sacrilège. Mais la répétition des témoignages de seconde main finit par atténuer la surprise. Ils dévident leur rouet monotone sans préciser d'où vient la rumeur. Ces rumeurs qu'aboient les chiens errants, que prolongent les cascades de la Sèvre, que répètent les orgues du dimanche, cette rumeur impalpable, vague, monotone, incertaine et dont le clapotis de pierre d'égoût constitue le seul argument de l'accusation : « Nous avons entendu dire ». Cinquante témoins la reprendront sans que jamais le juge les interrompe par la seule question digne d'une enquête de justice :

– Vous avez entendu dire ? Mais par qui ? Rappelez-vous, vous devez bien savoir ? Comment était-il habillé ? De quelle couleur étaient ses yeux ?

– Quelle couleur ?

On se cantonnera toujours dans le beige ou le gris de l'évasif. Et ces témoins de la marée anonyme, sourde et confuse, dont les vagues viennent battre la barre, ce ne sont même pas les parents des enfants. Mais où sont leur père et leur mère ? Que penser de ces enfants sans prénom dont les parents ne se présentent pas à l'audience, et qui se font représenter par une délégation de mendiants à la solde ? Encore une question sans réponse. Et que penser de ce tribunal qui se réunit pour un procès religieux et qui se transforme en Cour d'Assises pour les besoins d'une cause vénale ?

Car chaque jour, le tireur de marionnettes, l'évêque Malestroit – juge et partie – dirige les débats du tribunal avec conscience et sérénité. Il compte les jours qui le séparent de la main-mise sur les châteaux et les terres. Et chaque soir il recense ses écus comme lui enseigne sa devise : *NON MALE STRIDET DOMIS QUAE NUMERANT NUMAS*. (Il n'est pas désagréable d'entendre le bruit des écus que l'on compte chez soi.)

Il y a, parmi les témoins escamotés, une figure familière aux films d'épouvante, Perrine Martin, la sorcière en cape noire, aux yeux de chouette et au surnom de hulotte : La Meffraye.

La Meffraye aurait pu figurer une héroïne de Supervielle dans *Le Voleur d'enfants*. Cette pocharde au visage vermeil, entendez cuivré par l'alcool, a le rapt pour métier. Elle rôde à la nuit tombante, entre chien et loup, guette les petits mendiants qui rentrent de leur « course à l'aumône ».

– Où vas-tu ? Tu n'as pas peur ?

– Non, Madame.

– Tu as faim ?

– Oh oui Madame.

– Tiens... elle leur glisse une friandise. Si tu veux je t'emmène souper...

On ne reverra plus l'enfant. La Meffraye est arrêtée elle aussi, et jetée en prison à Nantes.

Mais qu'est-elle donc devenue cette enfourcheuse de sabbat, cette pourvoyeuse de Satan, cette raccoleuse d'innocents, cette carabosse voilée d'une étamine noire.

Tous les historiens escamotent son sort. Essayons d'éclairer leur religion, à travers le seul qui lève le voile de la sorcière [1].

« Le 11 octobre, Jean de Malestroit, qui présidait le tribunal inquisitorial en sa qualité d'évêque de Nantes, fit amener La Meffraye en son cabinet et eut, avec cette coquine, un long entretien, mais personne n'y ayant assisté, on ignore ce qui y

1. R. Facon et J. Parent, *La Conspiration des innocents*.

fut dit. Imaginons que Malestroit lui ait proposé ce marché : “Laisse tes enlèvements d’enfants passer au compte du baron de Retz, et je te donne la vie sauve.” »

Ce n’est qu’une hypothèse, Messieurs de la Cour. Mais c’est mon intime conviction que je vous livre. Une conviction tissée de puissants réseaux de présomptions et de probabilités.

Personne n’a jamais revu La Meffraye. Personne n’a jamais eu la moindre certitude sur son emprisonnement. En sortant de chez Malestroit, elle est happée par la nuit où elle s’engloutit. Elle n’en ressortira plus. L’évêque peut retourner siéger au tribunal en toute sérénité.

Avant d’en terminer avec ce bouche à oreille fétide, je voudrais attirer votre attention sur l’identité culturelle d’un témoin qui ne s’est pas présenté à l’audience du Tribunal de l’Inquisition et qui aurait pu puissamment contribuer à éclairer la justice. Je veux parler de M. Barron.

Qui est M. Barron ? Il n’a pas de profession définie. Il est l’envoyé du Diable. Mais il a revêtu une forme humaine pour ses contacts, ses dialogues et ses pactes. Il se présente sous la forme d’un jeune homme de 25 ans, frisé, bien mis, soigné de sa personne, d’un commerce agréable, affable dans la conversation, exigeant dans les marchés. Un diable d’affaires, en quelque sorte.

Ainsi M. Barron est cité par les témoins qui lui ont parlé, qui ont trinqué avec lui, qui ont négocié des échanges. Le greffier du tribunal a enregistré. Le président a posé diverses questions à son sujet. Une sorte d’enquête de personnalité. L’âge de M. Barron, sa morphologie, ses vêtements, sa conversation, ses promesses non tenues, ses abus de confiance. Car M. Barron se révèle finalement comme un margoulin. Sans foi ni loi...

Et malgré ses apparences de bourgeois à pourpoint brodé, Barron met les nerfs de ses associés à rude épreuve.

Il jette en vrac des lingots d’or, mais dès qu’on les ramasse, les lingots s’effritent, fondent, ondulent et prennent la forme d’un orvet géant. De la taille d’un griffon. Oui, je l’ai vu, comme je vous vois. Ce qu’a fait le Maréchal ? Eh bien, il était d’abord tout étonné (on le serait à moins), alors il a pris un crucifix et il a marché sur le serpent d’or avec le crucifix levé. Le serpent a pris peur et il s’est enfui.

Le Maréchal était furieux. Il avait le sentiment d'être berné. Alors Prelati a rédigé un contrat entre Barron et Gilles. À parapher par les deux parties.

Les interventions de Barron sont mentionnées dans le compte rendu d'audience. Nul doute que ce personnage central du procès a influencé le verdict. Eh bien, Messieurs, je vous demande, ne serait-ce l'aspect dramatique de ce procès horrifiant à plus d'un titre, comment voulez-vous que nous puissions prendre au sérieux une décision de justice où un des contumax de l'affaire – passible d'une peine de prison – est l'envoyé spécial du Diable ? La présence et le rôle de M. Barron consignés dans les « Minutes du Procès » suffisent à démontrer amplement la bouffonnerie tragique de cette parodie de justice. Est-il possible d'entériner un jugement quand un diable est cité à l'audience – et fait défaut. Le rôle de M. Barron nous donne la mesure de l'équilibre mental du tribunal.

LES TÉMOINS

La confusion entre le maréchal de Rais et l'Ogre de Perrault est le fruit de la mythologie populaire et de la fiction romanesque. Elle prend sa source chez le vénérable abbé Bossard, paléographe des écritures et statuaire de Saint-Sulpice. Il fut le premier à décrypter aux Archives de la Loire-Atlantique les « Minutes du procès ».

Il va étudier méthodiquement, une à une, les pièces du dossier, et consacrer six ans de sa vie à composer cette glose évangélique dont le titre et la dédicace annoncent la couleur : *Gilles de Rais dit Barbe-Bleue*. « À sa grandeur Messire Eugène Freppel, Évêque d'Angers ». Ce sera l'aire d'envol de toute la mise en scène romanesque qui va suivre. Je ne dis pas que l'abbé Bossard soit un fabulateur. Non, c'est un pieux fraudeur. Comme il s'agit d'un tribunal ecclésiastique présidé par un évêque, dès le départ il a choisi son camp. Il n'élèvera jamais le palimpseste au soleil pour en découvrir le filigrane. Un palimpseste, vous le savez, c'est un manuscrit dont on a fait disparaître l'écriture originale pour y inscrire un texte de son choix. La préface de l'abbé annonce la couleur de ce choix manichéen : d'un côté les pieux magistrats, de l'autre un monstre assoiffé de sang : hérésie, apostasie, sodomie, simonie, etc.

C'est sur cette donnée un peu simpliste que repose le postulat de M. Bossard. À ses yeux, il n'est jamais question de torture. Et il ignore résolument les crimes de l'Inquisition.

Une phrase donne la mesure de sa démarche : « Le tribunal n'avait pas besoin de preuves matérielles. » On a envie d'enchaîner : « Puisque ces événements nous dépassent, feignons d'en être les organisateurs. » En fait, ils ne font pas que feindre, ils organisent. Et faute de preuves matérielles, on s'en remettra au jugement de Dieu, ce qui en langage inquisitorial s'appelle la Question.

Il se trouve que l'abbé Bossard est une sorte d'apparachik en soutane, inféodé corps et âme à la hiérarchie ecclésiastique. Ajoutons qu'il est dépourvu à la fois d'imagination et d'esprit critique, que tout son travail va consister à abonder dans le « sens de l'Histoire » comme il dit ingénument. Comme si l'Histoire avait un autre sens que celui que lui donnent les conquérants.

Ce sont les vainqueurs qui écrivent l'Histoire. Et qui la dénaturent, à leur profit. Donc l'abbé Bossard va « cirer les bottes » de Malestroit pour le faire reluire aux yeux de la postérité. Il en remet. Et c'est à partir de son éclairage et de son occultage, de ses ellipses et de ses anacoluthes que vont foisonner les « Gilles-de-Rais-Barbe-Bleue »

Et sa thèse va enrôler d'autres sacristains de l'Histoire. Elle va faire tâche d'huile, elle va empoisonner les cellules. Et de métaphore en métastase, c'est tout le corps des historiens qui sera contaminé.

Émile Gaborit, directeur des Archives de la Loire-Atlantique, rame dans le sillage de l'abbé. Il énonce des contre-vérités avec une assurance de parlementaire à la tribune : « On a la preuve que des jeunes filles ou des femmes furent victimes de ses cruautés voluptueuses... » Ah qu'en termes galants sont modulées ces caresses violentes... « On a la preuve ? » Qui ? Et quelles preuves ? En dehors de la litanie des « j'ai entendu dire »...

Mais voilà que la vérité sort du puits : « Il avoue ». Gilles de Rais avoue. Voilà donc la preuve : les aveux sous les tenailles rougies.

« Il avoua, dit Monstrelet, historien contemporain du maréchal, il avoua avoir fait mourir plusieurs enfants en bas âge et femmes enceintes. » Ces mères crucifiées n'avaient donc ni maris, ni parents, ni enfants ? Puisque jamais un meurtre de femme n'a été évoqué au tribunal ? « Rien donc n'était capable de toucher cette âme : ni l'âge le plus tendre, car des enfants à la mamelle moururent de ses cruautés. Et “moins que des enfants à la mamelle”(*sic*), ni le sexe le plus faible, car de timides jeunes filles furent victimes de ses terribles divertissements. »

On aimerait connaître, pour les graver sur le marbre des cénotaphes, les noms de ces timides jeunes filles qui succombèrent aux « terribles divertissements » ? Mais, au fait, si elles avaient existé, que seraient-elles venues chercher à Tiffauges ou à Champtocé, ces vierges de Sodome ? Ainsi Gilles de Rais aimait forcer des demoiselles ? Et il n'en a jamais parlé à personne. Le Monstre !

Mais voilà que le cercle de famille s'agrandit avec le Grand Dictionnaire Universel du XIXe siècle : « Il massacra un nombre illimité de femmes, et sept d'entre elles furent légitimement épousées par lui. » Circonstance qui a donné évidemment lieu au conte de Perrault, note *Le Moniteur du Soir* du 10 févier 1866.

Le Moniteur du Soir aime le « Chat Botté », mais il est hostile au concubinage. Ce « légitimement » chante comme une messe de mariage. Gilles trucide en masse, mais il épouse en série. La Cour appréciera le sérieux de l'accusation.

Ainsi, si je suis bien l'abbé Bossard, et j'ai quelque peine à le suivre, sa certitude repose sur le témoignage d'une vieille dame rencontrée dans les faubourgs de la forteresse à la fin du XIXe siècle. « Et qui va confirmer tous les renseignements même les plus précis. » On se demande quel sens apporte l'abbé au vocable exigeant de *précision*.

– Je vais vous conduire à la chambre où il égorgeait d'ordinaire (*sic*) les petits enfants.

On gravit la colline, on aborde les remparts, on parvient à de vieux murs entre les éboulis.

– C'est là, dit-elle.

– Comment le savez-vous ?

– Mes vieux parents (ils sont nés en 1830) me l'ont toujours dit et ils le savaient bien.

Voilà, comme dit Henry de Montherlant, « l'art de s'échauffer sur de la précision ».

Je vous le demande, Messieurs, y a-t-il, non seulement un tribunal d'initiés, mais un seul esprit moyen doté de sens commun qui puisse ajouter foi à ce genre de gaudrioles.

« Voilà la chambre où il brûlait les enfants. Et le récit vient de mes vieux parents... »

Eh bien, voilà le ferment exemplaire des divagations, des croyances ingénues et des obscures terreurs montées jusqu'à nous de la nuit des jours et des temps, entre l'Hydre de Lerne et la Bête du Gévaudan. Et c'est ce qui est présenté par l'abbé Bossard comme une sorte de pièce à conviction. « Voilà le château de Barbe-Bleue... Voilà la chambre où il brûlait les enfants... » Et Gilles de Rais est mort depuis plus de cinq siècles... Cinq cent cinquante ans... Il a coulé tant de sueur sur les champs, tant de larmes sur les tombes, tant de neige sur les murailles. Tant d'écume dans la Sèvre. Tant de sang sur la terre. Cinq cent cinquante ans... Et au bout du chemin, voilà la chambre où Barbe-Bleue brûlait les enfants. Au bout du conte, au terme de ce chemin planté de sornettes, on ne sait plus s'il faut rire ou pleurer car cette chambre forte est située dans la tour de Vidame, construite cent ans après la mort de Gilles de Rais.

L'avocat saisit un opuscule sur le pupitre, le feuillette et le repose.

– J'ai fait imprimer cette brochure à l'usage de la Cour. C'est la liste – non exhaustive – des ouvrages consacrés à Gilles de Rais. On en compte près de deux cents. De tous horizons et de tous les continents. Des professeurs et des archivistes. Des poètes et des chroniqueurs. Des Américains, des Allemands, des Canadiens, des Belges, des Anglais, bien sûr. Deux cents. On y trouve tous les genres. Depuis le théâtre de Maeterlinck : *Ariane et Barbe-Bleue*, jusqu'aux églogues de Michel Tournier : *Gilles et Jeanne*, en passant par l'opéra de Pierre Mertens : *La Passion de Gilles*, les marionnettes de Jean Painlevé et les animations de Méliès qui portent le même titre : *Barbe-Bleue*. En dehors de Napoléon et de Jeanne d'Arc aucun seigneur de notre Histoire n'a suscité une telle profusion. Connaissez-vous la raison de ce foisonnement ?

Ce n'est pas le souci de la vérité historique qui guide la plupart des auteurs, c'est que la légende de Gilles qui rassemble Sade et la Sainte Ampoule, Charles VII et Sacher-Masoch,

Jack l'Éventreur et l'« Immoraliste », Frankenstein et « Les Amitiés particulières », les vampires et les anges, les démons et les saints, l'or et le sabbat, le sexe et la gloire, constitue le plus formidable scénario de l'histoire des hommes. Vous y trouverez des thèmes et des courants, des feux et des forces, des recettes et des ingrédients qui peuvent alimenter quatre romans de Dostoïevski et dix films de Polanski.

L'enfance malheureuse, la jeunesse sauvage, l'adolescence épique, la pourpre et le sang, la fortune et la magie, les chants grégoriens, la caresse des beaux enfants impurs... et la fascination de l'Inquisition.

Pour l'Inquisition, la rumeur n'est pas un chuchotis à mille voix, elle peut émaner du témoignage d'un seul homme.

Pour l'affaire qui nous concerne, cet homme s'appelle Malestroit. À travers lui, le dossier de « l'Affaire Gilles de Rais » se présente comme le récit le plus hallucinant de l'Histoire de l'Homme, le procès le plus accablant de la dégradation de l'Homme. L'horreur y côtoie la bouffonnerie, le monstrueux chevauche l'impossible, l'imagination mobilise l'hystérie pour peupler des catacombes. Les cerveaux tortueux qui ont fabriqué les récits des valets torturés nous déversent une manne de détails répugnants : caillots de boucherie, lèpres de charniers, pustules de viscères.

Ce ne sont qu'ossements calcinés, linges ensanglantés, cœurs découpés, murs éclaboussés de filaments de cervelle...

Il suffit d'ouvrir au hasard un livre d'historiographe pour toucher le fond de l'horreur dans les fantasmagories.

« Selon la rumeur publique répandue dans cette région ou ailleurs, Gilles de Rais faisait tuer les enfants en grand nombre et il écrivait un livre avec leur sang de sa propre main. Avec un tel livre, ainsi écrit, le Maréchal pourrait s'emparer de toutes les forteresses et venir à bout de tous ses ennemis. »

Ce n'est qu'un morceau de bravoure parmi d'autres, j'ouvre encore au hasard cette anthologie de fossoyeurs :

« Les uns étaient réduits à l'état de squelettes, d'autres montraient nus sous le saillant des os des lambeaux de chair racornie. La plupart n'étaient que des troncs privés de têtes, et entre les restes des corps des dizaines de têtes avaient roulé les unes sur les autres. »

– Jérôme Bosch à Treblinka.

– Non, Bossard chez Malestroit.

Bossard qui feint d'oublier que les rapts d'enfants constituent une tragédie de dimension nationale.

Avec les disparitions d'enfants, nous entrouvrons les portes de l'Enfer. Cet enfer dépeint – et repeint – avec tant de complaisance par tant de feuilletonistes, bâtards de Dante et d'Edgar Poe, ce brasier ravivé par tant de mains ardentes à propager l'incendie...

L'enfer... je parle de cent quarante enfants disparus dans la fleur de leur âge. Cent quarante enfants : cinq classes de la communale. Frimousses, comptines et sarraux. Une colonie de vacances éparpillée le long des vagues, une volière sonore de chants, de rires et de cris. Cent quarante enfants suppliciés, torturés jusqu'à la mort, et dont les corps souillés et mutilés sont devenus cendres ou charognes. Aujourd'hui que nos enfants sont matriculés, balisés, surveillés, un petit garçon qui disparaît, c'est la mobilisation des villages, des polices et des médias. Et l'armée ratisse la forêt à la recherche du corps. Au XVe siècle, un enfant qui disparaît, ce n'est pas un événement, c'est un fait divers vite rejeté aux oubliettes de la résignation. Et de l'habitude.

J'appelle à la barre le Révérend Bénédictin Dom Jean Huyne, auteur d'ouvrages très documentés sur la vie quotidienne au Moyen Âge.

« Il advint en 1339 une chose grandement admirable. Une innombrable multitude de petits enfants qui se nommaient "pastoureaux" vinrent de divers pays lointains. Les uns par bandes, les autres en particulier. Plusieurs d'entre eux assurant qu'ils avoient entendu des voix célestes qui disaient à chacun d'eux : "Va au Mont-Saint-Michel", et qu'incontinent ils avoient obéi poussés d'un ardent désir et s'estoyent aussitôt mis en chemin laissant tout aussitôt leurs troupeaux en mi-champs et marchant vers le Mont sans dire adieu à personne[1]. »

En 1393 (onze ans avant la naissance de Gilles) à Montpellier et dans beaucoup d'autres villes de France, des enfants de 12 à 15 ans se rassemblèrent pour se rendre en pèlerinage. En 1421, fut portée sur les écrits royaux cette sigulière mention :

1. Dom Guy-Alexis Lobineau, *Histoire de la Bretagne*.

« donné aux galopins monnaie pour aller au Mont en temps de Carême : argent 16 sous ».

Ajoutons à ces foules enfantines sur les voies de Compostelle le honteux trafic de bétail qui permet de livrer des contingents d'enfants pour la rançon d'un seigneur. Et si vous courez les grands chemins de France, les forêts et les hameaux, vous y rencontrerez des milliers d'enfants abandonnés. Ces myriades de petits pérégrins qui parcourent les espaces sans bornes qui séparent le Languedoc de la Normandie... Et combien se perdent en route, et combien ne reviendront jamais...

Il y a ceux qui suivent les bandes armées. Ceux qu'on enlève et ceux qu'on revend. Ceux qui sont envoyés en otages. Vagabonds, errants, migrateurs, bannis, enfants perdus, enfants trouvés. Et ces mille et cent petits mendiants qui battent la campagne à l'affût de l'aumône... Ceux des faubourgs lépreux, ancêtres de Gavroche et qui survivent de quelques rapines. Sans compter ceux qui meurent de faim ou de froid et qu'on retrouve pétrifiés dans un fossé aux matins de grande gelée. Des milliers et des milliers d'enfants disparaissent chaque année de la France médiévale sans laisser de traces.

J'appelle encore une fois le témoignage du Dr Hernandez [1] :

« [...] si l'on admet que des enfants *confiés* à Gilles aient disparu, je crois que l'on en peut trouver la raison dans la déposition de Jean Hubert et de sa femme, lesquels ont *entendu dire*, par des gens du maréchal, que leur enfant avait été donné à un chevalier écossais. Les lecteurs des romans de chevalerie et des mémoires d'historiens savent que ces dons ou échanges de pages n'étaient pas rares, et qu'il arrivait qu'un jouvencel restait plus de deux lustres sans donner aux siens de ses nouvelles autrement que par des messagers, qui s'en acquittaient selon leur fantaisie, le hasard des rencontres et les circonstances. En outre, dans l'espace de quinze années, il n'est pas étonnant que des décès naturels se soient produits parmi les pages, et ce n'était pas un des plus grands soucis des seigneurs de faire avertir une famille de vilains. Enfin, des disparitions peuvent encore s'expliquer de diverses manières. Un page, battu ou congédié, allait chercher fortune ailleurs,

---

1. *Le Procès inquisitorial de Gilles de Rais, maréchal de France, avec un essai de réhabilitation.* Bibliothèque des Curieux, 1921.

plutôt que de retourner sous le chaume paternel pour y recevoir des coups et des réprimandes, ou simplement partager le pain noir et garder les oies. D'autres enfants pouvaient périr accidentellement dans la Loire ou ses affluents, être volés par les « mercelots », suivre les hommes d'armes par goût d'aventure, ou être enrôlés de force dans les armées. »

« Les goddams enlèvent des petits garçons et les envoient en Angleterre pour les y élever en guise d'Anglais [...] Cela s'est produit pour des milliers d'enfants, peut-être des centaines de mille. »

Au fait, combien d'enfants disparus dans cette vaste province qui s'étend de Nantes à La Mothe et de Champtocé à Pouzauges, c'est-à-dire deux fois la Vendée d'aujourd'hui ? Cent quarante si on admet le chiffre démesuré de l'acte d'accusation. Cent quarante enfants pour lesquels, en battant le rappel, en distribuant des gratifications et en mobilisant les paroisses et leurs synodaux on a pu rameuter à grand peine que soixante « témoins ». C'est-à-dire une poignée de colporteurs rétribués de la « complainte lamenteuse ».

Cent quarante enfants sur quinze années. Soit neuf par an ; c'est beaucoup. Et c'est peu. Infiniment peu en regard de la moyenne nationale : les estimations varient, selon les historiens, entre vingt et trente mille disparus par an.

À Machecoul, trois enfants ont disparu selon le témoignage de la veuve Ederit. Que dit le témoin...

« [...] Ces enfants avaient été pris pour servir d'échange pour la libération de Messire de Sillé, qui était prisonnier des Anglais. Pour payer la rançon, ils étaient tenus de fournir vingt-quatre enfants mâles. »

Du Sire de Rais pas question.

Mais un autre point – capital à mes yeux – n'est jamais évoqué par le tribunal. Gilles de Rais séjourne une année entière à Orléans, quelques mois à Bourges. Or, on ne signale aucune disparition d'enfants ni à Orléans ni à Bourges pendant son séjour. En revanche, des enfants continuent de disparaître dans la région nantaise, en Anjou, en Vendée pendant son absence. Est-ce que le Sire de Rais aurait eu le don d'ubiquïté ? La Cour appréciera.

Donnons encore une fois la parole aux témoins.

« Item, le témoin déclare avoir entendu dire publiquement

qu'on mettait à mort les enfants dans le dit château, ensuite de quoi il pense que les dits enfants y ont été tués. »

Ainsi les témoins ont ENTENDU DIRE. D'où ILS ONT PENSÉ. Et de fil en aiguille, Gilles est assimilé à Kronos, père de Jupiter, qui lui aussi mangeait ses enfants. À Croquemitaine et à l'Ogre Comor de la saga d'Armorique. On y retrouve la même source : On a ENTENDU DIRE que Kronos dévorait ses enfants, que Comor étripait les femmes enceintes, que Croquemitaine mangeait les nourrissons, et ON A PENSÉ qu'il les faisait cuire. La différence foncière entre Gilles et ses prédécesseurs c'est que leur légende a surgi des ténèbres et des terreurs, et que pour Gilles elle a été fabriquée sur mesure par Jehan de Malestroit.

Et cette légende a pris le pas sur la vérité historique. Parce que les historiens se sont mués en fabricants de romans d'épouvante.

LES FABULATEURS

À qui donner la palme du mensonge. À notre grand Michelet, chantre de la République indivisible qui écrit, sans rire, à l'usage des enfants des écoles : « Telle était la crainte qu'il inspirait depuis quinze ans, (oui, quinze ans pas moins) que personne n'avait osé parler. » Il est vrai que c'est le même Michelet qui a justifié l'extermination du peuple vendéen dans une formule lapidaire reprise par Adolf Eichmann : le populicide philanthropique.

Ainsi Gilles, descendant de Tibère, selon Bossard, et ancêtre d'Eichmann, selon Michelet. Quinze ans de massacres, de martyrs, de sabbats, de tortures et de crématoires. Et un silence compact !...

Ainsi pendant quinze ans, les curés, les chapelains, les confesseurs, les notaires, les huissiers prébendiers, les gens d'armes, les commissaires, les officials, les procureurs, les inquisiteurs et les témoins synodaux – qui font dans le diocèse office de police secrète pour le compte de l'évêque – sont tous aveugles, sourds, étrangers à leur mission et ignorant des rumeurs. Tous ces gens-là vont côtoyer l'holocauste et continuer de vivre dans le voisinage de Ravensbrück... Les témoins synodaux sont les missi dominici de la police épiscopale. Ils ont juré sur les Saint Évangiles de veiller à la conservation de la foi et des mœurs. Et pendant quinze ans, ces douaniers de la vertu, ces vestales de la pudeur, ont gardé le silence.

Ces centaines de limiers, de confesseurs, d'indicateurs et de Renseignements Généraux de l'époque ne remarqueront jamais rien de suspect pendant quinze ans... Pendant cinq mille jours et cinq mille nuits... À croire qu'ils ont participé aux agapes et aux tortures. Le moins qu'on puisse dire, c'est qu'ils ont fait preuve de frivolité. Frivolité c'est le mot même que lancent les juges pour rejeter l'appel légal de Gilles qui s'élève contre l'iniquité de la procédure. Pour l'Inquisition, les droits de la défense se nomment : frivolité.

Alors que le procès de Jeanne d'Arc, torturée et mise à mort en 1431 ne sera révisé qu'en 1455, le roi et les héritiers demandent la révision du procès de Gilles dès 1443. Moins de trois ans après son supplice.

Gilles avait servi la France, et un traître stipendié par les Anglais l'avait conduit au bûcher. Il avait une fortune considérable et un affairiste voulait ses terres.

Je me permets de vous rappeler l'hypothèse du meilleur historien anglais de cette ténébreuse affaire, M. Visitelly :

« La subornation et le parjure des plaignants et des témoins, les contours imprécis et fumeux des dépositions, les falsifications des confidences recueillies sous la torture... »

Et Visitelly conclut à une « vérité falsifiée » (ce sont les propres mots de l'écrivain anglais) par le féal et félon serviteur de l'Angleterre, Jehan de Malestroit.

Il précède la mise en garde des Bénédictins qui ont rouvert le dossier, en 1781, dans leur mémoire *L'Art de vérifier les dates*. « Malheureusement, Gilles avait fait venir dans ce collège de prétendus devins et magiciens. Ce qui fait qu'on lui imputa des horreurs *dont il n'était peut-être pas coupable.* » Vous avez bien entendu, Messieurs. Quand on connaît la prudence frileuse des exégètes de saint Benoît, il faut lire le filigrane, pour comprendre ce que parler veut dire. On lui *impute*, les Bénédictins s'en refèrent à la définition des encyclopédistes reprise par nos dictionnaires, qui donnent comme exemple du verbe imputer : imputer un crime à un innocent..

... Un crime *dont il n'était peut-être pas coupable*. Le message est clair. Gilles n'est pas coupable.

Quitte a me répéter, je rappelle que notre conviction de l'innocence du maréchal de Rais n'est pas une idée neuve. Elle a été étouffée par la légende, engloutie par la marée montante des vicaires lubriques obstinés à propager des mascarades d'équarisseurs. Mais si nous remontons le temps, nous voyons s'élever de siècle en siècle des voix qui crient à la machination.

M. Parenteau fut, en son temps, conservateur du musée d'Archéologie de la Loire-Inférieure. Ce qui implique qu'il avait le privilège d'examiner à loisir toutes les pièces du procès et d'en démêler les arcanes. M. Parenteau fut le premier à affirmer l'innocence du baron de Retz. MM. Salomon Reynach et Monod, tous deux membres de l'Institut, lui emboîtèrent le pas. Et dans leur foulée, Fernand Fleuret, Charles Langlois, Maurice Garçon, soit une pléiade de professeurs, de juristes, de philosophes dont les écrits et les libelles étaient publiés à la « Bibliothèque des Curieux » et demeuraient confidentiels.

LES PÉDÉRASTES

Au bout du compte, si on retire les aveux contraints et les témoignages préfabriqués, que reste-t-il de l'acte d'accusation ? L'hérésie, l'apostasie, la simonie, la pédophilie.

Vous le savez, le mot simonie, nous vient de Simon le Magicien qui offrait une fortune aux apôtres : il voulait acheter leur intercession pour pouvoir communiquer avec le Saint-Esprit.

La simonie, selon l'Encyclopédie, c'est la volonté délibérée de vendre ou d'acheter, par un bien temporel, un bien spirituel. Ou un objet étroitement uni à un lien spirituel. Comme la Grâce ou les sacrements, de nos jours, il est bien difficile de considérer la simonie comme un crime passible des tribunaux. Dans le meilleur des cas une vague condamnation par la Cour de Rome. Ainsi pour les évocations, la magie, l'hérésie, l'apostasie. Reste l'homosexualité. Or, nous abordons avec la pédérastie un domaine vaste et complexe dont les racines aux ramifications multiples fleurissent ou fécondent des terres aussi vastes que l'Histoire et la génétique, l'Église et la sociologie, la justice et la médecine, la politique et la poésie, la morale et les arts plastiques.

L'homosexualité a prodigué ses caresses et ses paradoxes, ses défis et ses scandales, ses amours clandestines et ses passions parodiques sous tous les cieux et en tous les temps. Après la Chaldée qui la rejette, le Talmud qui condamne moins la pratique que l'idôlatrie, la Grèce de Périclès où elle devient religion d'État, le christianisme la dénonce comme un crime contre le Créateur. Et le Concile de Tours jette feux et flammes : dans les couvents, la lumière des dortoirs doit rester allumée toute la nuit. L'évêque pédéraste ou le prêtre inverti seront excommuniés sans préjudice de châtiments corporels : cent coups de fouet, tonsure totale, castration, banissement, etc.

Roger Facon et Jacques Parent dans leur *Conspiration des innocents*[1] *font référence aux « Pénitentiels » :*

« Les relations contre nature hantent les inquisiteurs.

Les *Pénitentiels* – recueils de péchés et pénitences destinés aux confesseurs – fourmillent d'exemples allant des baisers licencieux à la "fornication", en passant par la fellation et la masturbation mutuelle...

» Pour l'Inquisition, un hérétique est nécessairement sodomite. Tous les banquets démoniaques (style sabbats) s'achèvent par de gigantesques orgies au cours desquelles Léonard (le diable) s'unit charnellement aux participants (hommes ou femmes) ; les uns dansent en rond, ou comme ils peuvent (ayant chacun un diable pendu au derrière !), les autres se livrent au coït avec leurs voisins, autrement dit pratiquent "la copulation avec plusieurs personnes par le fondement"...

» Leur châtiment, bien sûr, doit être exemplaire. Les *Livres di Jostice et di Plet*, produits à Paris et Orléans en 1260, mentionnent : "Ceux qui sont sodomites prouvés, ils doivent perdre leurs couilles. Et si quelqu'un récidive, il doit perdre membre. Et s'il le fait une troisième fois (*sic*), il doit être brûlé...". »

Les grands sexologues contemporains, d'Havelock Ellis à Magnus Hirschfeld attribuent des tendances homosexuelles à Dante, Montaigne, Goethe, Shakespeare, Byron, Andersen, Walt Whitman, Michel Ange, Léonard de Vinci. Proust y ajoute Molière. Sans préjuger des confidences de Montesquieu et de Stendhal. Avez-vous pensé que depuis un siècle les grands écrivains de l'amour-passion ont été fréquemment

---

1. *Cf* Annexes.

réfractaires à l'amour physique de la femme ? Rimbaud, Verlaine, Wilde, Gide, Proust, Cocteau, Radiguet, Aragon, Montherlant. Tant d'autres...

Mais je passe de la littérature à l'andrologie qui proclame l'irresponsabilité des invertis. L'homosexualité, dit le professeur Benkert est une fixation sensuelle « qui rend l'individu autant sur le plan physique que sur le plan psychique incapable d'aboutir à l'acte sexuel normal ». Et j'en reviens à cette notion de *responsabilité*. Après Freud, le professeur Krafft Elbing définit l'homosexualité comme un état pathologique, *une tendance innée et incompressible.* Innée, incompressible... Nous côtoyons l'article 64 de notre code criminel : « Un homme qui agit sous la pression de forces à laquelle il ne peut résister, ne peut pas être considéré comme un coupable. » Or, « *l'impulsion homosexuelle tend vers son accomplissement et sa réussite avec autant de violence que l'individu est incapable de se dominer* ».

« Incapable de se dominer. » Nous voilà à Tiffauges où nous abordons avec la passion frénétique de Gilles le chapitre le plus délicat de cet exposé et je suis soulagé qu'il se déroule à huis clos devant une assemblée de sages, imperméables au climat équivoque, aux allusions grivoises et aux plaisanteries canailles indissociables de l'évocation des perversions sexuelles.

La pédophilie est un mot savant, un vocable d'initié qui désigne : « l'assouvissement de l'instinct sexuel d'un homme sur un enfant ». Cette déviation révolte nos cœurs, nos fibres et notre morale. Mais elle a reçu depuis des millénaires ses lettres de noblesse. Je ne voudrais pas encore accabler la Cour sous un flux de références. Je ne vous citerai que Nietzsche : « Les relations érotiques des hommes et des adolescents furent à un prix que notre imagination ne peut concevoir, la condition nécessaire, indispensable à toute éducation virile. Les femmes n'avaient d'autre rôle que de faire des enfants, de beaux corps puissants où revivrait le caractère du père. »

Et quand Malraux lance : « Les civilisations sont des accords de sensualité », sa formule rejoint la symphonie hellénique dont les partitions sont des « accords » entre les hommes et les éphèbes.

Les témoins nous ont abondamment décrit le processus érotique de Gilles. Il fait déshabiller les jeunes garçons et il se frotte contre leurs ventres jusqu'à éclosion de son propre orgasme. J'attire l'attention de la Cour sur cette volupté de surface. Comme la plupart des pédérastes, Gilles ne pratique jamais la pénétration bestiale, celle que nos ancêtres désignaient sous le nom de bougrerie. Voilà son seul crime réel. Celui que dénonceront inlassablement Henriet et Poitou en l'aggravant de crimes imaginaires.

Maître Goeau-Brissonnière, ébauche un silence et son regard décrit un lent « panoramique », pesant sur chaque regard de magistrat. Il rencontre des yeux brillants, des fronts pensifs, des tempes enfouies dans les paumes. Il sent monter de ces visages tendus ce flux de courant magnétique que connaissent bien les tribuns face à un Parlement, les prédicateurs face aux fidèles et les libertins face aux ingénues.

– ... Car c'est là son crime unique : l'amour avec les jeunes garçons. Nous tenons pour nulles et non avenues les saturnales de Grand Guignol et les orgies sacrificatoires empruntées au marquis de Sade, délayées par les brodeurs de mythes. Gilles aime les enfants et ne trouve son assouvissement et son accomplissement amoureux qu'avec les garçons de 8 à 12 ans. Tels ceux qu'il entretient sous son toit et qui partagent sa vie, sa chambre et ses caresses.

Ces accords de sensualité nous ramènent à Malraux : « L'érotisme était le Diable. Il devient l'Homme... Nous allons le voir dépasser l'homme, devenir sa raison d'être. L'érotisme cesse d'être l'expression de l'individu. C'est l'individu maintenant qui n'est plus qu'un moyen. » Je répète cette phrase parce que toute la tragédie de Gilles y est enclose : « L'érotisme cesse d'être l'expression de l'individu. C'est l'individu maintenant qui n'est plus qu'un moyen. » Gilles n'agit pas, il est agi.

Si l'érotisme qui était le Diable devient l'Homme, l'Homme va effectuer un pèlerinage aux sources, c'est-à-dire un retour au Diable. Et l'assimilation précède l'amalgame. Léonard, le diable inverti, sodomise pendant le sabbat. Donc un homosexuel est une créature du Diable. Donc il faut le brûler... Et on le brûle.

Je note, pour la Petite Histoire, que le dernier bûcher a été allumé à Toulouse pour un frère capucin du nom de Pascal à la fin du XVIIIe siècle.

Les sondages effectués par le professeur Kinsey nous indiquent que 60 % des adolescents et 40 % des adultes avouent avoir eu des relations homosexuelles. Dans la mesure où on peut accorder un crédit aux chiffres, aux sondages et aux statistiques, on peut affirmer que les homosexuels représentent aujourd'hui plus de 10 % de la population du globe. Sans aller jusqu'aux « trois sur dix » de Marcel Proust, dans la confidence de M. de Charlus au professeur Brichot, nous pouvons considérer après Nietzsche et Kinsey, que « les relations érotiques entre les hommes et les jeunes garçons sont devenues monnaie courante de l'amour vénal ou de l'amour passion ». En ce qui concerne Gilles, les mignonnets de Tiffauges ou de Machecoul ne sont – comme les mignons d'Henri III, selon Brantôme – que des « damoiseaux-damoiselles » dociles aux caresses du maître. Et non de la chair à pâtir.

PÉRORAISON

Vous êtes, aujourd'hui, Monsieur le Président, Messieurs, les représentants de la conscience universelle. Une filiale de la Cour des Droits de l'Homme. Mais, nous vous demandons à titre exceptionnel, que vous soyez la Cour des droits de l'âme.

Puisque nous parlons de l'âme, je vous demande de peser les dernières paroles de Gilles à celui qui l'a trahi :

« Je prie Dieu qu'il vous donne bonne patience et connaissance, et soyez certain que si vous avez bonne patience et espérance en Dieu nous nous entreverrons dans la grande joie du Paradis »...

Ainsi, l'homme, que tout désigne pour l'enfer, prend rendez-vous avec un renégat pour un séjour au Paradis.

Il est certain que les épreuves l'ont cassé, qu'il est depuis des années taraudé par l'idée fixe, tourmenté par de mauvais anges et que sa foi évolue aux frontières du délire. Mais cette phrase d'adieu porte à qui sait l'entendre un long cri déchirant : « Je suis innocent. » Elle couronne et dément la pitoyable litanie du mea culpa que Gilles s'est résigné à troquer contre la levée de l'excommunication. Écoutez les accents pathétiques de cette confession contrainte qui prolonge à sa façon les éclairs et les contritions de saint Augustin dont il est imprégné.

L'homme qui lance à ses juges son charabia apostolique n'est plus le seigneur de la guerre, le héros flamboyant, le chevalier du Sacre, c'est un visionnaire divagant assez proche des pensionnaires d'asile qui se proclament Jésus-Christ :

« J'ai commis et perpétré d'autres grands crimes, iniquement depuis le commencement de ma jeunesse, contre Dieu et ses commandements. J'ai offensé Notre Seigneur du fait du mauvais gouvernement que j'ai eu dans mon enfance où je m'étais appliqué à faire tout ce qui me plaisait et je me suis complu à tous les actes illicites.

» ... Je suis la cause et le principe de leur faute...

» ... Après avoir été la cause des fautes qui ont causé leur mort, je serai la cause de leur salut...

» ... Aimez Dieu, ayez un regret de nos crimes pour ne pas craindre la mort de ce monde qui n'est qu'un petit trépas. Nous devons désirer être hors de ce monde où il n'y a que misère pour aller en gloire perdurable. Nous entrerons en gloire avec Dieu au Paradis. Il n'est pas de si grand péché qu'un homme puisse commettre que Dieu dans sa bonté et sa bénignité paternelle ne pardonne.

» Remercions Dieu de nous avoir montré un signe manifeste de son amour en ce qu'il a voulu que nous mourrions... »

Nous nous retrouvons confrontés, au terme des procès de Gilles et de Jeanne, au maléfice éternel de l'abjuration. Un crime qui jalonne l'Histoire. De Tibère à Hitler : « Abjure ou tu vas mourir... » Ce sont les juges de Galilée qui lui feront rentrer dans la gorge la vérité cosmique qui éclate dans le sursaut du prophète : « E pur si muove[1]. » C'est la nuit de Rouen, où Jeanne torturée, elle aussi, par les évêques, Jeanne réduite à sa chair humiliée, signe d'une *croix*. Jeanne qui confesse devant les prélats et les moines qu'elle a « inventé les apparitions, blasphémé Dieu, offensé la décence et erré en sa foi ».

Jeanne condamnée à avouer à l'immonde Cauchon – le maître à penser de Malestroit – qu'elle ne voulait plus croire à ses Voix. Mais qui de nous est assuré de ne pas préférer le

1. « Et pourtant, elle tourne. »

reniement à la mort ? Et Gilles, ce n'est ni Jean Moulin ni Brossolette. Il va abdiquer devant les tenailles et les braises du bourreau.

J'en arrive à cette date capitale qui marque le tournant du procès. Le 21 octobre 1440, la foule a été parcourue d'un long murmure de stupeur avant de se figer dans un silence glacé.

L'homme qui s'assied face à ses juges, la barbe en jachère, le cheveu défait, le teint de cire, la paupière en berne et le regard fané, n'est plus que l'ombre grise du grand seigneur arrogant et désinvolte qui hier encore plastronnait si haut.

Il est voûté, affaissé, cassé, comme si la tempête d'équinoxe qui a soufflé si fort cette nuit sur la ville avait dévasté les fleurons de l'orgueil et les luxuriances de l'insolence.

Sa vêture a épousé le déclin de son apparence. Depuis deux semaines on l'avait vu parader dans des toilettes de gala, recherchées dans leurs couleurs, raffinées dans leurs parures. Et aujourd'hui : une dalmatique fripée, sans ornement ni rehaut, la tête obstinément baissée. Il lève, par intervalle, un œil atone qui se perd hors les murs. Que s'est-il passé cette nuit ? Quels sont les ferments de cette métamorphose qui a ravalé le terrible maréchal de Rais en pénitent ?

Je vais essayer de vous rendre sensible les mécanismes de délabrement. J'extrais de la thèse du Dr Bernelle[1] consacrée au psychisme de Gilles de Rais, quelques lignes édifiantes :

« D'une voix éteinte il demande pardon à qui l'on veut, répare ce qu'il faut, dit tout ce qu'il faut dire et ce jusqu'à la fin du procès... L'excommunication l'a atteint comme un coup de masse. Lorsque l'Église lui accorde sa réintégration dans les rangs des fidèles sa joie est telle qu'*halluciné*, il désire et appelle de toute son *exaltation impulsive* le bûcher rédempteur, atteint d'une *bienheureuse cécité mentale*. »

Ici les mots prennent le poids et la densité du langage de l'expert. *Halluciné... exaltation... cécité mentale.* Ajustez ces trois vocables au comportement de Gilles et vous comprendrez que c'est un absent machinal et surexcité qui semble sous hypnose et qui redit docilement ce qu'on lui ordonne de dire. Comme s'il répétait un texte étranger à sa personnalité.

Si je me réfère aux confidences de Gilles – et aux témoigna-

---

1. *La Psychose de Gilles de Rais, Sire de Laval, maréchal de France.* Thèse de doctorat en médecine, Paris, Jouve et Cie, 1910.

ges de ses proches – sur ces fugues de nuit qui le lancent sans fin sur les grands chemins de la longue errance, hagard, sans but et invoquant le Christ aux étoiles. Si je me réfère aux crises d'épilepsie larvée dont parle le Dr Bernelle :

« De l'épileptique, Gilles a l'orgueil insensé, l'irrascibilité futile et sans motif, la violence aveugle, il en a la tendance à l'exagération religieuse, il en a eu la précocité sexuelle. »

Si je m'en réfère à la dégénérescence invoquée par le Dr Lacroix, c'est pour en arriver au constat du Dr Laurentin :

« Le retournement du sadisme en masochisme est une règle fondamentale en psychologie. Le mysticisme n'est-il pas en partie, le remède refuge absolu, assurance garantie contre l'intolérable "mal de vivre." ? »

En clair, au-delà du déséquilibre interne, Gilles est amené par ses tortionnaires à une forme de démence qui le contraint à se réfugier au Paradis. Le *delirium tremens* prend chez lui la forme du délire mystique : ce délire a été accéléré par un violent traumatisme oublié des historiens : depuis le premier jour de son incarcération, Malestroit a privé Gilles de sa liqueur quotidienne, l'hypocras, dont il consomme cinq à six litres par jour depuis des années. C'est-à-dire que cet éthylique dont la raison chancelle, est en proie aux affres du « manque ».

Nous avons fait reconstituer un flacon d'hypocras par les frères Couly grands entonneurs à Chinon. Le voici, je vais vous en donner la recette. Ils ont broyé au mortier dix grammes de cannelle, huit de vanille, vingt de girofle. Ils ont ajouté soixante grammes de sucre en poudre et on a versé dans le mélange deux litres de vin blanc de Chinon. Ils ont délayé le tout et laissé macérer deux semaines avant de filtrer à la chausse et de mettre en bouteille. Ces bouteilles cachetées ont été déposées dans les Caves Painctes, chères à Rabelais, et nous pouvons aujourd'hui savourer la « Liqueur de Gilles ». Les œnologues ont jaugé l'hypocras : il titre vingt degrés.

La consommation de cinq litres par jour d'hypocras équivaut à dix litres de vin de moyenne teneur, c'est-à-dire vingt-cinq barriques par an. Ce chiffre colossal est révélateur de cette dypsomanie qui explique dans une certaine mesure à la fois les syndromes d'hystérie et les accès de folie mystique.

S'il fallait nous borner à un seul exemple de l'« aura » de démence de Gilles, nous la trouvons dans le manuscrit original du *Mémoire des Héritiers*[1], un des rares témoignages de première main qui nous soit parvenu sur la vie de Gilles en dehors des « Minutes du Procès ». Je l'ouvre à la page 22 :

« Il était souvent privé de sa raison, et bien souvent, à Machecoul ou ailleurs, il s'en allait au petit matin, seul dans les rues. Quand on lui faisait remarquer qu'il n'était pas convenable qu'il aille ainsi, il répondait davantage comme un insensé que comme une personne raisonnable. »

Vous avez bien entendu : « insensé ». IN-SEN-SÉ.

Je passe à la page 31 :

« Il faisait chez lui une dépense déraisonnable en vin, viandes et hypocras. Chacun y était reçu pour boire et manger, quel qu'il fût, et quelque contrée qu'il vînt. Il donnait excessivement et sans raison de l'or, de l'argent, des chevaux, du blé, des vins, du sel, des robes et autres choses, il faisait jouer des farces, moralités, pièces, etc. qui n'étaient pas de son état. »

Vous avez bien entendu : QUI N'ÉTAIENT PAS DE SON ÉTAT.

Enfin, j'en arrive au passage crucial de la page 58 :

« Il est vrai et on peut prouver qu'au temps de l'échange dont il est question le feu duc Jean, feu Jehan de Malestroit évêque de Nantes, son chancelier et premier conseiller, Geoffroy Le Féron son trésorier et ses autres conseillers et officiers, ainsi que les nobles, manans et habitants de Bretagne, tous tenaient publiquement feu monseigneur Gilles pour fou, et se moquaient et riaient de lui, à chaque fois qu'ils le voyaient. »

Il continue de feuilleter le manuscrit.

– Ne trouvez-vous pas surprenant que *jamais* un biographe ou un historien n'ait fait mention de ce paragraphe capital ? D'autant plus capital que *l'échange en question*, c'est la clef de voûte du procès : Saint-Étienne-de-Mer-Morte.

Ainsi donc aux yeux de Malestroit, de Le Féron et de leurs familiers, Gilles de Rais est une sorte de « dingue ». Un tordu, un cinglé, un fada, dirait Pagnol. Sa seule apparition provoque le rire, le sarcasme et les quolibets. Et ce ne sont pas

1. Médiathèque de Nantes.

seulement les nobles qui se gaussent à son apparition, mais les manants et habitants de Bretagne. Nous voilà bien loin de l'hypnose et du silence d'épouvante évoqués par les fabulateurs du procès. « La terreur qu'il inspirait était telle que personne n'avait osé parler pendant quinze ans », écrit – sans rire – l'aimable Michelet.

Maître Goeau-Brissonnière repose le manuscrit, fait tourner ses lunettes, et le doigt pointé vers la salle enfle brusquement son débit.

– Ce mépris ricanant de Malestroit, de Le Féron et des manants explique dans une certaine mesure la facilité avec laquelle on a persuadé les paysans d'accabler Gilles et à favoriser aux yeux des truqueurs l'afflux des faux témoignages. C'est une époque où il est normal – et courant – de brûler les fous.

À nouveau, le tournoiement machinal des lunettes. Après les avoir chaussées, l'orateur s'appuie des deux mains aux rebords de la tribune.

– Eh bien pour nous, Messieurs, nous ne partageons pas la conclusion de M. Parenteau, conservateur des Archives de la Loire-Atlantique, et qui a consacré des années d'études au procès : « Gilles de Rais est complètement fou mais il a pour ennemis l'évêque de Nantes et le duc de Bretagne. »

À nos yeux, Messieurs, Gilles n'est pas un *fou* au sens permanent de l'aliénation. Il ne s'agit pas de démence à fréquence continue, mais il est traversé de courants alternatifs. Ce sont ces courants qui l'envoient errer dans la campagne et qui le font répondre *comme un insensé*, réponse qui nous apparaît comme le prélude et le film-annonce de son autocritique au procès.

« On peut faire dire n'importe quoi à un dément, dit le Dr Vautrin, quand on provoque une crise de démence et qu'à l'issue de la crise on lui prodigue la récompense de sa docilité. » Dans le cas qui nous occupe la récompense est double, le retour de l'hypocras et la réintégration dans la chrétienté.

Il s'appuie le front et garde un bref silence. Un silence qui résonne dans la salle comme une oraison dans une cathédrale.

– Vous savez qu'un drogué « en manque » est fréquemment conduit à des démarches désespérées. À huit jours de sa fin, c'est-à-dire aux environs du 20 octobre, date de l'excommunication, Gilles de Rais sombre dans le délire. On lui a retiré ses deux moteurs : sa foi et sa drogue. Il est désormais « disponible » comme au lendemain d'une lobotomie ou d'un lavage de cerveau. J'entends qu'on a « remodelé son mental ». Pour retrouver le Christ et l'alcool, il est prêt à tous les revirements et à toutes les abjurations.

Et c'est à ce moment que l'évêque lui fera dire tout ce qu'il veut et même au-delà. De là ces « aveux » de crimes imaginaires calqués sur les aveux de Poitou et d'Henriet. On lui impute le meurtre de cent quarante enfants pour lesquels on a endoctriné cinquante témoins.

Il en revendique huit cents. Il en revendiquerait tout aussi bien huit mille pour retrouver sa place dans la chrétienté et son hanap sur la table. Ainsi, entre les pertes de conscience, les escapades nocturnes, l'épilepsie larvée, la dégénérescence, les hallucinations, les « manques » et l'excommunication, sa raison l'abondonne. C'est un autre homme qui va chanter dans les supplices. Ce n'est plus le compagnon de Jeanne d'Arc qui marche vers le bûcher. C'est un illuminé, indifférent au reste du monde. Les juges de Rouen avaient brûlé une sainte. Les juges de Nantes ont étranglé un dément. Les uns et les autres ont sacrifié la vérité sur l'autel de leurs intérêts.

Mais on pourrait croire que le Tribunal de Nantes a pris conscience de ses forfaitures puisque le président accorde à Gilles une grâce sans équivalence dans les annales d'une justice plus accoutumée à alimenter les fosses communes qu'à fournir les mausolées :

> « Je vous accorde même que votre corps, avant d'être embrasé, soit arraché au bûcher, mis dans une châsse et enseveli à Nantes, en l'église qu'il vous plaira.
>
> – Je voudrais qu'il fût inhumé dans l'église du Moustier de N.-D. des Carmes. »

Ainsi c'est le bourreau qui demande à sa victime de choisir le lieu de sa sépulture, et Gilles choisit l'église de la Trinité des Carmes à Nantes, où reposent les grands seigneurs et les dignitaires de l'Église. Ainsi la « bête d'extermination » comme dit Michelet, le tueur d'enfants, le sodomiste, le monstre aux huit cents cadavres souillés, va reposer entre les ducs et les évêques. On n'a jamais vu au cours de l'histoire de la chrétienté un homme, inculpé d'assassinat, de tortures, d'hérésie, de sodomie, être inhumé solennellement en terre sainte. Et c'est là peut-être un aspect exaltant du « Génie du christianisme ». Le pécheur à la droite du Père. Cette inhumation solennelle entre les flammes tremblées des luminaires, entre les chants et les sanglots, entre les marbres vénérés de l'enfeu des seigneurs et les saints coloriés du chemin de croix des vitraux, c'est la plus éclatante réparation que l'Église ait jamais donné à un criminel excommunié.

La première réhabilitation de Gilles de Rais, Messieurs de la Cour, se situe dans l'église de la Trinité des Carmes à Nantes.

Mais Gilles a obtenu un faveur peut-être plus stupéfiante encore d'un tribunal en proie au remords – et peut-être au repentir.

> « Il me reste une autre grâce à implorer monsieur le Président ; je vous prie de solliciter Monseigneur l'évêque de Nantes et le clergé de son église de faire, avant notre exécution, une procession générale à travers la ville. Ils prieront Dieu pour que moi et mes serviteurs nous gardions jusqu'à la fin l'absolue confiance en notre salut. »

Car pour justifier sa requête et mériter sa grâce, et là on sent poindre la leçon apprise et l'échange consenti, il s'est résigné à troquer l'autocritique contre la levée de l'excommunication. Et il interpelle les parents disséminés dans la foule :

« Je prie ceux des assistants qui ont des enfants de les instruire dans les bonnes doctrines et de leur donner l'habitude de la vertu pendant la jeunesse et l'enfance. »

La sentence a remué en profondeur le bon peuple de Nantes. « Les pères et les mères de famille jeûnèrent trois jours pour mériter aux coupables la délivrance et le repos de leur âme et donnèrent à leurs enfants le fouet jusqu'au sang afin d'imprégner profondément dans leur mémoire, le souvenir du crime et du châtiment[1]. »

Ainsi dix mille hommes et femmes vont suivre le cortège en priant, en chantant les prières des défunts : *De profondis clamavi* : « Du fin fond de la nuit Seigneur nous t'implorons. » Dix mille hommes et femmes en larmes escortent l'homme qui a crevé les yeux et arraché le cœur de la poitrine de leurs enfants, qui a bu leur sang et prolongé leur agonie pour en tirer volupté. Imaginons, Messieurs, que le Dr Petiot et Landru aient été conduits à pied du Palais de Justice à la prison de La Roquette où ils devaient être exécutés. Si un cortège s'était formé sur leur passage, c'eut été pour les lyncher parce que le peuple avait conscience qu'il s'agissait de criminels monstrueux.

Mais pour Gilles ce n'est pas seulement un cortège, c'est une procession nourrie de prières et de lamentations. C'est parce que tous ces hommes et femmes ont compris qu'ils étaient là non seulement pour assister à un supplice, mais pour assister le supplicié.

C'est sur les lieux mêmes du supplice que fut élevé avec la bénédiction de Messire de Malestroit le monument expiatoire sculpté dans la pierre, où *saint Gilles* apparaît aux côtés de la Vierge Marie. Et ce monument devient très vite un haut-lieu du culte où accourent de toute la province les pères et mères qui viennent demander pour leurs enfants l'intercession du Bienheureux.

« Aucun texte, dit M. Bressler dans son *Gilles de Rais*, publié il y a dix ans, ne vient expliquer comment s'est effectué dans la croyance populaire, ce glissement d'une vocation à l'autre. Ce revirement qui transforme le monument élevé là où fut exécuté le maréchal de Rais comme un lieu de pèlerinage pour la protection des enfants. »

Aucun texte bien sûr, aucune explication, aucune logique. On peut que constater la fabuleuse métamorphose et l'inversion des valeurs. Le monument expiatoire qui prend ses racines et ses fondations dans les cendres du bûcher est devenu un rendez-vous de pèlerinage où on implore *saint Gilles*. Comment expliquer cette mutation surréaliste qui fait

1. Abbé Bossard, *Gilles de Rais*.

que les parents demandent au plus grand tueur d'enfants du passé, sa bénédiction pour leurs enfants à venir ?

La seule explication plausible réside dans la prise de conscience effectuée par le peuple, qui commence à ressentir, obscurément, à l'issue du procès, l'énormité du deni de justice.

Avec cette lueur diffuse dans l'âme populaire, la tragédie trouve sa « moralité » : « Nous avons martyrisé un innocent. Et cet innocent trône à la droite de Dieu et peut intercéder pour nos enfants. »

Ce constat n'est pas une hypothèse d'étude, c'est la vivante illustration de l'adage latin : *Vox populi. Vox Déi*[1].

Les pauses de l'orateur étaient ponctuées par des grondements lointains sourds et rythmés comme des tambours de brousse. Les colombes noires de l'orage tournoyaient sur le fleuve. Le bourdonnement semblait s'enfler de mille essaims en colère et le vent tourmentait les frondaisons. Et puis, la foudre qui tonnait sur la Seine, déchira le ciel glauque de grands éclairs fauves et cabrés. Dans le silence électrique, la voix de l'évocat s'éleva, forte et martelée :

– Dans un an, Messieurs, vous célébrerez ici-même, avec éclat, le trois centième anniversaire de la naissance de M. de Voltaire qui demeure aujourd'hui notre modèle et notre inspirateur, parce que c'est lui qui après des années d'affronts et d'affrontements, de pièges et de combats, réussit à faire réhabiliter la mémoire de Sirven, de Calas et du chevalier de La Barre, injustement condamnés, roués vifs et brûlés par des tribunaux criminels, filiales attardées de Messire de Malestroit. Mais n'est-ce pas Voltaire qui a écrit à propos de Gilles : « On a fait mourir le maréchal de Rais, accusé de magie et d'avoir égorgé des enfants pour leur sang... » C'est cette grande voix que je vous demande d'entendre à travers la mienne qui n'en est que l'écho.

Voltaire fut le premier à exiger l'abolition de la torture. Nous, ses disciples et ses héritiers, que pouvons-nous penser des aveux arrachés sous la torture ?

Que penser des pages arrachées aux « Minutes du Procès » ?

1. Voix du peuple. Voix de Dieu.

Que penser de ce grand cri d'innocence poussé par Gilles à son dernier matin : « Nous nous retrouverons au Paradis... »

Que penser de ce jugement dont le premier article concerne les *peines pécunières*, c'est-à-dire l'amende de cinquante mille écus, et que cette somme serait acquise au duc de Bretagne. La condamnation n'est prononcée qu'après confiscation des biens, qui est le moteur de l'affaire. Mais je vous le rappelle : le 9 septembre 1440, c'est-à-dire une semaine avant le procès, le duc Jean V, décide par un texte dicté de Reczac-lès-Redons, de confisquer les biens de Gilles, et d'en doter son fils par acte notarié. Ce qui représente une spoliation criminelle et éclaire la finalité de l'entreprise. Il va de soi que Malestroit lui a garanti la bonne fin du procès, sinon le duc n'aurait pas osé. Nous revenons à l'adage latin : « Id fecit prodest : cherche à qui le crime profite. »

Que penser de ces témoins dont aucun n'a jamais dit : « J'AI VU », mais qui tous ont répété : « J'ai entendu dire ». Que penser de cette présence d'un diable en civil inscrit dans un dossier pénal ?

L'avocat fait une pause, essuie ses lunettes et appuie fortement ses mains sur la barre en changeant d'octave.

– Qu'en penser ? Eh bien ce que nous devons en penser, Messieurs, c'est que ce qu'a pensé, avant nous, Monsieur de Voltaire, l'homme qui a réussi à faire annuler les denis de justice des tribunaux ecclésiastiques. Ce n'est pas un hasard si de hautes consciences ont eu le sentiment d'une abominable conspiration et ont eu à cœur d'exprimer ce sentiment. Leur cri a été recouvert par la marée des fabulateurs. J'en appelle à Goethe : « Il est bon que quelques grandes voix s'élèvent, de temps à autre, à contre courant des erreurs de la multitude. »

Aujourd'hui, c'est en leur nom que je vous demande solennellement la réhabilitation du maréchal de Rais. Pour étayer notre conviction, je dépose dans les justes balances de la légalité historique les lettres patentes du roi Charles VII, écrites deux ans après la mort de Gilles. Ces lettres, étouffées par les conspirations, n'ont jamais été remises en cause par aucun gouvernement français.

Il brandit les feuilles vers les juges.

– J'ai fait tirer à votre intention les fac-similés de ces lettres revêtues du sceau des Valois, Charles VII PAR LA GRÂCE DE DIEU.

« 1443 (nouveau style), 3 janvier. – Lettres d'adjornement en cas d'appel, [du procès du mareschal Gilles de Rays], adroissantes au duc [de Bretagne]... – Original en parchemin jadis scellé sur queue simple.

» Charles, par la grâce de Dieu, roy de France, à nostre très chier et très ami nepveu le duc de Bretaigne, salut et dilection.

» Comme feu Gilles, en son vivant seigneur de Rays, mareschal de France, de certaines condempnacions, exploiz, mainmise, arrest et détencion de sa personne et reffus et dené de droit, et autres tors et griefs à déclairer plus à plain en temps et lieu, contre lui et à son préjudice, à tort, indeuement et contre raison, faiz et donnez par feu nostre frère et cousin vostre père, maistre Pierre de Lhospital, soy disant ou portant président de Bretaigne, et autres ses officiers, au prouffit, pourchas, requeste ou instance du procureur de nostredict feu frère et cousin, ou autrement indeuement, eust appelé à nous et nostre court de parlement comme de nulz, et, se aucuns sont ou estaient, comme de faulx et mauvais, iniques et déraisonnables ; après lequel appel, et dedans ung mois après ce que ledit appel fut interjecté, ledict feu seigneur de Rays fut condamné à mort et fait mourir par ledict de Lhospital, indeuement et sans cause, le XXVIJ[e] (*sic pour XXVI*) jour du mois d'octobre l'an mil CCCC quarante.

» [...] Si vous enjoignons que vous ayez avec vous audict pour ledict de Lospital, soy portant vostre président de Bretaigne, et autres nos officiers, pour soustenir et deffendre lesdits exploiz, sentences et autres appointements ; les veoir corriger, réparer, amender et mestre au néant se estre le doivent, procéder et avant aller en oultre selon raison. Et vous deffendons que pendant ladicte cause d'appel, contre ne ou préjudice d'icelle ne de nozdictz conseiller et cousine, vous ne eulx actemptez ou innover au contraire, mais tout ce qui fait, actempé ou innové auroit esté, réparez et remectez ou faictes réparer et remectre tantost et sans délay au premier estat et deu.

» Donné à Montalban, le IIJ[e] jour de janvier, l'an de grâce mil CCCC quarante et deux, et de nostre règne le XXIe, soubz nostre scel ordonné en absence du grant.

» Par le roy en son conseil. »

CHEVALIER

Ce n'est pas une démarche dictée par la colère ou le ressentiment, c'est aboutissement d'une longue enquête et la volonté d'une éclatante réparation. L'ordonnance royale n'ayant point été exécutée par les officiers de Bretagne et d'Anjou, le 13 janvier 1445, de nouvelles lettres annuleront les dettes du Maréchal et exalteront son rôle décisif aux batailles d'Orléans et de Lagny.

L'intimation au duc de Bretagne et au président de ses états, dit Hernandez, l'objurgation d'en instruire aux présidents et conseillers du parlement-bailli de Touraine ainsi qu'à ses ressortissants d'Anjou et du Maine, et aux sénéchaux de Poitou et de Saintonge, constituent un acte dûment pesé et réfléchi, et justifié par des faits et des témoignages. Dans les lettres patentes du même jour, adressées, pour l'exécution des précédentes, aux présidents et conseillers du parlement, bailli de Touraine et des ressorts et exemptions d'Anjou et du Maine, sénéchaux du Poitou et de Saintonge, etc., on lit notamment :

« Et pour ce que depuis ledict appel, en hayne et contempt d'iceluy, l'ont dit ledict feu Gilles, seigneur de Rais, avoir esté fait mourir indeuement, et plusieurs autres attemptaz avoir été faiz, informez-vous bien, diligemment et secrètement de et sur ladicte mort et attemptaz dont les cas vous seront baillez en escript par déclaration plus à plain, se mestier est ; et ceux que, par informacion faicte ou a faire, fame publique ou véhémente présompcion, vous en trouverez coulpables ou véhémentement soupçonnez, adjournez ou faites adjourner audict jour ou autre, certain et compétent de nostre dict parlement. »

Or le duc de Bretagne est engagé avec le Dauphin – le futur Louis XI – dans une lutte sournoise contre le roi, Charles VII. Sur son ordre, le Parlement de Bretagne et le président de Lhôpital feront la sourde oreille aux lettres du Roi. Ils enterreront l'affaire. Mais la légalité historique n'a que faire des intrigues féodales.

Brusquement la pluie explose, une pluie des tropiques, massive et violente, qui lance sur le palais de l'UNESCO des cataractes puissantes comme des vagues, sonores comme une tempête marine.

Cette brusque colère du ciel réduit la salle au silence. Et comme le défenseur pointe le bras vers les hautes baies que charbonnent les ténèbres de l'orage, le soleil brusquement revenu éclaire de grands oiseaux qui traversent la lumière en battant lentement des ailes.

La conjugaison des rayons, des ramiers et des reflets allume un furtif mirage, et les magistrats, les yeux rivés au plafond, regardent s'enflammer le vitrail éphémère. Comme si le temps passé dépliait ses images dans un miroir magique et irradiait, à travers les prismes et les ogives, un diorama d'armures, de bannières, de chevaux, de hauberts et d'oriflammes. L'apparition n'a duré qu'un instant. Déjà ses laques, ses ors et ses ambres se fondent à l'ombre mûrissante. Mais elle flamboie comme un intersigne. Comme si les siècles en voyage venaient cogner à la fenêtre.

Goeau reprend son souffle et s'engouffre dans leur sillage.

– Eh bien Messieurs, ces images qui enflamment les vitres m'apparaissent comme l'enluminure au bas de la légende.

Imaginons qu'une caméra invisible ait pu tourner les scènes que nous évoquons et qu'un céleste projecteur nous permette d'entrevoir l'accusé debout dans sa robe de lin blanc, les juges en rang sur leur estrade, la futaine et le droguet des témoins à la barre, tout ce que j'évoque avec des mots prendrait pour nous les couleurs de la vie et le relief du réel. Mais, permettez-moi de vous rappeler que selon les Romantiques allemands, les scènes du passé ne sont pas englouties dans le néant, elles ont été captées par d'autres soleils et continuent d'être projetées sur des écrans de limbes inconnues de nous. Et ce retable d'arc-en-ciel dont nous avons aperçu le flamboiement sur les vitres, il est peut-être passé pour nous rappeler que notre débat se déroule encore sous le signe du surnaturel. Comme le procès s'est déroulé sous le double signe de la machination diabolique et de l'hallucination collective.

Il demeure longtemps le menton rentré, la nuque inclinée, les paumes à plat sur les dossiers, entre la prière verticale de l'Angélus et la concentration de l'athlète avant l'élan.

Quand il redresse la tête, il regarde la salle sans la voir, passant au-delà des travées, des stalles et des pupitres.

– Messieurs les Magistrats, je vais vous demander ce qu'aucun avocat au monde n'oserait solliciter d'aucune Cour au monde, mais je prends ce risque à la faveur de votre culture et de votre expérience, à la lumière de votre rayonnement et de votre autorité... Ce que je vous demande c'est de situer Gilles en dehors des griffes de la légende et des châsses de l'Histoire. En dehors du gang de Malestroit et des gangues du Temps.

Les yeux levés comme s'il parlait aux vitrages...

– C'est-à-dire à partir du point vélique du surréalisme d'où le passé, le présent et l'avenir cessent d'être perçus contradictoirement. Pourquoi cette démarche insolite, direz-vous ? Parce que Gilles au bout du compte, c'est Prométhée. J'entends l'homme qui s'est essayé à voler le feu du ciel et qui se retrouve à jamais enchaîné à un rocher, à un bûcher ou les vautours de la Sainte Vehme lui rongent le sang.

Gilles, c'est un symbole intemporel. Et j'appelle à la barre tous ceux que les bourreaux ont conduit au garrot, au poison, au poignard ou au brasier pour leur faire expier leur génie, leur refus ou leur fortune. Si j'avais le pouvoir de les projeter sur ce mur, vous reverriez Montezuma grillé vif par les moines de l'Inquisition. Quinze ans après Gilles. Et Jean Huss brûlé vif par le pape incestueux Alexandre Borgia. Quinze ans avant Gilles. Vous y verriez en marche vers leur supplice Manès, Jacques de Molay, André Chénier ou Mikhaïl Toukhatchevski. Vous y verriez Lavoisier et le chevalier de la Barre... Tous ces innocents qui peuplent nos manuels et dont quelques-uns troublent nos consciences.

Mais tous ceux dont je vous parle et qui se sont retrouvés nus, enchaînés, pauvres et morfondus sur les marches de l'échafaud, au pied de la potence ou devant le mur du peloton, ont repris leur place dans nos livres d'école et la postérité a stigmatisé leurs assassins.

Gilles demeure le seul de cette phalange d'innocents martyrisés à ne pas être absous par le sursaut de la conscience universelle. C'est cette absolution que nous venons chercher. Vous êtes les seuls à pouvoir l'accorder.

Je m'en remets à votre sagesse pour effacer un des plus grands crimes judiciaires de tous les temps et pour rendre au maréchal de Rais sa place dans l'Histoire et son rang dans l'honneur.

Au terme de ma péroraison, je voudrais présenter mes excuses à votre Collège. M'excuser d'avoir abusé des citations et des références. Et des redites. M'excuser pour mon long cheminement entre les souterrains de Tiffauges et les labyrinthes de l'Histoire. Mais, si mon expression s'est enflée jusqu'à la boursouflure, et si ma plaidoirie s'est dilatée dans des hyperboles démesurées, c'est que, précisément, Gilles est l'archétype de la démesure, consumé par ce que Mallarmé appelle superbement « l'ignition du feu toujours intérieur ».

Je vous remercie du fond du cœur de m'avoir témoigné votre patience et votre compréhension pendant ces cinq heures et ces quelques siècles « au long du fil du temps sur des jours oubliés ».

Si j'ai pu parler si longtemps, c'est que j'étais non seulement emporté par ma profonde conviction mais encore porté par votre amicale attention.

Maître Goeau-Brissonnière s'incline vers le président, rassemble les papiers épars dans sa serviette et ramasse ses in-folio. Il commence à descendre l'escalier, traverse le silence massif de la grande salle. Alors survient un événement considérable, tel qu'on n'en a encore jamais vu sous les voûtes du Palais.

Comme il s'avance vers la chaire du président, les magistrats obéissant à un signal invisible, se lèvent un à un. Les uns demeurent les bras croisés, les autres les mains tendues vers l'orateur, comme s'ils se retenaient d'applaudir. De cette salle où s'agitent tant de fantômes illustres, monte une muette vibration traversée des courants, des cris et des ondes qui ont meublé la tribune pendant de longues heures.

Le président quitte sa chaire, s'avance à la rencontre de l'avocat, lui prend les mains, les garde longuement dans les siennes.

– Vous nous avez fait vibrer, trembler, battre les cœurs, s'insurger les consciences. Nous sommes passés de l'étonnement à l'indignation, de la révolte à l'émotion. Vous avez eu de grands moments...

– C'est une grande cause, Monsieur le Président !

– Votre plaidoirie a été enregistrée, la cassette vous sera remise par le greffe.

– Et le jugement ? Monsieur le Président.

– Laissez-nous le temps de nous familiariser avec votre « client ». Vous nous en avez tant dit. Il y a tant à rêver... Le Collège se prononcera après étude du dossier, conformément à la tradition.

ANNEXES

SUR LES « TRUQUAGES » DU PROCÈS DE GILLES DE RAIS

Émile Gaborit[1], chantre attitré de Barbe-Bleue avertit ses lecteurs qu'on ne pouvait rien fonder de définitif sur ces analyses, attendu que les comptes rendus des dites audiences, qui nous ont été conservés, ne sont pas complets. Il manque plusieurs planches de parchemin et, pour la seconde partie du procès, il manque, vraisemblablement, les dépositions de certains témoins.

Nous savons, écrit M. Gaborit que les documents qui nous sont parvenus ne sont plus l'original, mais des copies fragmentaires de la minute primitive. Le duc n'en fit copier qu'une partie. Laquelle ?

Eh bien, celle qui justifiait sa démarche. Le reste a été brûlé. Mais tout le monde a préféré oublier cet autodafé parce que l'absence de ces pages consumées apporte la preuve que les exégètes fanatiques ne peuvent donner que des explications tronquées. Donc truquées. Tout ce qui remettait leur thèse en cause a été *intentionnellement détruit*.

Dans son entreprise de réfutation, M. Gaborit nous cite des arguments (voir son article dans la Revue Universelle, 1925). M. Émile Gaborit nous oppose des arguments dont le moins qu'on puisse dire est qu'ils sont surprenants]. Il dit : « Saint-Jean-de-Beuvron ne figure pas dans le Dictionnaire des Postes (*sic*). » On peut supposer qu'en 1430 le ministère des P et T ne devait pas assurer un courrier régulier entre Nantes et Tiffauges.

« Il serait facile, ajoute Gaborit, de produire des lettres amicales échangées entre Gilles de Rais et Jehan de Malestroit. »

Qu'attend-il pour les produire et comment ne pas s'étonner qu'aucun historien ne les aient jamais publiées ?

1. Émile Gaborit, *La Vie et la Mort de Gilles de Rais*, Librairie Académique Perrin.

GILLES DE RAIS, L'HOMME LE PLUS RICHE D'EUROPE

Ainsi que l'atteste cet extrait d'un document du Centre national de Documentation pour la seule Bretagne qui représente le quart de ses terres.

En Bretagne :

– la Baronnie de Rais, vaste ensemble d'une quarantaine de paroisses qui s'étend entre la Loire et les Marches communes au Poitou et à la Bretagne. Sous Gilles de Rais, les châtellenies de Machecoul, Le Coutumier (Machecoul et Bois-de-Céné), Bourgneuf, Princé, Vue, Pornic, Touvois, Saint-Michel-Chef-Chef, Saint-Étienne-de-Mer-Morte, Prigny et la moitié de l'Île de Bouin sont à nouveau réunies ;

– la Seigneurie de La Bénate, importante seigneurie qui englobe 26 paroisses des Marches (13 de Bretagne et 13 du Poitou) et dont le siège se trouve dans la paroisse de Saint-Jean-de-Corcoué ;

– la Seigneurie des Jamonnières, petite seigneurie située dans la paroisse de Saint-Philbert-de-Grandlieu, ainsi que la petite seigneurie de Souché sise dans celle de Saint-Aignan-de-Grandlieu ;

– La Seigneurie du Loroux-Bottereau, d'importance moyenne, mais comprenant la petite ville du Loroux-Bottereau ;

IMPORTANCE DE GILLES DE RAIS, CHEF DE GUERRE, DANS LES CHRONIQUES DE L'ÉPOQUE

En ce qui concerne le rôle décisif de Gilles de Rais dans la Campagne de Libération, ces extraits des Chroniques anglo-normandes attestent de l'importance de ce rôle et de la prééminence de Gilles sur tous les autres chefs de guerre.

Il n'est pas possible que ces chroniques aient été ignorées des historiens, des biographes et des chroniqueurs. Elles ont été systématiquement écartées parce que gênantes.

[...] Tels étaient les faits d'armes par lesquels Gilles de Rais attirait l'attention de Charles VII et se rendait digne de figurer au premier rang de ceux qui, sous Jeanne d'Arc, devaient se signaler au siège d'Orléans.

À partir de ce moment jusqu'au sacre de Charles VII à Rheims, il joue dans notre histoire, en la compagnie de Jeanne d'Arc, un rôle dont on ne soupçonnerait pas l'importance à la lecture des histoires générales de la France. Les noms des autres compagnons d'armes de la Pucelle, le duc d'Alençon, le Bastard d'Orléans, la Hire, Xaintrailles, ont trop fait pâlir sa gloire. Les chroniques contemporaines, soit locales, soit étrangères, sont plus justes à son égard ; c'est à ces chroniques anciennes qu'il faut surtout recourir pour apprécier ce qu'il fut.

Aussitôt que Charles VII eut accepté les services de la Pucelle, le premier auquel il songea pour la confier fut Gilles de Rais.

« Environ la fin d'avril, dit une Chronique du siège d'Orléans, fut baillé à ladite Jehanne Messire de Rais, maréchal de France, et plusieurs autres capitaines. »

C'est aussi ce que nous apprend une Chronique anglo-normande conservée à Londres, et composée dans ces temps : « L'an mil quatre cents vingt-huit (vieux style), Jehanne la Pucelle ariva devers le roy en chastiau de Chinon, par quoy elle fut mise en armez et conduite au mareschal de Rez, et après quelle eult assemblé des gens d'armes, ce quelle en peult finer, tira devers Orléans. »

Ces deux témoignages confirment pleinement ce que nous lisons dans la *Chronique de la Pucelle* et dans *Jean Chartier* : « Le Roy avoit mandé plusieurs capitaines pour conduire et estre en la compagnie de la dite Ieanne, et entre autres le mareschal de Rays, messire Ambroise de Loré, et plusieurs autres, lesquels conduirent icelle Ieanne jusques en la ville de Blois. »

Ainsi institué gardien de Jeanne d'Arc, Gilles de Rais fit partie du premier convoi par lequel Jeanne réussit à ravitailler la ville d'Orléans. Il la conduisit par la Sologne au point où l'on devait embarquer ces vivres pour leur faire descendre la Loire jusqu'à la ville assiégée. Il n'entra pas dans la ville à ce premier voyage, car on craignait de multiplier les bouches dans une place trop difficile à approvisionner. Il confia Jeanne à Dunois, et, pendant qu'elle entrait à Orléans, il revint à Blois avec le reste de son escorte.

[...] Une fois à Orléans, le sire de Rais se montra un des héros du siège. Les assiégés avaient été « d'opinion de, premièrement tant faire que les bastides et boulevards du costé de la Soulongue peussent estre conquis avec le pont, afin que la ville peust recouvrer vivres de Berry et autres pays ». Pour commander au pont et intercepter ce passage, les Anglais s'étaient emparés des Tourelles et avaient élevé la bastide dite des Augustins. Le 5 mai, dans un Conseil tenu à Orléans entre les principaux chefs militaires, et auquel prend part le sire de Rais, on décide l'attaque de ces positions. Dès le 6, on passe du conseil à l'exécution.

Jeanne et ses gens traversent la Loire sur des bateaux. Sans attendre qu'ils soient tous passés, elle va audacieusement planter son étendard tout près des Anglais. À ce moment se répand la nouvelle que les Anglais reçoivent des secours. « Les gens qui estoient avec la Pucelle furent espouventés et se prinrent à retirer droict au passage de Loire. » Jeanne, contrainte d'abord de se retirer, se retourne tout à coup, « fist visage et marcha contre les Anglais à grans pas et à estendard desployé. Si en furent Angloys, par la volonté de Dieu, tant espouventez, qu'ils prinrent la fuite laide et honteuse. Alors, François retournèrent, qui commencèrent sur eux la chasse, en continuant jusques à leurs bastides, où Anglois se retirèrent à grand haste. Ce vu, la Pucelle assist son estendard devant la bastide des Augustins (située à la tête du pont), sur les fossez du boulevart, où vint incontinent le sire de Rays. Et toujours François allèrent croissant, en telle sorte qu'ils prinrent d'assaut la bastide desdits Augustins, où estoient Anglois en très grand nombre, lesquels furent illec tous occiz. »

Le sire de Rais se montrait donc le digne gardien de la Pucelle ; dès qu'il la voyait en avant ou en péril, il s'empresser d'accourir près d'elle le premier.

Blessée au pied à cet assaut, Jeanne d'Arc, « à cause qu'il ennuictoit, fut ramenée à Orléans ». Mais pour ne pas perdre l'avantage de la journée, elle laissa ses gens devant les Tourelles. Le lendemain « contre l'opinion et volonté de tous les chefs et capitaines qui estoient là de par le Roy », elle repassa la Loire pour faire l'assaut de ce fort. « Et est à noter que avant qu'elle partist, elle ouyt la Messe, se confessa, et receut en moult grande devocion le précieux corps de Jésus Christ : aussi se confessoit-elle et le recepvoit très souvent. Si se confessa à plusieurs gens de grand devocion et austère vie, lesquels disoient plainement que c'estoit une créature de Dieu. »

Nous ne referons pas le récit de cette merveilleuse prise des Tourelles. Elles furent conquises après un rude assaut « en la veue du comte de Suffort, du seigneur de Talbot et autres chefs de guerre sans montrer ny faire semblant d'aucun secours. »

Le sire de Rais ne pouvait manquer d'être à pareille fête. La *Chronique de la Pucelle* laisse supposer sa présence ; la *Chronique anglo-normande*, que nous avons déjà citée plus haut, la mentionne positivement. « Yssirent de ladite ville d'Orléans, dit-elle, ledit mareschal (de Rais) et ladite Pucelle et leur compagnie vindrent, assaillirent et prindrent d'assaut l'une desdites bastilles et tuèrent tous les Englez qu'ils trouvèrent dedans, et la nuit ensuivant désemparèrent ledit Suffolk et Tallebot des autres bastilles. »

Enfin le dimanche 8 mai, lendemain de cette « desconfiture dont les Anglois furent en grande destresse », Orléans put se réjouir de sa délivrance miraculeuse. Voyant de grand matin le mouvement des ennemis, « la Pucelle, les mareschaux de Saincte-Sévère et de Rays, le seigneur de Graville et autres, saillirent hors Orléans en grant puissance, et se mirent et rangèrent devant eulx en bataille ordonnée. » Mais Jeanne leur recommanda que « pour l'amour et l'honneur du sainct dimanche, ils ne commanchassent point la bataille. » Toutefois, si les Anglais prenaient l'initiative, « qu'ils se deffendissent fort et hardiement et qu'ils n'eussent nulle paour et qu'ils seroient les maistres. »

Les Français attendirent patiemment, mais vainement. Les Anglais avaient compris qu'ils n'avaient plus qu'à se retirer : Allez-vous-en, messieurs les Anglais, bon voyage ; mais n'y revenez plus !

On dépêcha aussitôt à Tours, pour porter au Roi la nouvelle de cette délivrance, Jehan Coler, chevaucheur de l'écurie royale ; et dans leur enthousiasme, les bourgeois de cette ville lui baillèrent « dix livres tournois... pour les bonnes et joyeuses nouvelles par luy apportées en ceste ville.. de la prinse faicte par la Pucelle, monseigneur de Rays et les gens de leur compagnie, des bastilles que avaient faictes les Anglois devant Orléans ou, ils tenoient le siège, et de la bataille et déconfiture par elle faicte contre lesdiz Anglois. »

Comme on le voit, sur les registres de la ville de Tours comme dans les chroniques contemporaines, le nom du sire de Rais figure toujours avec celui de Jeanne d'Arc, souvent à l'exclusion des autres, dans le récit de la délivrance d'Orléans.

« [...] Le duc d'Alençon et la Pucelle, séjournèrent en la ville d'Orléans par aucuns jours, pendant lesquels vindrent illec à (avec) grand chevalerie, le seigneur de Rays, le seigneur de Chauvigny, le seigneur de Laval et le seigneur de Lohéac, son frère, et autres grans seigneurs pour servir le roy Charles et son armée. »

Il est cependant certain que le sire de Rais n'est pas resté étranger à la délivrance de Jargeau. Dans son *Histoire du Roi Charles VII*, imprimée à Paris en 1661, Denys Godefroy a publié l'extrait suivant tiré des comptes du trésorier du Roi : « A messire Gilles de Rais, conseiller et chambellan du Roy, mareschal de France, le Roy, par ses lettres patentes, données le 21 juin 1429, ordonne estre baillé la somme de mille livres, pour aucunement le récompenser des granz fraiz, mises et despens que faire lui avoit convenu, afin d'avoir soy, n'avoit guières (naguères), mis sus et assembler par l'ordonnance du Roy, certaine grosse compagnie de gens d'armes et de traict ; et iceux entretenus pour les employer à son service en la compagnie de Ieanne la Pucelle, afin de remettre en l'obéissance dudit seigneur la ville de Jargeau que tenoient les Anglois. C'est au 8e compte de Guillaume Charier, receveur général de toutes finances, depuis 1427 à 1429. »

Le P. Anselme, dans son *Histoire des Maréchaux de France*, nous apprend aussi que le nom de Gilles de Rais figure avec le titre de maréchal dans le compte d'Hémon Raguier, « avec les autres seigneurs, chefs et capitaines de guerre qui furent récompensés des grands frais et dépenses qu'ils avoient faits aux sièges d'Orléans, et à la prise des villes et forteresses d'Yanville, Jargeau, Mehon et Boisgency, et qu'il eut pour sa part 8 770 livres. »

Il est d'ailleurs à remarquer que l'auteur de la *Chronique* de la Pucelle, très bien informé pour tout ce qui s'est passé à Orléans pendant le siège, l'est moins bien sur les faits qui se passent ailleurs. Perceval de Cagny, serviteur du duc d'Alençon, et qui écrivait en 1436 les gestes de son maître, mentionne expressément Gilles de Rais parmi ceux qui ont à se préparer pour le siège de Jargeau. « Incontinent, dit-il, le duc d'Alençon fist sçavoir aux mareschaux de Boussac et de Rais, au bastart d'Orléans et La Hire et autres capitaines que eulx et leurs gens fussent à certain jour à ung village près Romorantin en Solloigne, et ainsi le firent. »

La curieuse lettre de Guy et d'André de Laval, datée de Selies le 8 juin, vient confirmer ce témoignage. Elle nous apprend que le duc d'Alençon, le maréchal de Boussac et d'autres capitaines se trouvaient alors près du Roi en cette ville, et qu'on y attendait ce jour même le sire de Rais. Gilles de Rais n'était pas d'humeur à laisser partir ses compagnons d'armes sans se joindre à eux.

À la prise de Jargeau, 12 juin, succéda, le 15, le siège de Beaugency sous les murs duquel eut lieu l'entrevue de Jeanne d'Arc avec le connétable Arthur de Richemont. La Pucelle était « ascortée de Jean duc d'Alençon accompagné de plusieurs haults seigneurs, barons et nobles, entre lesquels estaient Messire Louys de Bourbon, comte de Vendosme, le sire de Rays, le sire de Laval, le sire de Loheac, le vidame de Chartres, le sire de la Tour et autres seigneurs. »

Gilles ne se contenta pas de prendre part, le 18, à la bataille de Beaugency et à celle de Meung, sa présence à la glorieuse victoire de Patay nous est signalée par un chroniqueur anglais qui y fut battu : Jean de Wavrin dit du Forestel. « Si furent ordonnez, dit cet auteur, le connestable de France, le marissal de Boussac, La Hyre, Pothon et autres capitaines, à faire l'avant-garde ; et le sourplus, comme le duc d'Alençon, le bastard d'Orléans, le marissal de Rays, étaient les conducteurs de la bataille et suivaient d'assez près ladite avant-garde. » Il fut même de ceux que leur ardeur entraîna jusqu'à Janville. Prigent de Coëtivy, qui épousa plus tard la fille de Gilles de Rays, avait été fait prisonnier, l'année précédente, le 28 août, à la prise de cette même ville. Le nom de Janville rappelait au Maréchal un souvenir plus heureux.

La campagne avait été menée avec autant de rapidité que de bonheur. Quelques semaines avaient suffi pour balayer les Anglais de ces pays dont il se croyaient définitivement les maîtres. Jeanne voulait cueillir à Rheims le premier fruit de sa victoire. Charles VII « feit son assemblée à Gyen-sur-Loire ; et vindrent en sa compagnée les ducs d'Alençon, de Bourbon, le comte de Vendome, ladite Pucelle, le seigneur de Laval, les sires de Lohéac, de la Trimoille, de Rays et d'Albret. » Toute la cour partait de Gyen pour Rheims, le 29 juin.

Plus heureux que le connétable de Richemont, Gilles de Rais était du voyage. Il devait y figurer honorablement. « En ce même voyage, dit Monstrelet, faisaient l'avant-garde les deux maréchaux de France, c'est à savoir Boussac et le seigneur de Rais. »

À Rheims, le jour du sacre, il fut un de ceux que l'on désigna pour aller chercher la Sainte Ampoule conservée à l'abbaye de Saint-Remi. « Et pour ce que l'abbé de Saint-Remy n'a pas accoustumé de bailler la Sainte Ampoule, sinon en une certaine forme et manière, le Roy y envoya le seigneur de Rais, mareschal de France, le seigneur de Boussac et de Saincte-Sévère, aussi mareschal de France, le seigneur de Graville, maistre des arbalestriers, et le seigneur de Culant, admiral de France, lesquels firent les serments accoutumez, c'est à sçavoir de la conduire seurement et aussi reconduire jusques en l'abbaye, et ledit abbé l'apporta, revestu d'habillements ecclésiastiques, bien solennellement et dévotement dessous un poille (dais) jusques à la porte devant Saint-Denys. »

Les chroniques du temps ne sont pas seules à raconter ce fait ; il est aussi relaté dans une lettre écrite le jour même du sacre, 17 juillet, à la belle-mère de Charles VII par trois gentilshommes angevins. Voici un extrait de cette lettre, nous le donnons sans en changer une lettre :

« Pour aller quérir la sainte Empolle dans l'abbaye de saint Ramy et pour la appourter en la grant église de Nostre-Dame, où a esté fait le sacre, furent ordonnés le mareschal de Boussac, les seigneurs de Rées, Graville et l'amyral avec leurs quatres bannières que chacun portait en sa main, armés de toutes pièces et à cheval, bien compaignés pour conduire l'abbé dudit lieu, qui apportait ladite empolle, et entrairent à cheval en ladite grant église et descendirent à l'entrée du cuer. En cest estat l'ont rendue, amprès ledit service, en ladite abbaye, lequel service a duré despuis neuf heures jusques à deux heures. »

Bien que le sire de Rais n'ait été que l'un des quatre seigneurs chargés d'accompagner la sainte ampoule dans cette circonstance solennelle, on trouve des chroniqueurs qui lui attribuent à lui seul l'honneur de l'avoir apportée. « Et fut apportée de l'abbaye de saint Remy l'Ampoule en l'église de Notre-Dame par le sire de Rais, mareschal de France, » dit Jean Chartier. Cette assertion a été reproduite par quelques historiens ou biographes. Inexacte dans certains détails, elle montre que Gilles de Rais, dans cette circonstance comme dans les autres, a plus fixé l'attention de ses contemporains que ses compagnons d'armes, et qu'on le regardait comme le chef de la députation.

Ce jour du 17 juillet fut glorieux non seulement pour Charles VII, mais encore pour Gilles. Un des premiers actes du roi, après son sacre fut de donner le bâton de maréchal a un guerrier qui, malgré sa jeunesse, avait déjà fait ses preuves de courage et s'était toujours montré l'un des plus fidèles et des plus fermes soutiens de ses droits.

Le P. du Pas a avancé que Gilles n'était devenu maréchal de France qu'en 1437. Duchesne dans son *Histoire de la Maison de Montmorency*, a été de la même opinion. Quelle que soit leur autorité et le nombre des auteurs qu'elle a entraînés à leur avis, il est incontestable que Gilles était maréchal avant ce temps. Don Morice a publié, et nous avons encore, aux Archives départementales, un sceau de Gilles attaché à un acte de 1435, et portant en exergue cette inscription en caractères gothiques : *S. de Gilles s. de Rais, mareschal de France.*

Denis Godefroy, dans son *Histoire de Charles VII*, et le P. Anselme, dans son *Histoire des Maréchaux de France*, ont cru qu'il jouissait de cette dignité avant le sacre de Charles VII. Ils s'appuyaient l'un et l'autre sur un document qui lui en donne le titre à la date du 21 juin 1429. Si l'on prenait à la lettre le texte des différentes chroniques que nous venons de citer, on arriverait à supposer que le sire de Rais était maréchal dès la fin d'avril 1429.

Dès ce temps, en effet, et pendant tout le siège d'Orléans, on le trouve indifféremment appelé par les chroniqueurs le *sire de Rais* ou le *mareschal de Rais.*

Mais ce fut à l'attaque de la ville de Paris, le 8 septembre, que le Maréchal se fit remarquer plus particulièrement encore, en se tenant près de Jeanne d'Arc jusque sur les fossés, comme il l'avait déjà fait à Orléans à l'assaut de la bastide des Augustins.

« Environ la fin du mois d'aoust, le roy se delogea de Senlis et s'en vint à Sainct Denys, où ceux de la ville luy firent ouverture et pleine obéyssance... Et quand ils eurent esté par aucuns temps à Sainct-Denys, comme trois ou quatre jours, le duc d'Alençon, le duc de Bourbon, le comte de Vendosme, le comte de Laval, Jeanne la Pucelle, les seigneurs de Rais et de Boussac, et autres en leur compaignée, se vinrent loger en un village qui est comme en my-chemin de Paris et de Sainct Denys, nommé la Chapelle ; et le lendemain commencèrent plus grands escarmouches et plus aspres que devant, aussi estoient-ils plus près un de l'autre ; et vinrent lesdicts seigneurs aux champs vers la porte Sainct-Honoré, sur une manière de butte ou de montaigne que on nommait le Marché aux Pourceaux. »

Quelques-uns des assiégeants, plus hardis que les autres, s'avancèrent plus loin encore. Parmi eux, Perceval de Cagny cite « La Pucelle, le mareschal de Rais, le sire de Goncourt, qui alèrent donner l'assault à la porte Sainct-Honnouré. »

Les habitants de Paris, malgré ces provocations, n'osèrent sortir pour combattre. « Pour quoy la Pucelle, voyant leur couart maintien, délibéra de les assaillir jusques au pied de leur mur. Et de faict vint se présenter devant eux pour ce faire. »

Jeanne ignorait qu'il y avait beaucoup d'eau dans les fossés. Il y en avait bien qui le savaient, dit le chroniqueur, mais « selon ce qu'on pouvait considérer, ils eussent bien voulu par envie qu'il fut mescheu (arrivé malheur) à ladite Jeanne. Néantmoins, elle vint à grant puissance de gens d'armes, entre lesquels estoit le seigneur de Rais, mareschal de France, et descendirent en l'arrière-fossé avec grand foison de gens de guerre. »

De cet arrière-fossé, qui était à sec, Jeanne, avec une lance, monta sur le dos d'âne. Ce fut au revers qu'elle trouva le second fossé rempli d'eau.

« Jeanne, quoique surprise, ne s'en rebuta point et, tout en sommant la ville de se rendre, elle sondait du bois de son étendard la profondeur de l'eau et donnait ordre d'apporter des fagots qu'elle y faisait jeter pour établir un passage, quand elle fut frappée à la cuisse d'un trait d'arbalète. »

Jeanne, malgré sa blessure, resta là, intrépide, jusqu'au soir, commandant toujours de combler le fossé. Il fallut la prendre de force et la mettre sur un cheval pour la ramener au camp.

Nous ne nous étendrons pas plus longuement sur cette première attaque de Paris, ni sur la retraite malheureuse que les courtisans de Charles VII lui conseillèrent malgré la Pucelle. Il nous suffit de faire observer que le maréchal de Rais ne fut jamais du nombre de ceux qui par envie eussent voulu qu'il lui fût « mescheu ». À Paris comme à Orléans, il s'empresse d'accourir près d'elle ; et dans les deux circonstances où elle est blessée le plus gravement, les chroniqueurs signaient à ses côtés la présence du maréchal de Rays[1].

1. Chroniques anglo-normandes du xve siècle (médiathèque de Nantes).

EXTRAIT DES *MÉMOIRES DES HÉRITIERS*
Où il est dit clairement que Gilles de Rais était considéré comme « foult et insensé » (médiathèque de Nantes).

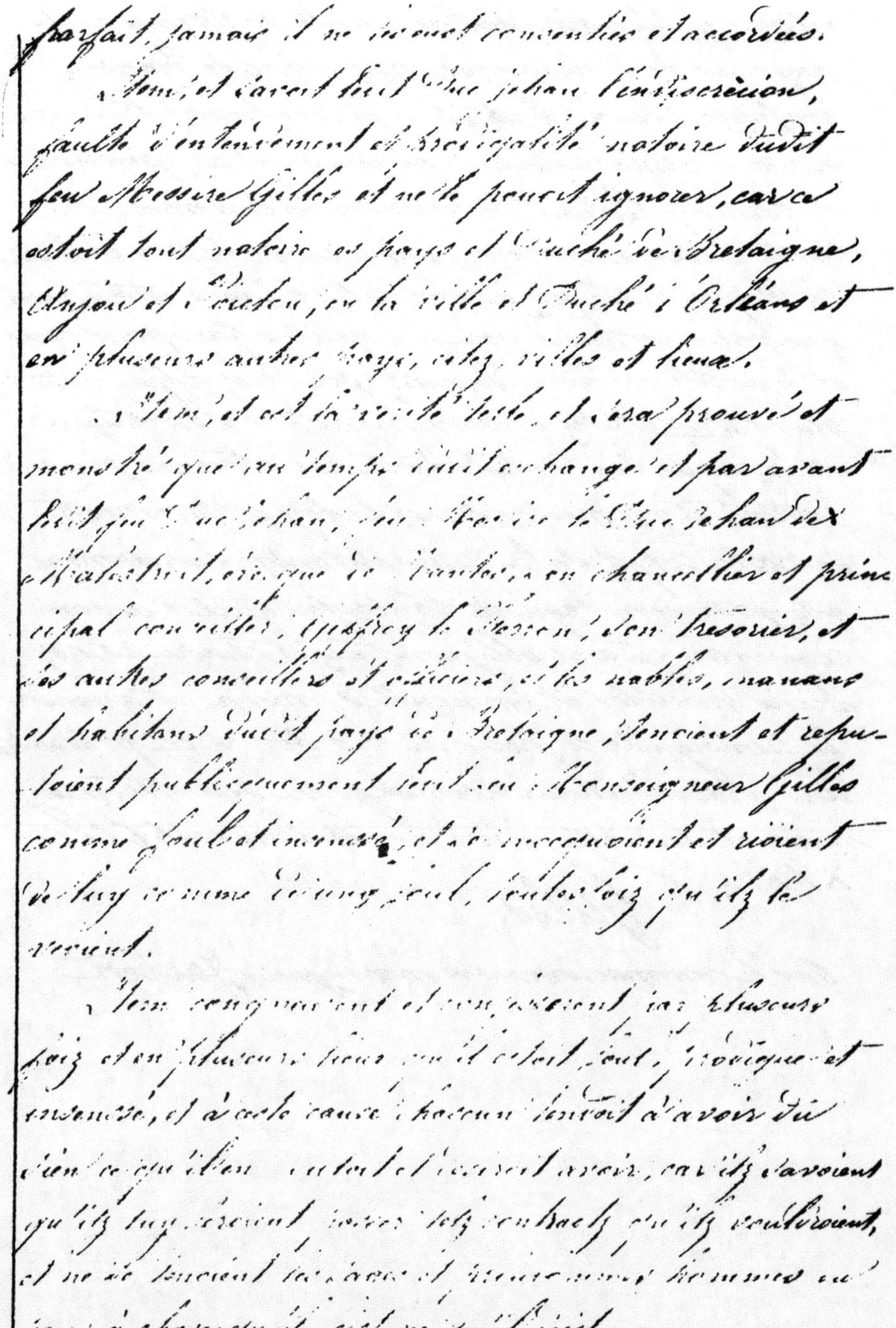

parfait, jamais il ne furent consentiz et accordés.
Item, et savoit bien ledit Jehan l'indiscrecion, faulte d'entendement et prodigalité notoire dudit feu Messire Gilles et ne le povoit ignorer, car ce estoit tout notoire es pays et duché de Bretaigne, Anjou et Poictou, en la ville et duché d'Orléans et en plusieurs autres pays, citez, villes et lieux.
Item, et est la verité telle, et sera prouvé et monstré que ou temps dudit eschange et paravant [illegible] Jehan, [illegible] Jehan de Malestroit, evesque de Nantes, son chancellier et principal conseiller, Geoffroy le Ferron, son tresorier, et ses autres conseillers et officiers, et les nobles, manans et habitans dudit pays de Bretaigne, tenoient et reputoient publicquement ledit feu Monseigneur Gilles comme foult et insensé, et se mocquoient et rioient de luy comme d'ung foul, toutesfoiz qu'ilz le veoient.
Item congnoissoient et confessoient par plusieurs foiz et en plusieurs lieux qu'il estoit foul, prodigue et insensé, et à ceste cause chascun tendoit à avoir du sien ce qu'il en pourroit avoir, car ilz savoient qu'ilz luy feroient passer telz contractz qu'ilz vouldroient, et ne le tenoient les gens et [illegible] hommes [illegible] à chose qu'il feist ne qu'il deist.

Gilles est aux abois et signe des reconnaissance de dettes (médiathèque de Nantes).

Nous Gilles, sire de Rais, conte de Brienne et
seigneur de Pousauges, mareschal de France,
confessons devoir et estre bien et loialment tenu a
nostre trez chier et bien amé escuier et cappitaine
de Princay Roland Mauvoisin en la somme de
trente livres, monnoie, tant a cause de pur et loial
prest que autresfoiz il nous a baillé en nostre main
que pour certains voiagies quil a fait pour nous
et de nostre commandement, pour noz affaires et
grans necessitez envers mons[r] de Bretaigne
et levesque de Nantes: dont nous tenons pour
content et promettons, par la foy et serement
de nostre corps, de lui paier et rendre lad. somme
a sa premiere requeste toutesfoiz quil nous en
requerra. et a ce obligeons touz et chascuns noz
biens meubles et immeubles presens et avenir.
En tesmoign de ce, nous avons donné ces presentes
aud. Roland Mauvoisin, signées de nostre saing
manuel, le XXIIe jour d'aoust l'an mil CCCC
XXXI.

Gilles.

Par le commandement de monseigneur, Jaubert.

Texte apportant pour la première fois la preuve que Gilles de Rais était bien à Louviers, en décembre 1430, pour délivrer Jeanne d'Arc (voir p. 88) (médiathèque de Nantes).

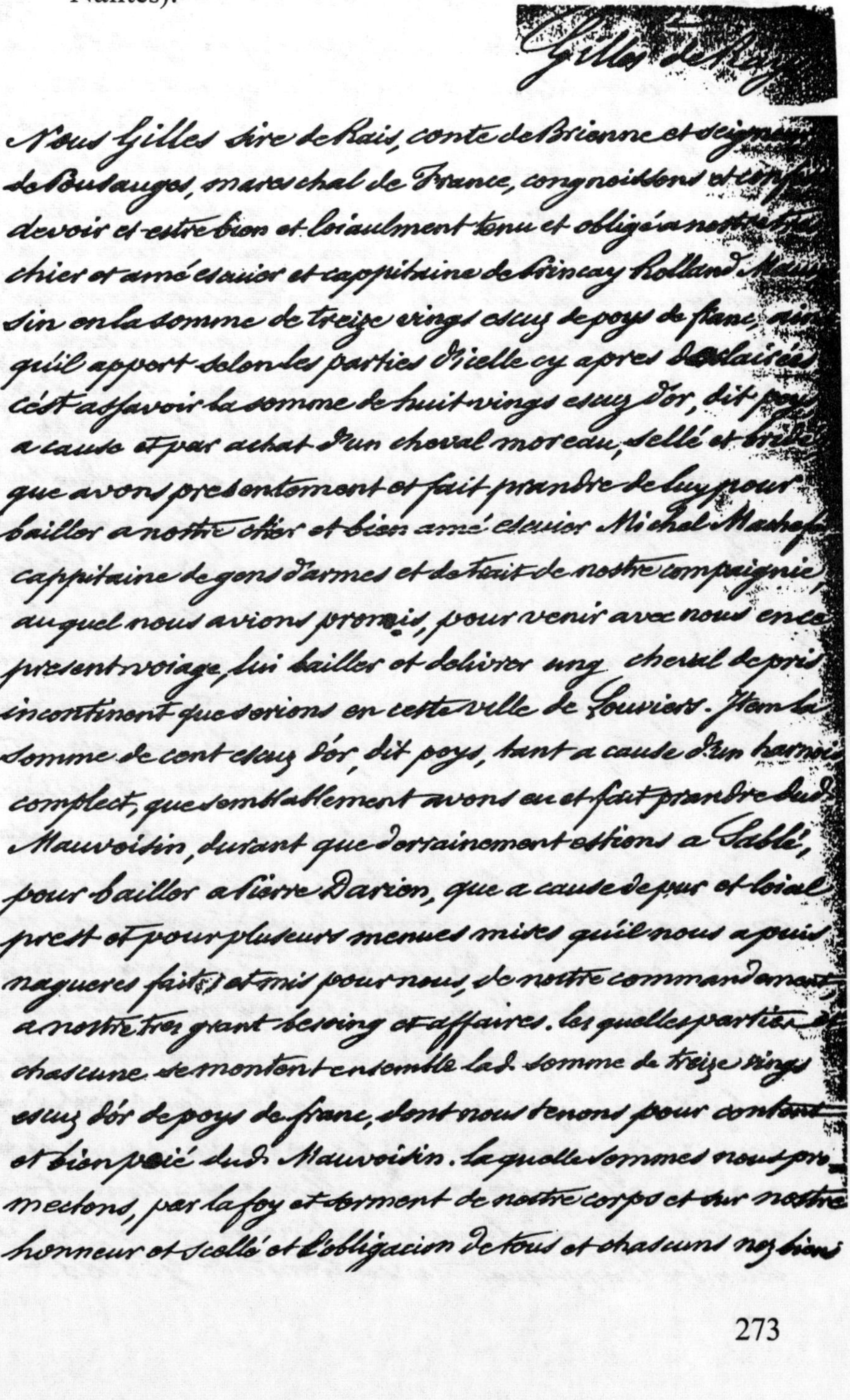

Gilles de Rays

Nous Gilles sire de Rais, conte de Brienne et seigneur
de Busanges, mareschal de France, congnoissons et confessons
devoir et estre bien et loiaulment tenu et obligié a nostre
chier et amé escuier et cappitaine de Sirencay Rolland Mauvoi-
sin en la somme de treize vings escuz de poys de france, ainsi
quil appert selon les parties d'icelle cy apres declairées,
c'est assavoir la somme de huit vings escuz d'or, dit poys,
a cause et par achat d'un cheval moreau, sellé et bridé
que avons presentement et fait prandre de luy pour
bailler a nostre chier et bien amé escuier Michel Machef,
cappitaine de gens d'armes et de trait de nostre compaignie,
auquel nous avions promis, pour venir avec nous en ce
present voiage, lui bailler et delivrer ung cheval de pris
incontinent que serions en ceste ville de Louviers. Item la
somme de cent escuz d'or, dit poys, tant a cause d'un harnois
complect, que semblablement avons eu et fait prandre dud.
Mauvoisin, durant que derrainement estions a Sablé,
pour bailler a Pierre Darion, que a cause de pur et loial
prest et pour plusieurs menues mises quil nous a puis
naguères faites et mis pour nous, de nostre commandement
a nostre tres grant besoing et affaires. les quelles parties et
chascune se montent ensemble lad. somme de treize vings
escuz d'or de poys de france, dont nous tenons pour content
et bien poié sud. Mauvoisin. La quelle sommes nous pro-
mectons, par la foy et serment de notre corps et sur notre
honneur et scellé et l'obligacion de tous et chascuns noz biens

escuiers, mareschal de France, congnoissons et con-
devoir et estre bien et loiaulment tenu et obligé a nostre tres
chier et amé escuier et cappitaine de Prinçay Rolland Mau-
uin en la somme de treize vings escuz de poys de frans, ain-
quil appert selon les parties d'icelle cy apres desclairées
c'est assavoir la somme de huit vings escuz d'or, dit poys
a cause et par achat d'un cheval morceau, sellé et bridé
que avons presentement et fait prandre de luy pour
bailler a nostre chier et bien amé escuier Michel Mach-
cappitaine de gens d'armes et de trait de nostre compaignie
auquel nous avions promis, pour venir avec nous en ce
present voiage, lui bailler et delivrer ung cheval de pris
incontinent que serions en ceste ville de Louviers. Item la
somme de cent escuz d'or, dit poys, tant a cause d'un harnois
complect, que semblablement avons eu et fait prendre dud.
Mauvoisin, durant que derrainement estions a Sablé,
pour bailler a Pierre Darien, que a cause de pur et loial
prest et pour plusieurs menues mises quil nous a puis
nagueres faitz et mis pour nous, de nostre commandement,
a nostre tres grant besoing et affaires. les quelles parties et
chascune se montent ensemble lad. somme de treize vings
escuz d'or de poys de franc, dont nous tenons pour content
et bien poié dud. Mauvoisin. laquelle sommes nous pro-
mectons, par la foy et serment de nostre corps et sur nostre
honneur et scellé et l'obligacion de tous et chascuns noz biens
meubles et inmeubles, presens et avenir rendre et poier aud.
Mauvoisin ou a son certain commandement ou aians cause
de luy dedans la feste de nostredame Chandeleur prouchaine
venant, sans jamaiz nous ne les noz ne aians cause de nous
en venir a l'encontre et en ces obligent paraillement a ce
et tenir. Donné à Louviers, soubz nostre seel. le XXVJe jour
decembre l'an mil quatre cens et trente Gilles. +

Psychologie de Gilles de Rais. Fontenay-le-Comte, Imprimerie Lussaud s. d. (Extrait de la *Revue du Bas-Poitou*, livre III, 1925).

Aubert (J.-B. Joseph), *Le Vieux Tiffauges*. Nantes, Imprimerie Pigrée et Cie.

Bataille (Georges), *Gilles de Rais*, Pauvert.

Bataille (Michel), *Gilles de Rais*, Pygmalion.

Bataille (Michel), *Gilles de Rais*, Mercure de France, 1972.

Bernelle (Frédéric Henri), *La Psychose de Gilles de Rais, Sire de Laval, maréchal de France (1404-1440)*. Thèse de doctorat en médecine, Paris, Jouve et Cie, 1910.

Blanchard (René), *Le Cartulaire des Sires de Rays (1160-1440)*. Paris, 1898.

Bosler Jean, *Jeanne d'Arc était-elle la sœur de Charles VII ?*

Bossard (Eugène), *Gilles de Rais, maréchal de France, dit Barbe-Bleue, 1404-1440, d'après des documents inédits*, H. Champion, 1885.

Bourdeaut (A.) *Chantocé, Gilles de Rais et les Ducs de Bretagne*, Plihon et Hommay, Rennes, 1924.

Bressler (Jacques), *Gilles de Rais ou la passion du défi*, Payot, 1981.

Cendrars (Blaise), *Gilles de Rais*, Denoël, 1959.

Chartier (Jean), *Chronique de Charles VII, roi de France...* Nouvelle édition revue et publiée par Vallet de Viriville, Jeannet, 1958.

Coëtlan, *La Scandaleuse Affaire Gilles de Rais*.

Decaux (Alain), *Alain Decaux raconte*, Perrin, 1980.

Delteil (Joseph), *Jeanne d'Arc*, Grasset.

Dubu (Marc), *Gilles de Rays, magicien et sodomiste*. Préface du Dr Edmond Locard. Imprimerie de H. Diéval, 1945.

Durville (G.), *Jeanne d'Arc et ses compagnons d'armes du pays nantais : Arthur de Richemont, Gilles de Rais, André de Laval. s. l. : N. d 1898* (Extr. de *L'Espérance du peuple*).

Facon (Roger), Parent (Jean-Marie), *Gilles de Rais et Jacques Cœur : La Conspiration des innocents*, R. Laffont, 1984.

Fleuret (Fernand), *De Gilles de Rais à Guillaume Apollinaire*, Mercure de France, 1933.

France (Anatole), *Les Sept Femmes de Barbe-Bleue*, Calmann-Lévy.

Frisch (Max), *Barbe-Bleue : récit*, Gallimard, collection « Du monde entier », 1984.

Funk-Brentano (Frantz), *Les Brigands. Brigands et routiers. Barbe-Bleue. Guilleri*, Hachette, 1934.

Gaborit (Émile), *La vie et la mort de Gilles de Rais dit à tort Barbe-Bleue*, Perrin, 1926.

Grimm (Louis-Jacques et Guillaume-Charles), *Contes*, Garnier.

Guéraud (A.-L.) *Notice sur Gilles de Rais*. Rennes, imprimerie A. Marteville, 1855.

Hernandez (Ludovico), *Le Procès inquisitorial de Gilles de Rais, Maréchal de France, avec un essai de réhabilitation*, Bibliothèque des Curieux, 1921.

Herubel (Michel), *Gilles de Rais et le déclin du Moyen Âge*, Librairie Académique Perrin, 1982.

Huidobro (Vincent), *Gilles de Raiz : pièce en 4 actes et un épilogue avec un portrait par Pablo Picasso*, José Corti, 1932.

Huysmans (Joris-Karl), *Là-bas*, Tresse et Stock, 1891.

Huysmans (Joris-Karl), *La Sorcellerie en Poitou. Gilles de Rais*, Librairie de la tradition nationale, 1897.

La Mazière (Pierre), *Gilles de Rayz*, Éditions du Laurier, 1928.

Lemire (Charles), *Un maréchal et un connétable de France, Gilles de Rais. Le Barbe-Bleue de la légende et de l'Histoire*, E. Leroux, 1886.

Lobineau (Dom Guy-Alexis), *Histoire de la Bretagne*. Paris, Vve François Muguet, 1707.

Maeterlinck (Maurice), *Théâtre III : Ariane et Barbe-Bleue*, Fasquelle, 1918-1920.

Martin (Jacques), *Barbe-Bleue*, Casterman, 1984.

Mertens (Pierre), *La Passion de Gilles : Opéra*. Le Paradou, Actes Sud, 1981.

Michelet, *La Bête immonde*.

Nouailhat (Y.-H.), *L'Administration et les revenus de la Seigneurie de Rais d'après le Cartulaire des Sires de Rays (1160-1449)*. D.E.S. d'histoire et géographie, Rennes 1957 (dactylographié).

Reinach (Salomon), *Gilles de Rais*. Liège, Imprimerie La Meuse, 1904.

Reliquet (Philippe), *Le Moyen Âge : Gilles de Rais*, Belfond, 1982.

Soueix (Dr), *Gilles de Rais devant les médecins*. Thèse pour le doctorat en médecine, Bordeaux, 1933.

Tournier (Michel), *Gilles et Jeanne*, Gallimard, 1983.

Tozza (Albert), *La Bête de luxurer. Gilles de Rais*. 4e éd. Ambert et Cie.

Van Der Broeck (Jean-Philippe), *Gilles de Rais, maréchal des corbeaux* (pièce de théâtre), 1980.

Villeneuve (Roland), *Gilles de Rays, une grande figure diabolique*, Denoël, collection « Présence du passé », 1955.

OUVRAGES D'ALCHIMIE CONSULTÉS

La Divine Cabale, où sont contenues les figures des divins secrets de l'art et de la nature. Manuscrit du XVIIIe siècle (médiathèque de Nantes).

Histoire de la philosophie hermétique, accompagnée d'un catalogue raisonné des écrivains de cette science, Paris, Coustelier, 1742.

Secrets merveilleux de la Magie naturelle et cabalistique du Petit Albert trad. sur l'original latin, intitulé *Alberti Parvi Luch Libellus de mirabilibus naturae arcanis*. Lyon, les héritiers de Béringos, 1788.

Durespour, *Rare expériences sur l'esprit minéral pour la préparation et transmutation des corps métalliques*. 1701.

Louis Figuier, *L'Alchimie et les alchimistes*, essai sur la philosophie hermétique. Paris, Hachette, 1856.

Raimond Lulle, *Testamentum : Le Livre des Mercures. De l'animation des éléments et la cognoissance d'iceulx*. Vers Catalans sur le Grand Œuvre. *Aphorismi super Alchimia*. 1573.

Jean de Mehun (ou plutôt Roger Bacon), *Le Miroir d'Alquimie*, traduit du latin en françois par Jacques Girard, gentilhomme du Dauphiné. Paris, Ch. Seveste, 1643.

François Pousse, *Examen des principes des alchimistes sur la Pierre Philosophale*. Paris, D. Jollet, 1711.

Alex Toussaint de Limojon, sieur de Saint-Didier, *Le Triomphe hermétique*, ou *La Pierre philosophale victorieuse*. Traité plus complet et plus intelligible qu'il y en ait eu jusques ici, touchant le magistère hermétique. Amsterdam, 1689.

Abbé Étienne-François Villain, *Histoire critique de Nicolas Flamel et de Pernette sa femme*... Paris, G. Destrez, 1761.

TABLE

DU MÊME AUTEUR

Saison blanche. Amiot Dumont, 1950 (roman).

Anthologie des textes sportifs de la littérature française. Amiot Dumont, 1952.

Balle de match. Amiot Dumont, 1953 (roman).

La Peur des femmes. Grasset, 1960 (roman).

Les dieux meurent le matin. Grasset, 1962 (essai).

Le Machin. La Table Ronde, 1964 (roman).

Tout est dans la fin. Robert Laffont, 1971 (roman).

Comme un vol de corbeaux. La Table Ronde, 1975 (roman).

Amitié story. Plon, 1974.

Le Grand Roman de Jules Verne. Stock, 1979.

Le Dernier Défi de Georges Clemenceau. France Empire, 1979.

Sept Morts d'amour. Hachette, 1980.

Les Miroirs de la perversité. Albin Michel, 1984 (roman).

La Vie passionnée de Georges Clemenceau. Christian de Bartillat, 1987.

Ma Mère. Plon, 1987 (anthologie).

Mon Père. Plon, 1988 (anthologie).

L'Ombre d'un juif. Pierre Belfond, 1989 (roman).

La Fabuleuse Histoire du Puy du Fou. Albin Michel, 1990.